기독교문서선교회(Christian Literature Center: 약칭 CLC)는 1941년 영국 콜체스터에서 켄 아담스에 의해 시작되었으며 국제 본부는 미국 필라델피아에 있습니다.
국제 CLC는 59개 나라에서 180개의 본부를 두고, 약 650여 명의 선교사들이 이동 도서차량 40대를 이용하여 문서 보급에 힘쓰고 있으며 이메일 주문을 통해 130여 국으로 책을 공급하고 있습니다. 한국 CLC는 청교도적 복음주의 신학과 신앙 서적을 출판하는 문서선교기관으로서, 한 영혼이라도 구원되길 소망하면서 주님이 오시는 그날까지 최선을 다할 것입니다.

김회권 박사, 숭실대학교 기독교학부 교수

본서는 1969년에 나온 피터 아크로이드의 『이스라엘의 포로와 회복』이 불러일으킨 학문적 관심과 문제 의식에 대한 동료들과 후학들의 후속 연구를 모은 논문집이다. 피터 아크로이드의 이 고전적인 저작은 그동안 모세오경과 예언서에 집중되었던 유럽 구약학계의 관심을 신바벨론과 페르시아 시대 이후의 구약 저작물에 대한 연구로 방향을 틀도록 영감을 고취한 저작이었다. 바벨론 포로기와 페르시아 시대의 이스라엘은 왕조와 성전, 그리고 영토적 실체가 없는 "텅 빈 실존"의 시대를 보냈다. 그런데 이 텅 빈 시대가 가장 왕성한 신학적 성찰을 촉발시켰다.

아크로이드는 비록은 1969년 저작에서 주로 스가랴 1-8장, 예레미야서, 이사야 55-66장 등에 주안점을 두고 신바벨론과 페르시아 제국 치하의 이스라엘의 영락한 존재 상황을 연구하는 데 주력했지만 그의 후학들과 동료들이 결집한 본서에서 에스라-느헤미야, 역대기서 등 역사편찬학적 저작물도 자세하게 다뤄지고 있다. 본서에 기고한 학자들은 아크로이드가 주변적으로 언급했거나 삭제한 연구 분야를 한층 더 자세하게 다룸으로써, 그리고 아크로이드가 언급했으나 결코 성취해 보지 못한 방법론(고고학 등)까지 다 동원해 가면서 신바벨론과 페르시아 시대의 구약 저작물들을 상고하고 있다.

피터 아크로이드 같은 학자들의 선구적 노력으로 오늘날 페르시아 시대는 여전히 구약 연구를 활성화시키고 있다. 본서는 구약학자들은 물론 신약학자들에게도 놀라운 영감을 줄 것이며 페르시아 시대의 구약 저작물을 갖고 설교하거나 성경 공부를 인도할 교역자들에게 큰 유익을 끼칠 것이다.

김정훈 박사, 부산장신대학교 구약학 교수

본서는 2005년에 세상을 떠난 피터 아크로이드에게 헌정된 논문집이다. 여기 실린 논문들은 서문에서 밝히듯 2006년 SBL(Society of Biblical Literature)의 세션에서 발표된 것들이다. 위대한 학자는 긍정적이든 부정적이든 후대에 큰 영향을 미친다. 그런 뜻에서 기원전 6세기의 예언을 비롯한 문헌 저작을 자세히 다룬 아크로이드의 저작 『이스라엘의 포로와 회복』은 후대 학자들의 연구에 많은 자극이 되었다. 특히, 아크로이드가 예언과 역사, 율법에 집중하여 포로기 후반과 포로기 이후의 정신사에 집중한 것은 에스라-느헤미야에 관한 관심을 촉발하였다.

그 밖에 본서에 실린 논문들은 제2차 성전 시대와 관련한 성서학의 발전을 여러 관점에서 집중하여 보여 준다. 물론 이 논문들이 포괄적이고 일관된 논지를 보여 주지는 않지만, 아크로이드의 『이스라엘의 포로와 회복』을 함께 두고 본다면, 이 시대의 역사와 문헌, 종교를 훨씬 더 다층적으로 진일보하여 파악할 수 있을 것이다. 그런 뜻에서 본서는 제2차 성전 시대와 관련하여 "아크로이드와 그 너머"(Ackroid and beyond)라고 부를 만하다. 제2차 성전 시대에 대한 연구를 심화하고자 하는 이들에게 전문적인 도움을 줄 것이다.

다시보기: 이스라엘의 포로와 회복

바벨론과 페르시아 시대에 대한 피터 아크로이드 기념 논문 모음

Exile and Restoration Revisited:
Essay on the Babylonian and Persian Periods in Memory of Peter R. Ackroyd
Edited by Gary N. Knoppers, Lester L. Grabbe, Deirdre N. Fulton
Translated by Yoonkyung Lee

Copyright © Gary N. Knoppers, Lester L. Grabbe, Deirdre N. Fulton and contributors 2009
Originally published in English under the title
Exile and Restoration Revisited: Essay on the Babylonian and Persian Periods in Memory of Peter R. Ackroyd
by T&T Clark
This translation is published by arrangement with Bloomsbury Publishing Plc,
50 Bedford Square, London, WC1B 3DP, U.K.
All rights reserved.

Korean Edition Copyright © 2019 by Christian Literature Center, Seoul, Republic of Korea.

다시 보기: 이스라엘의 포로와 회복
바벨론과 페르시아 시대에 대한 피터 아크로이드 기념 논문 모음

2019년 5월 30일 초판 발행

| 편집자 | 개리 N. 크노퍼스 외 |
| 옮긴이 | 이윤경 |

편집	변길용
디자인	박인미
펴낸곳	(사)기독교문서선교회
등록	제16-25호(1980.1.18)
주소	서울특별시 서초구 방배로 68
전화	02-586-8761~3(본사) 031-942-8761(영업부)
팩스	02-523-0131(본사) 031-942-8763(영업부)
이메일	clckor@gmail.com
홈페이지	www.clcbook.com

ISBN 978-89-341-1981-4 (93230)

이 도서의 국립중앙도서관 출판시 도서목록(CIP)은
서지정보유통지원시스템 홈페이지(http://seoji.nl.go.kr)와 국가자료공동목록시스템
(http://www.nl.go.kr/kolisnet)에서 이용하실 수 있습니다. (CIP제어번호: CIP2019016982)

이 한국어판 저작권은 Bloomsbury Publishing Plc와 독점 계약한 (사)기독교문서선교회가
소유합니다. 신저작권법에 의하여 한국 내에서 보호를 받는 저작물이므로 무단 전재와
무단 복제를 금합니다.

EXILE AND RESTORATION REVISITED

Essays on the Babylonian and Persian Periods in Memory of Peter R. Ackroyd

다시보기: 이스라엘의 포로와 회복

개리 N. 크노퍼스
레스터 L. 그래브
데이드레 N. 풀턴 편집

이윤경 옮김

바벨론과 페르시아 시대에 대한 피터 아크로이드 기념 논문 모음

CLC

목차

추천사 　김회권 박사, 숭실대학교 기독교학부 교수	1
김정훈 박사, 부산장신대학교 구약학 교수	2
역자 서문	8
기고자	10
약어표(ABBREVIATIONS)	11

서론 　개리 N. 크노퍼스, 레스터 L. 그래브 　　　　　　　　　　15

제1장 　에스라 9-10장의 '이방 여인'의 정체성 연구 　　　　　57
　　　　밥 베킹 | 유트레히트대학교

제2장 　참회의 시대인 페르시아 시대: 다니엘 9:1-27의 '주석적 논리' 　　　81
　　　　존 S. 버그스마 | 프란시스코대학교

제3장 　사라진 '아론의 아들들'의 미스터리 　　　　　　　　　103
　　　　조셉 블렌킨소프 | 노트르담대학교

제4장 　이스라엘의 포로와 회복으로부터 포로와 재건까지 　　　120
　　　　타마라 콘 에스케나지 | 히브리유니온대학교

제5장 　예수아의 '대제사장' 계보? 느헤미야 12:10-11 재평가 　　141
　　　　데이르드레 N. 풀턴 | 펜실베이니아주립대학교

제6장 "그들은 시온에 기쁨으로 오리라" 아니면 그들은 왔는가? 초기 페르시아 예후드 정착 168
레스터 L. 그래브 | 훌대학교

제7장 예루살렘은 페르시아 요새였는가? 184
레스터 L. 그래브 | 훌대학교

제8장 아케메니드 페니키아의 행정: 관리된 자치의 사례 199
바딤 S. 지굴로프 | 모건주립대학교

제9장 역사와 사상의 관계: 피터 아크로이드의 이스라엘의 포로와 회복의 부제 고찰 217
라인하르트 크라츠 | 괴팅엔대학교

제10장 최근 고고학과 인구 통계학 연구의 관점에서 본 이스라엘의 포로와 회복 235
에릭 M. 마이어스 | 듀크대학교

제11장 텅 빈 땅 신화를 넘어서서: 초기 페르시아 재평가 246
J. A. 미들마스 | 아르후스대학교

제12장 예루살렘 재건: 스가랴의 환상 속 환상 272
케니스 A. 리스타우 | 펜실베이니아주립대학교

역자 서문

이 윤 경 박사
이화여자대학교 기독교학과 교수

　피터 R. 아크로이드 기념 논문집은 총 12개의 논문으로 구성되어 있다. 본 기념 논문집은 원래 2006년 미국성서학회의 두 분과(역대기-에스라-느헤미야 피터 R. 아크로이드 기념 분과와 페르시아 시대의 문학과 역사 분과)에서 발표된 논문들과 몇 개의 추가논문을 한데 모아서 출판한 것이다. 본 기념논문집은 부제가 알려 주듯이 아크로이드의 바벨론 시대와 페르시아 시대 연구 업적을 기념하는 논문집이다.
　그렇다면 피터 R. 아크로이드는 누구인가?
　아크로이드(1917-2005년)는 전직 회중교회 목사였으며, 후에는 성공회 사제로 활동하였고, 런던대학에서 석좌교수로 오랫동안 구약성서를 가르쳤다. 그의 연구 성과를 살펴보자면, 그가 활동했던 연구 풍토의 영향으로 문학비평과 역사 비평에 탁월하였다. 이런 영향은 아크로이드가 1934년 출판한 오토 아이스펠트의 『구약개론』(*Einleitung in das Alte Testament unter Einschluss der Apokryphen und Pseudepigraphen*)을 1965년 영어로 번역(*The Old Testament, An Introduction*)한 장본인이라는 점을 상기한다면 쉽사리 이해할 수 있다.
　또한 그는 학계로 오기 전의 목회 경험과 캠브리지대학교 박사학위(박사학위 논문 제목: "The Problem of Maccabean Psalms, with Special Reference to the Psalms of Solomon")의 영향으로 신학 사상, 특히 포로기와 포로 후기의 신학 사상에 대한 관심이 지대하였다. 아크로이드는 1968년 기념비적인 『이스라엘의 포로와 회복: 기원전 6세기 히브리 사상 연구』(CLC 刊)를 출간한 이래, *Israel*

Under Lebanon and Persia (Oxford University Press, 1970)와 *The Chronicler in His Age* (Sheffield Academic Press, 1991) 등과 같은 포로기와 포로 후기 관련 분야의 책을 연달아 내놓았다.

본 기념 논문집은 에스케나지(제4장), 크라츠(제9장), 마이어스(제10장)의 논문에서 아크로이드의 영향력을 직접적으로 언급하고 분석한다. 나머지 논문들은 아크로이드가 서막을 열었던 페르시아 시대를 배경으로 성서문학에 나타난 신학적 주제, 예컨대 에스라서에 등장하는 이방 여인의 정체성, 다니엘의 참회 기도, 사라진 아론계 제사장, 여호수아의 대제사장 혈통 등의 문제를 다룬다.

무엇보다도 아크로이드는 페르시아 시대에 유대인들이 귀환할 때, 이스라엘은 '텅 빈 땅'이었을 것이라는 기존의 생각을 '신화'라고 부른다. 그는 백성의 다수가 그 땅에 남아 있었고 오직 소수의 사람들만 포로로 끌려갔다고 본다. 본 기념 논문집은 아크로이드의 혁신적 주장을 고고학적으로, 또 인구통계학적으로 입증하고자 한다. 아크로이드는 시대적 한계로 인해 고고학적 전문 지식을 충분히 가질 수 없었고, 그의 연구에 이 분야의 결과물을 충분히 활용할 수도 없는 형편이었다.

그러나 그의 고고학적 관심은 본 기념 논문집에 나타난 후학들의 고고학적 접근을 통해 방증된다. 아크로이드는 사실 '예루살렘 소재 영국 고고학학회 위원회와 팔레스타인 탐사 기금'(The Council of the British School of Archaeology in Jerusalem and the Palestine Exploration Fund)의 의장(1979-1983년)을 지내기도 하였다. 아크로이드의 고고학적 관심사는 기념 논문집에 기고한 후학들의 연구를 통하여 빛을 발하고 있음을 확인할 수 있다.

본 기념 논문집은 포로기와 포로 후기에 대한 아크로이드 이후의 학문적 사고과 이해를 더 깊고, 넓혀 준다. 이중에서도 '포로'라는 단어를 사용하여 시기를 구분하는 것이 과연 옳은가라는 논의는 식민지를 경험한 우리 한국인들에게도 동일한 고민거리를 던져주는 것 같다.

기고자

밥 베킹(Bob Becking)은 유트레히트대학교(Utrecht University)의 성서, 종교, 정체성 분야의 선임 연구교수이다.

존 S. 버그스마(John S. Bergsma)는 오하이오 주 스토이벤빌 소재 프란시스코대학교(Franciscan University)의 신학 조교수이다.

조셉 블렌킨소프(Joseph Blenkinsopp)는 노트르담대학교(University of Notre Dame)의 신약학 명예교수이다.

타마라 콘 에스케나지(Tamara Cohn Eskenazi)는 로스앤젤레스 소재 히브리유니온대학(Hebrew Union College)의 성서학 교수이다.

데이드레 N. 풀턴(Deirdre N. Fulton)은 펜실베이니아주립대학교(Pennsylvania State University)의 역사와 종교학 분야의 대학원생이다.

레스터 L. 그래브(Lester L. Grabbe)는 홀대학교(University of Hull)의 히브리 성서와 초기 유대교 교수이다.

바딤 S. 지굴로프(Vadim S. Jigoulov)는 볼티모어 소재 모건주립대학교(Morgan State University) 방문교수이다.

개리 N. 크노퍼스(Gary N. Knoppers)는 펜실베이니아주립대학교(Pennsylvania State University)의 고고학과 고대 지중해학, 종교학, 유대학에 대한 에드윈 얼 스파크 석좌교수이다.

라인하트 G. 크라츠(Reinhard G. Kratz)는 괴팅겐대학교(University of Göttingen) 구약학 교수이다.

에릭 M. 마이어스(Eric M. Meyers)는 듀크대학교(Duke University) 유대학 분야의 버니스 & 모턴 레너 석좌교수이며, 유대학 센터장이다.

질 A. 미들마스(Jill A. Middlemas)는 아르후스대학교(University of Aarhus)의 성서학, 신학 분야 부교수이다.

케니스 A. 리스타우(Kenneth A. Ristau)는 펜실베이니아주립대학교(Pennsylvania State University)의 역사학과 종교학 분야 대학원생이다.

약어표(ABBREVIATIONS)

AAR	American Academy of Religion
AB	Anchor Bible
ABRL	Anchor Bible Reference Library
ADPV	Abhandlungendes deutschen Palästina-Vereins
AJBA	*Australian Journal of Biblical Archaeology*
AJSL	*American Journal of Semitic Languages and Literature*
AMI	*Archäologische Mitteilungen aus Iran*
ANET	J. B. Pritchard(ed.), *Ancient Near Eastern Texts Relating to the Old Testament*(3rd edn; Princeton, NJ: Princeton University Press, 1969)
AOAT	Alter Orient und Altes Testament
AP	A. Cowley(ed. and trans.), *Aramaic Papyri of the Fifth Century B.C*(Oxford: Clarendon Press, 1923)
ASOR	American Schools of Oriental Research
ATANT	Abhandlungenzur Theologiedes Altenund Neuen Testaments
AUSS	*Andrews University Seminary Studies*
BA	*Biblical Archaeologist*
BAR	*Biblical Archaeology Review*
BASOR	*Bulletin of the American Schools of Oriental Research*
BBB	Bonner biblische Beiträge
BDB	F. Brown, S. R. Driver and C. A. Briggs(eds), *A Hebrew and English Lexicon of the Old Testament*(Oxford: Oxford University Press, 1904)
BEATAJ	Beiträge zur Erforschung des Alten Testaments und des antiken Judentums
BETL	Bibliotheca ephemeridum theologicarum lovaniensium
BKAT	Biblischer Kommentar: Altes Testament
BThSt	Biblisch-theologische Studien
BWANT	Beiträge zur Wissenschaft vom Alten und Neuen Testament
BZAW	Beihefte Zeitschrift für die alttestamentliche Wissenschaft

CBQ	*Catholic Biblical Quarterly*
CHANE	Culture and History of the Ancient Near East
CoS	W. W. Hallo(ed.), *The Context of Scripture* (3 vols; Leiden: E. J. Brill, 1997–2002)
CT	E. A. Budge, *Cuneiform Texts from Babylonian Tablets in the British Museum* (London: Harrison and Sons, 1896)
DCH	D. J. A. Clines(ed.), *Dictionary of Classical Hebrew* (Sheffield: Sheffield Academic Press, 1993–)
DJD	Discoveries in the Judaean Desert
DNWSI	J. Hoftijzer and K. Jongeling(eds), *Dictionary of the North-West Semitic Inscriptions* (2 vols; Leiden: E. J. Brill, 1995)
EN	Ezra-Nehemiah
EPRO	Etudespre liminaires aux religions orientales dans l'empire romain
ESHM	European Seminar in Historical Methodology
EvTh	*Evangelische Theologie*
ExpT	*Expository Times*
FAT	Forschungenzum Alten Testament
FNT	Filologia neotestamentaria
FOTL	Forms of the Old Testament Literature
FRLANT	Forschungen zur Religion und Literatur des Alten und Neuen Testaments
GTA	Göttinger theologischer Arbeiten
HeyJ	*Heythrop Journal*
HUCA	*Hebrew Union College Annual*
ICC	International Critical Commentary
IEJ	*Israel Exploration Journal*
Int	*Interpretation*
JANES	*Journal of the Ancient Near Eastern Society*
JBL	*Journal of Biblical Literature*
JNES	*Journal of Near Eastern Studies*
JNSL	*Journal of Northwest Semitic Languages*
JSJSup	Journal for the Study of Judaism in the Persian, Hellenistic, and Roman Periods: Supplement Series
JSOT	*Journal for the Study of the Old Testament*

JSOTSup	Journal for the Study of the Old Testament: Supplement Series
JSPJ	udea and Samaria Publications
JTS	*Journal of Theological Studies*
KAI	H. Donner and W. Röllig(eds), *Kanaanäische und aramäische Inschriften*(2nd edn; Wiesbaden: Harrassowitz Verlag, 1966–69)
KAT	Kommentarzum Alten Testament
LSTS	Library of Second Temple Studies
LTQ	*Lexington Theological Quarterly*
LXX	Septuagint
MGI	Y. Magen, H. Misgav and L. Tsfania, *Mount Gerizim Excavations, I: The Aramaic, Hebrew and Samaritan Inscriptions*(JSP, 2; Jerusalem: Israel Antiquities Authority, 2004).
MT	Masoretic Text
NCB	New Century Bible
NEB	New English Bible
NJPS	*Tanakh: The Holy Scriptures: The New JPS Translation according to the Traditional Hebrew Text*
NRSV	New Revised Standard Version
OBO	Orbisbiblicuset orientalis
OLP	Orientalia lovaniensia periodica
OTG	Old Testament Guides
OTL	Old Testament Library
OTS	Old Testament Studies
PEQ	*Palestine Exploration Quarterly*
RevQ	*Revue de Qumran*
RlA	E. Ebeling et al.(eds), *Reallexikon der Assyriologie*(Berlin: de Gruyter, 1928)
RSV	Revised Standard Version
SBL	Society of Biblical Literature
SBLABS	Society of Biblical Literature Archaeology and Biblical Studies
SBLDS	Society of Biblical Literature Dissertation Series
SBLMS	Society of Biblical Literature Monograph Series
SBLSP	*Society of Biblical Literature Seminar Papers*
SBLSymS	Society of Biblical Literature Symposium Series
SBS	Stuttgarter Bibel studien

SNTSMS	Society for New Testament Studies Monograph Series
SO	Symbolae osloenses
SP	Sacra Pagin
TA	*Tel Aviv*
TADAE	Bezalel Porten and Ada Yardeni(eds), *Textbook of Aramaic Documents from Ancient Egypt: 1–4*(Hebrew University, Department of the History of the Jewish People, Texts and Studies for Students; Jerusalem: Hebrew University, 1986-99).
TBC	TorchBible Commentaries
TDOT	G. J. Botterweck and H. Ringgren(eds), *Theological Dictionary of the Old Testament*(trans. J. T. Willis, G. W. Bromiley and D. E. Green; 8 vols; Grand Rapids, MI: Eerdmans, 1974)
Trans	*Transeuphratène*
TWAT	G. J. Botterweck and H. Ringgren(eds), *Theologisches Wörterbuch zum Alten Testament*(Stuttgart: W. Kohlhammer, 1970–2000)
UF	*Ugarit-Forschungen*
VT	*Vetus Testamentum*
VTSup	Supplements to Vetus Testamentum
WBC	Word Biblical Commentary
WMANT	Wissenschaftliche Monographien zum Alten und Neuen Testament

서론

개리 N. 크노퍼스 | 펜실베이니아주립대학교
레스터 L. 그래브 | 훌대학교

본서는 2006년 11월 워싱턴 DC에서 열린 성서학회(The Society of Biblical Literature) 연차대회에서 시작되었다. 이 모임에서 열린 두 분과 모임이 여기에 제시된 내용의 기초가 되었다. "피터 R. 아크로이드(Peter R. Ackroyd) 기념 특별 분과"는 타마라 에스케나지(Tamara Eskenazi)가 처음 생각해 낸 것이었다. 타마라는 당시 성서학회장 켄트 리처즈(Kent Richards)와 "역대기-에스라-느헤미야" 분과장이었던 매튜 콜린스(Matthew Collins, 프로그램 계획 책임자)에게 제안서를 제출하였다. 이 제안은 승인을 받았고, 에스케나지는 발표자들을 초대하고 그들과 주제를 논의하면서 분과를 구성하였다.

리처즈는 분과징이 되는 데 농의를 하였다.[1] 이 분과에서 발표된 대부분의 원고가 여기에 실렸다. 오데드 리프쉬츠(Oded Lipschits)와 데이비드 반데르후프트(David Vanderhooft)는 또 다른 2006년 성서학회 분과인 "페르시아 시대 문학과 역사 모임"을 "문학과 역사 사이에서 시온으로 귀환"이라는 주제로 조직하였다. 이 분과에서 발표된 원고들도 그 후 요청을 통해 받은 다른 원고들과 함께 여기에 실렸다.

본서가 피터 아크로이드의 신바벨론과 페르시아 시대에 대한 저작에 적절한 헌정이 되기를 희망한다. 피터 아크로이드의 퇴임 직후 동료들은 기념

---

[1] 특별 분과를 준비하기 위해 끝없는 노고를 보여 주신 Tamara Eskenazi에게 감사를 드린다. 또한 분과 구성을 도와 주고, 논문 출판을 지원해 준 Kent Richards와 Matthew Collins에게도 감사를 전한다.

논문집을 헌정하였다. 그러나 그 책은 그의 주요 관심사인 예언서에 집중하였다(Coggins, Phillips and Knibb, 1982). 따라서, 특히 최근의 이 시대에 대한 학술 출판물의 홍수 속에 아크로이드의 『이스라엘의 포로와 회복』는 그다지 기억되지 못하고 있다.

하지만 아크로이드의 저작, 특히 『이스라엘의 포로와 회복』은 고전으로 남아 있다. 이 저작에서 놀랄만한 점은 아크로이드가 관련 예언서(주로 예레미야, 에스겔, 제2이사야, 스가랴, 학개, 신명기 역사서, 제사장 저작)에 집중하지만, 에스라-느헤미야의 공헌에 대한 질문에는 거의 아무런 언급도 하지 않는다는 점이다. 이것은 아크로이드 급의 학자에게는 거의 놀랄만한 삭제라 할 수 있다. 크라츠가 지적하듯이, 아마도 아크로이드 자신이 그 시대의 사상을 제시하는 것에 관심을 두었기 때문이었던 것 같다. 그럼에도 불구하고, 그는 스스로 에스라-느헤미야를 삭제한 것의 모순을 깨달았던 것 같다. 수년 후에(1970년) 그는 에스라와 느헤미야를 포함한 그 시대와 관련된 모든 성서 자료를 포함한 다른 책을 출판하였기 때문이다.

그 후 아크로이드는 페르시아 시대에 기록된 역사서의 구성, 역사학, 신학에 대한 연구를 계속하였다. 그는 역대기, 에스라, 느헤미야에 대한 간단한 주석(1973a)과 전통적으로 간과되어 왔던 특정 주제에 대한 영향력 있는 연구 성과를 출판하였다(1973b; 1976; 1977a). 아크로이드의 많은 연구 성과 중에서, 아마도 가장 유명한 것은 1972년에 출간된 성전 기물에 대한 논문일 것이다.

이 논문은 포로기 이전과 포로기 이후의 격차를 메꾸는 어려움을 성서의 저자들이 어떻게 다르게 다루고 있는지를 추적한다. 신바벨론과 페르시아 시대의 역사는 아크로이드의 관심사에서 결코 멀어져 본 적이 없었다. 이는 역사 재건이라는 난제를 위해 이 시대와 관련된 성서 밖 자료들을 살펴본 그의 도전의 성과물을 통해 입증된다(1982; 1988b). 가능하다면 이 과제와 연결해서 고고학과 금석학을 통해 제공된 증거와 성서 문헌의 증언을 통합하려는 시도를 하였다는 점이다. 동시대인들 어느 누구보다도 아크로이드는 인문학적 의무를 깨달았는데, 이는 결코 쉬운 일이 아니었다.

아크로이드는 연구 계획과 연관해서 역사서인 사무엘-열왕기에 흥미를 가졌다. 이 분야 연구는 사무엘하 주석(1977b)과 이 문학 작품에 대한 자료 비평과 편집 비평을 다루는 연구 논문(1984; 1985)으로 결실을 맺었다. 아크로이드가 일찍이 입증하였던 역대기와 에스라-느헤미야 동일 저작권 이론에 대한 사라 야펫(Sara Japhet, 1968; 1983)과 휴 윌리엄슨(Hugh Williamson, 1977)의 격렬한 도전에 신중하게 응답함으로써, 그는 새로운 도전의 장점을 인정하면서도 두 문학 저작 사이의 통일성을 여전히 찾아볼 수 있는 일련의 방법을 설명하였다(1988a).

마지막으로, 아크로이드는 역사서와 예언서의 영향, 정경의 발전, 초기 유대교와 기독교 해석가들의 히브리 성서 재사용에도 관심을 기울였다. 이런 학문적 관심사는 통찰력 깊은 연구 성과물로 이어졌다. 다행히 아크로이드의 전문 분야 중 특별 기념 논문집으로 출간된 출판물은 두 개의 개별 모음집으로 다시 출간되었다(1987; 1991).

본서의 기고자들, 특히 에스케나지, 크라츠, 마이어스(Meyers)는 아크로이드의 저작에 대해 언급한다. 이 논문들은 아크로이드의 출판물이 출간되던 당시와 수십 년 후에 어떻게 수용되었는지에 대한 심도 깊은 정보를 위해 반드시 읽어 보아야 할 것이다.

피터 아크로이드의 바벨론과 페르시아 시대 연구를 위한 공헌은 중요하고 영원할 것이다. 우리가 이것을 기반으로 삼아 연구하고 있을 때조차 이런 선구적인 노력을 쉽게 잊어버리곤 한다. 아크로이드 이후 연구 분야의 일반적 동향은 변화되었다(아래 아스케나지의 논문 참조). 그러나 아크로이드의 저작은 지금 우리가 당연시 여기는 많은 변화를 일으키는데 중요한 역할을 하였다. 아크로이드 자신의 방법론과 다를 뿐만 아니라 그가 살던 시대의 관습과도 분명히 다른 새로운 방법을 도입하는 데 일조를 한 것은 바로 그의 저작 방법이었다. 본서에 포함된 논문들은 우리 모두가 피터 아크로이드에게 빚을 지고 있음을 매우 분명하게 드러내는 데 일조를 할 것이다.

1. 논문 요약

밥 베킹(Bob Becking)의 "에스라 9-10장의 '이방 여인'의 정체성 연구"(On the Identity of the "Foreign" Women in Ezra 9-10)는 에스라 9-10장의 중요한 단편을 검토한다. '에스라-집단'은 본 장에서 종교적, 인종적 정체성을 찾고 있다. 여자들은 '거룩한 씨'를 더럽히는 '이방'으로 여겨진다. 반역과 혼합주의보다는 금기와 불결에 대한 두려움이라는 측면에서 관심사를 표현한다. 몇몇 초기 구절(예. 신 7:1-5)은 공동체에서 이방인을 제외시키는 것으로 재해석된다.

잰젠(D. Janzen)은 최근에 통혼(mixed marriage)에 반대하는 운동을(지라르의 저작[R. Girard] 중 하나를 연상시키는) '마녀사냥'이라는 관점에서 설명할 수 있다고 주장하였다. 잰젠의 해석은 세 가지 문제를 다룬다. 에스라 9:1의 '여덟 나라'의 정체성, 여성을 언급하는 '이상한 이방'의 의미론, 그리고 다른 인종들이 예후드(Yehud)에 존재하는지 여부에 관한 질문이다. 마지막 고려가 가장 중요하다. 그러나 비이스라엘 여인이 공동체에 위협이 되었는지에 대한 질문 역시 잰젠의 이론을 포함하여 많은 이론이 추론하는 질문이다. 세 종류의 증거가 혼종된 인종을 제시하기 위해 사용된다.

첫째, 에스라 2장과 느헤미야 7장의 목록은 거의 백 명의 이름을 포함하고 있는데, 이중 일부만 야웨주의자 이름이다.

구체적으로 비이스라엘이나 비유대인 이름 몇몇을 검토한다. 이중 일부는 신명(神名) 요소를 담고 있다(예. 에돔의 신 Qos/Qaus). 신명을 담고 있는 이름은 주로 믿는 종교를 나타내는 것이라고 보는 것은 옳을 수 있다. 그러나 문제는 복잡하고, 여기에서 소위 다신교적 이름은 극소수여서 확실한 결론을 내릴 수 없다.

둘째, 암몬 족속 장소인 텔 알-마자르(Tell al-Mazār)에서 수많은 도기 파편을 찾아냈다.

이중에서 도편 VII(Ostracon VII)은 몇몇 인명을 보여 준다. 이 목록이 다인종을 나타내는 것이라고 해석될 수 있지만, 우리는 상황을 알지 못한다.

이것이 정착촌의 구성원, 한 부대의 군인, 혹은 상인 집단을 목록화한 것인가?

제한된 증거만을 갖고 텔 알-마자르 공동체에 대해 결론 내리는 것은 성급하다. 특히 역사적, 사회적 상황에 대해서 알려진 것이 거의 없기 때문이다.

셋째, 와디 에드-달리예(Wadi ed-Daliyeh)에서 출토된 사마리아 파피루스에는 에돔 족속 이름을 포함하여 대략 69명의 인명이 등장한다(Cross, 2006). 그러나 최근에 출판된 그리심산 비문에는 에돔 족속 인명이 전혀 나타나지 않는다. 다시 한번 얘기하건대, 자료에 문제가 너무나 많기 때문에 분명한 결론을 내릴 수 없다.

이제 다인종을 나타내는 다른 가능한 표지들을 살펴보아야 한다. 즉, 고대 마케다(Maqqēdāh, Khirbet el-Qôm)의 다신교 종교이다. 천 개(혹은 그 이상)의 비문에는 많은 신명을 포함한 이름이 등장한다. 대개는 *qws*, 일부는 *yhw/yw*를 지니고 있다. 그러나 이런 특정 논의와 관련된 주요 텍스트는 우자(Uzzah)와 나부(Nabu) 신전과 나란히 '야호(Yaho)의 신전'을 언급하는 텍스트이다. 이 텍스트들은 다인종 공동체를 보여 준다. 그러나 마케다는 유다 국경선 밖에 있다. 결론적으로 자료는 분명하지 않다. 그러나 '이상한' 여성은 예후드 내부 집단의 구성원이었을 가능성이 제기된다. 따라서 잰젠의 이론은 가능성이 있다.

존 S. 버그스마(John S. Bergsma)의 "참회의 시대인 페르시아 시대: 다니엘 9:1-27의 '주석적 논리'"(The Persian Period as Penitential Era: The "Exegetical Logic" of Daniel 9.1-27)는 다니엘 9장의 내적 논리를 보다 정확하게 인식하도록 돕기 위해, 다니엘 9장의 물려받은 텍스트와 인지하는(즉, 사람들이 읽고난 후 텍스트를 어떻게 기억하는가) 텍스트 사이의 차이를 보여 주고자 한다. 페르시아 통치 아래 귀환과 유다 국가의 재수립의 신학적 의의에 대한 후기 유대인의 한 가지 관점에 대한 보다 분명한 이해를 제시한다는 점에서 부수 효과가 있다.

다니엘 9장은 주로 가브리엘이 다니엘에게 예루살렘 파괴와 연결하여 예레미야의 '70년'의 진정한 의미를 '70이레'(70 weeks of years)로 설명한다는 식으로 이해되어 왔다. 이 텍스트는 사실상 다니엘이 70년을 이해하였고, 그의 죄를 고백하였다고 진술한다. 가브리엘은 '지극히 거룩한' 자리를 기름 붓는 것으로 끝맺으면서 70이레에 대한 새로운 계시를 부여한다. 물려받은 텍스트와 인지하는 텍스트 사이의 차이는 강조될 필요가 있다.

첫째, 다니엘은 예레미야가 70년을 의미했던 것을 알고 있었다. 다니엘 9:2에서 '깨달았다'(searched out)의 의미는 해명되지 않았고(M. Fishbane), 다니엘 자신이 의미하는 바도 아니었다. 다니엘이 이해하지 못할 때, 그는 그렇다고 분명하게 말한다. 다니엘을 괴롭힌 것은 이해가 아니라, 성취되지 않았다는 점이다.

둘째, 다니엘의 기도는 주석적 통찰력을 요구하는 것이 아니라 참회 기도이다.

셋째, 가브리엘은 예레미야 신탁을 해석하지 않는다. 70년은 끝난 것으로 받아들여진다.

그러나 성취의 조건은 충족되지 않았고, 이는 성취가 70이레나 연기되고 있음을 의미한다. 다니엘의 기도는 레위기 26:39-42, 신명기 30:1-4, 예레미야 29:12-13, 출애굽기 32:30-34에 나타나는 회개의 조건을 완수하는 것이다. 가브리엘은 다니엘의 기도를 들었지만, 회복은 7의 배수로 연기되고 있다고 응답한다. 다니엘 9장의 '주석적 논리'는 레위기 25-26장을 재사용할 때, 매우 명료해진다. 레위기 텍스트는 회개에 실패하면 일곱 배로 벌을 받는다고 언급한다. 예루살렘 재건 칙령은 에스라 1:1-4의 고레스 칙령이다. 이렇게 이해함으로써 나타나는 신학적 암시는 다음과 같다.

① 고레스 치하에 시작된 시온으로의 귀환은 당분간 시간을 끌게 될 성취의 시작에 불과하다. 에스라-느헤미야의 편집자조차 이런 보다 넓은 관점에 이의를 제기하지 않는다. 그 저작은 비극적 언급으로 끝을 맺기 때문이다.
② 다니엘 9장의 관점에서 볼 때, 페르시아 시대(그리고 아마도 헬라 초기 시대)는 무엇보다도 회개의 시기이다.
③ 그러나 우리가 종종 그러하듯이, 다니엘의 저자가 제시하는 부정적 양상을 과장해서는 안 된다. 어떤 긍정적 사건이 일어났다고 볼 수 있다. 비록 이 세기는 '뒤숭숭한 시대'로 특징되지만, 유다와 예루살렘은 이 시기 전체 동안 완전히 황폐한 것은 아니었다.

조셉 블렌킨소프(Joseph Blenkinsopp)의 "잃어버린 '아론의 아들들'의 미스터리"(The Mystery of the Missing "Sons of Aaron")는 한 세기 전에 나온 케네트(R. H. Kennett)의 글에 주목한다. 케네트는 '아론의 아들들'이 기원전 5세기에 가서야 제사장직을 차지하였음을 지적하였다.

이 사람들은 누구였고, 그들은 어디에서 왔는가?

신명기에 보면 제사장직은 '레위계 제사장'으로 구성된다. 아론은 신명기 9:20, 여호수아 24:5, 사무엘상 12:6, 미가 6:4에 보면 제사장이 아니다. 아론의 후손을 언급하는 다른 구절은 삽입처럼 보인다. 왕정 역사에서 제사장 중 어느 누구도 '아론계'라고 묘사된 적이 없다. 이런 상황은 신바벨론과 페르시아 시대의 역대기 이전에 나온 텍스트에서도 달라지지 않는다. 느헤미야 12:47의 어법은 느헤미야 시대 한참 후에 쓰인 것임을 보여 준다. 아론계 제사장은 엘레판틴 파피루스에서도 나타나지 않는다. 아론이 언급되는 광야 전승에서 그는 제사장으로 활동하지 않는다. 실상 여호수아가 제의적 대리인처럼 보인다.

제사장 아론의 이미지로 발전하는 것은 대체로 오경 자료의 순서와 일치한다. 케네트는 아론이 활발히 활동한 '금송아지' 사건이 원래 벧엘 (비레위인) 제사장직 설립에 대한 판본이었다고 결론 내린다. 그는 벧엘 성전이 앗수르와 바벨론 포로기까지 살아남았고, 예루살렘 함락 후에 명성을 얻게 되고, 아론계 제사장직으로 제의 공백을 메꾸었다고 논증한다. 케네트의 견해에 따르자면 대제사장 여호수아는 바벨론이 아니라, 벧엘에서 기원한 아론계였다. 그러나 성소는 아론계와 레위계 양쪽을 수용하였다.

노스(F. S. North)는 케네트의 일부 논지를 받아들이고, 더욱 발전시킨다. 아론의 후대 출현은 설명이 필요하다. 그리고 금송아지 단편에 나타나는 아론의 중요성은 많은 다른 평행에서 보다시피, 여로보암 제의와 관련이 있다. 추가 증거는 실로에 있는 아론의 아들(수 19:51; 21:1)과 벧엘의 손자(삿 20:28)에서 찾아볼 수 있다. 벧엘 제의는 요시야 개혁에도 살아남은 것 같다. 587/586년 성전 파괴와 미스바로 수도 이전 이후, 벧엘은 제의 공백을 아론계 제사장으로 메꾼 것 같다. 스가랴 7:1-3은 예루살렘으로부터 온 백성들이 벧엘에서 제의 규칙을 물어보는 것으로 볼 수 있다.

비슷하게, 학개 2:10-14은 벧엘의 아론계 제사장을 아마도 포함하는, 예루살렘 밖 제의 장소를 언급하는 것처럼 보인다. 얼마나 오랫동안 벧엘 성소가 운영이 되었는지는 알 수 없다. 불행히도 고고학적 상황은 결론에 이르지 못하고 있다. 케네트는 아론계가 승리한 것으로 보이지만 사독계가 더 우세한 것처럼 보인다고 제안한다.

타마라 콘 에스케나지(Tamara Cohn Eskenazi)의 "이스라엘의 포로와 회복으로부터 포로와 재건까지"(From Exile and Restoration to Exile and Reconstruction)는 피터 아크로이드의 저작들이 신선한 바람을 일으켰고, 그 당시 대체로 무시되거나 간과된 시대에 대한 새로운 관점을 제시하였다고 본다. 이런 관점의 변화는 아크로이드의 의도였던 것 같다. 『이스라엘 포로와 회복』 출판 이후 페르시아 시대는 학자들의 중심 관심사로 부상하였다. 에스케나지 논문의 한 가지 목적은 '회복 시대'와 에스라-느헤미야에 집중하면서 페르시아 시대에 대한 21세기 관점의 몇몇 측면을 묘사하는 것이다. 그녀는 다섯 가지 영역에 집중한다.

첫째, 고고학이다.
리프쉬츠(O. Lipsichts, 2005)의 최근 연구에서 예시되듯이, 이 분야는 가장 극적이며 영향력 있는 발전 중 하나임을 입증한다. 리프쉬츠의 연구는 베냐민과 예루살렘 지역의 내적 경쟁을 제안한다. 바벨론 정책은 베냐민을 선호하였다. 그러나 유다가 5세기에 회복을 시작할 때, 베냐민은 쇠퇴하였다. 이것은 '그 땅의 사람들'에 의해 야기된 것으로 주장되는 긴장을 설명한다. 유다가 황폐해진 7세기와 6세기에 안정적이었던 사마리아와의 긴장도 설명해 준다(Knoppers, 2006).

둘째, 성서 본문에 대한 정밀한 검토이다.
최근 더건(M. W. Duggan)과 라이트(J. L. Wright)의 연구는 모두 느헤미야에 관한 것으로 텍스트에 대한 정밀한 연구가 얼마나 귀중한 결과를 낳는지를 보여 준다.

셋째, 관심 영역은 '회복'기 연구의 자료라고 명명할 수 있다.
에스케나지는 페르시아 시대를 여전히 '암흑기'라고 부르는 것은 당혹스럽다고 지적한다. 이스라엘 역사의 초기보다 이 시대에 대해 더 많은 자료를 활용할 수 있기 때문이다. 아크로이드, 브리앙, 그래브, 르메르, 포턴과 야르데니, 엘라이와 프리드가 제시하듯이, 레반트 남쪽 지역에 대한 상당한 고고학적, 금석학적, 문학적 데이터가 현재 사용가능하다.

넷째, 주석 영역은 공동 학문 연구에 집중한다.
한 사람이 다룰 수 있는 양을 넘어설 정도로 1, 2차 자료가 많다. 아케메니드 역사 워크숍(Achaemenid History Workshops)과 트랜스유프라테네(*Transeuphratène*)의 후원을 받는 학회에서 행해지는 효과적인 공동 연구를 목격하고 있다. 21세기 초에 "페르시아의 토라 승인"에 관한 심포지움(Watts, 2001)과 리프쉬츠가 중심 주최자였던 몇몇 심포지움(Lipschits and Blenkinsopp, 2003; Lipschits and Oeming, 2006; Lipschits, Knoppers and Albertz 2007)을 경험하였다. 마지막으로, 보다(M. Boda)가 편집한 곧 출간될 책에서 기고자들은 다른 이들의 미출판 논문을 언급한다. 이는 다양한 문학적, 역사적, 신학적 주제를 다루는 세대 간 대화를 제공한다.

다섯째, 영역은 토라의 발전과 통합에 대한 새로운 연구이다.

토라 형성의 배경에 대한 최근 학자들의 논의는 페르시아 시대를 주요 발전과 통합의 시대라는 논증을 간과하지 않는다. 오히려 아케메니드 시대는 오경이 형성되고 유다와 사마리아에서 권위 있는 문서로 받아들여지게 된 과정을 이해하는데 더욱 더 중요해지고 있다. 크노퍼스와 레빈슨(Levinson)이 최근에 편집한 책(2007)은 관련된 많은 문제를 언급한다. 프라이(P. Frei)의 제국의 권위에 대한 논지는 일치된 비판을 받고 있지만, 이 과정에서 페르시아 정부의 위치는 여전히 상당히 많은 학자들의 관심을 끌고 있다(Watts, 2001).

최근 주석가들은 에스라-느헤미야의 개혁, 오경 형성, 페르시아 정부를 매우 다른 방식으로 연결하고 있다(예. J. Berquist, K. Hogland, D. Smith, M. Brett). 브레트(Brett, 2000)는 창세기가 페르시아 당국에 맞선 저항을 대변한다는 논지를 전개한다. 이것은 사마리아 당국에 대한 저항일 수도 있지만, 일종의 문화 저항으로 볼 수 있다(비교. Knoppers, 2006). 페르시아 제국에는 국가적으로 강제하는 인종중심주의(ethnocentrism)에 대한 증거가 없기 때문이다.

여섯째, 발전 분야는 '새로운 강조와 접근'이라고 요약할 수 있다.

사회과학적 방법론과 같은 새로운 방법론의 사용은 중요하다. 그러나 베르리너블라우(J. Berlinerblau, 1999)가 예시한 위험도 도사리고 있다. 그럼에도 불구하고, 세심한 포로 후기 연구는 중요한 공헌을 한다. 버퀴스트(Berquist, 2006)의 연구는 정체성과 인종 문제를 다룬다. 그는 다양한 모델들을 사용하여 문제를 제시하는 데 성공하지만, 자신만의 대안적 모델을 찾아내지는 못하고 있다. 버퀴스트가 동시대 자료에서 정체성의 표지를 충분히 설명하지 못하기 때문에, 에스케나지는 정체성을 다루는 버퀴스트의 시도에는 문제가 다소 있다고 본다. 요약하자면, 피터 아크로이드는 당시 학자들이 페르시아 시대에 관심을 보이는 것에 상당히 만족하였다고 에스케나지는 본다.

D. 풀턴(Deirdre Fulton)의 논문 "여호수아의 '대제사장 혈통'? 느헤미야 12:10-11의 재평가"(Jeshua's "'High Priestly'" Lineage? A Reassessment of Nehemiah 12.10-11)는 에스케나지가 언급한 일련의 광범위한 주제보다 훨씬 더 정밀하게 규정된 주제를 다룬다. 풀턴은 매우 중요한 여섯 명의 족보(느 12:10-11)의 배경과 속성을 재검토한다. 이 족보는 페르시아 시대의 유다 정착, 성전 인사들과 예루살렘 성벽 봉헌과 연관된 사람들의 다양성과 같은 느헤미야 11-12장의 여러 가지 주제를 다루는 중에서 찾아볼 수 있다.

이 광범위한 문학적 맥락 안에서 느헤미야 12:1-11 단락은 특히 의미가 있다. 이 단락은 스룹바벨과 여호수아와 함께 온 자들이라고 언급된 제사장과 레위인에 집중하고 있기 때문이다(다리오 1세 시대; 비교. 제1에스드라 5:5-6). 느헤미야 12:10-11은 예수아에서 시작하여 얏두아로 끝나는 내림차순의 족보 형식으로 6명의 이름을 제시한다. 풀턴이 지적하듯이, 족보의 처음이나 끝에는 어떤 직함도 없다. 족보 자체에서 제시된 직함 역시 아무 것도 없다. 그럼에도 불구하고, 이 족보는 거의 보편적으로 페르시아 시대의 대제사장 순서의 목록이라고 해석되고 있다. 이와 같이 이 혈통은 포로 후기 연대기 구성을 위해서는 주요한 구성 요소로 기능한다.

그러나 해석을 할 때, 이 족보와 연관된 몇 가지 문제들이 있다. 예수아가 기원전 520년에 돌아왔고, 족보에 언급된 마지막 사람인 얏두아가 대략 기원전 333년 알렉산더 대왕 통치 시대의 대제사장(유대 고대사 11.317)이었다면, 여섯 명의 이름은 거의 200년간에 걸쳐 있다. 나아가, 느헤미야 12:10-11의 예수아 족보는 느헤미야 12:22의 짧은 목록과 비교하면 차이가 있다. 이 짧은 목록은 요야다 다음에 요하난(그리고 요나단은 아니다)을 언급하고, 엘리아십에서 시작하여 얏두아까지 이어진다.

문제를 더 복잡하게 만드는 것은 느헤미야 12:23(그리고 스 10:6)이 요하난을 엘리아십의 아들이라고 열거하는 점이다. 흥미롭게도 요세푸스의 유대 고대사는 족보에 이 모든 이름을 거명한다. 요나단을 제외하고, 예수아(11.73), 요야김(11.120-121), 엘리아십(11.158), 요야다(11.297), 얏두아(11.317-318)를 언급한다. 그러나 요하난(11.297)을 언급한다. 족보와 목록 자체의 문제들을 차치하더라도 페르시아 시대의 에스라와 므레못(스 8:33)과 같은 다른 연관된 제사장 인물들을 어떻게 이 그림 속에 맞춰 넣을 수 있는가라는 문제가 있다.

이 문제를 다루려는 학자들의 노력은 매우 다양하다. 크로스(F. M. Cross)는 예수아의 짧은 혈통을 중자탈락(haplography) 투성이라 보고, 할아버지의 이름을 손자에게 붙이는 명명 원칙(papponymy)에 근거하여 정교한 재건을 시도한다. 그의 이론에 따르면, 거의 두 세기에 걸친(기원전 520-332년) 대제사장직 승계는 여섯이 아니라 열 명이 개입된다. 크로스 이론의 요소에 동의를 하지는 않지만, 윌리엄슨 같은 학자들은 느헤미야 12:10-11의 족보가 불완전하다는 견해를 밝힌다. 코흐(K. Koch) 같은 학자들은 에스라와 므레못과 같은 인물들을 더 광범위한 승계 속에 대제사장으로 삽입해야 한다고 논증한다.

그러나 어떤 학자들은 동전 유물을 근거로 삼아, 목록의 끝 부분에 인물을 추가해야 한다고 논증한다. 밴더캠(J. VanderKam)은 목록을 수정하려는 모든 시도에 대응을 하고, 느헤미야 12:10-11의 족보를 기본적으로 완전한 것이라고 옹호한다. 그러나 이 모든 학자들은 그 혈통이 대제사장계나 적어

이 족보상 대제사장 계승이라고 추정한다.

풀턴의 논문은 이런 지배적인 추정에 도전한다. 그녀는 느헤미야 12:10-11이 족보의 모습을 한 대제사장 계보가 아니라, 단순히 페르시아 시대의 예수아 혈통의 족보일 뿐이라고 제안한다. 즉, 이 혈통 안에 직함이 없는 것은 고의적이다. 저자는 회복의 주요 지도자들 중 한 명의 내림차순 족보를 제시하고 있다. 족보로써, 그 혈통은 한 가문의 기본적인 승계를 기록한다.

그러나 예수아의 오대 손을 열거하는 이 족보가 완벽한 순서인지 아닌지는 불분명하다. 고대 세계에서 족보는 종종 범위에 있어서 선택적이며, 가장 흥미로운 인물에 집중한다. 족보에 나타난 인물들과 대제사장 직책 사이의 관계에 대해서 학자들은 더 이상 이 둘의 단순한 상관관계를 추정해서는 안 된다. 확실히 예수아의 후손 중 일부는 대제사장으로 섬겼을 수 있다. 그러나 후손 모두가 그럴 필요는 없었을 것이다. 그렇다면 단일 가문이 두세기 넘도록 대제사장직을 도맡았다는 것은 의심스러워 보인다. 적어도 느헤미야 12:10-11의 기본 혈통은 그런 추정의 진실성을 입증하는 데 인용되어서는 안 된다.

레스트 그래브(Lester Grabbe)는 본서에 기고한 두 논문 중 첫 번째인 "'그들은 시온에 기쁨으로 오리라'-혹은 그들은 그러했는가? 초기 페르시아 시대 예후드 정착"("They Shall Come Rejoicing to Zion" – or Did They? The Settlement of Yehud in the Early Persian Period)에서 '포로' 이후에 일어났을 것으로 추정되는 유다의 재정착에 대해 논의한다.

즉, 언제 재정착이 일어났는가, 그리고 어떤 식으로?

비커만(E. J. Bickerman)의 주장에도 불구하고, 에스라 1:2-4의 칙령은 유다 선전문의 일부처럼 보인다. 그리고 에스라 1-6장에서 역사적 가치를 거의 찾지 못하는 자들은 자신들의 입장을 지지해 줄 좋은 논증을 찾아낸 것처럼 보인다. 그러나 예루살렘이 페르시아 시대 전반부 내내 황폐한 채로 있었다고 보는 것은 본질적으로 불가능해 보인다. 언뜻 보기에 증거가 확실한 것 같은 관찰 너머에는 주의 깊게 살펴볼 많은 요소들이 있다.

에스라 1-6장은 성서 자료가 아닌 몇몇 자료에 기대고 있다. 그리고 스가랴 1-8장과 학개는 페르시아 초기로 보는 것이 가장 좋다. 느헤미야는 총독으로 왔다. 그러나 그가 정착민들과 함께 왔다는 증거는 거의 없다. 그는 예루살렘 성전이 아니라 성벽을 재건하였다. 그의 시대 이전에 성전이 없었다면, 그의 개혁 기사에 성전 건축이 확연하게 나타나지 않는 것은 거의 믿을 수가 없는 사실이다. 아마도 에스라 2장과 느헤미야 7장에 묘사된 것 같은 대규모의 정착민은 없었을 것이다.

고고학은 어떤 시기에도 대규모 유입이 없었다는 것을 보여 준다. 이미 초기부터 메소포타미아로부터 많지는 않지만 꾸준히 이어지는 유입이 있었을 것이다. 자료는 희박하다. 그러나 아주 없는 것은 아니다. 에스라 6:15의 구절과 기원전 516년이라는 연대는 성전 완공에 대한 것으로 신뢰할 만하지 않다(이 연대나 구절에 대한 자료 증거가 없다). 그러나 성전 재건은 페르시아 초기에 시작되었고, 아마도 기원전 500년 무렵에 끝났을 것이다.

레스터 그래브는 두 번째 논문에서 "예루살렘은 요새였는가?"(Was Jerusalem a Persian Fortress?)를 질문한다. 이 질문은 중요하다. 왜냐하면 페르시아 초기에 대한 수많은 이론들은 예루살렘이 페르시아 방어 체계의 핵심 고리였다는 추정을 근거로 삼고 있기 때문이다. 예루살렘에 페르시아 주둔군이 있었다고 보는 것은 자연스러워 보인다. 그러나 놀랍게도 성서 문학 어디에서도 페르시아 부대에 대한 어떤 종류의 언급도 찾아볼 수 없다. 느헤미야의 예루살렘 성벽 재건을 다루는 기사나 안식일에 페니키아 상인들을 예루살렘 밖에 있도록 하는 정책 시행 기사 어디에도 나오지 않는다. 분명히 총독으로서 느헤미야는 소수의 군인을 지휘하였을 것이다. 그러나 그런 소규모 부대의 군인이 있다는 것과 페르시아 주둔군이 있다는 것은 같지 않다.

종종 '요새'로 번역되는 *birāh*(느 7:2)의 사령관에 대한 언급도 있다. 그러나 이 단어도 성전과 같이 벽이 있는 건물을 지칭하는 것일 수 있다. 이 경우 예루살렘 성전을 지칭하는 것처럼 보인다. 마카베오서에도 나오는 예루살렘 성채는 후대까지 건축되지 않은 것 같다. 예루살렘은 전체 지역이 아닌, 지역 방어 차원에서 중요하였던 것 같다. 페르시아에게 이집트와 관련해서 작전의 기지로 가장 중요한 지역은 해안, 특히 페니키아 자료는 종종 페르시아 시대의 페니키아를 언급하지만, 결코 예루살렘이나 유다 고지대를 언급하지 않는다.

바딤 지굴로프(Vadim Jigoulov)는 "아케메니드 페니키아의 행정: 통제된 자치의 사례"(Administration of Achaemenid Phoenicia: A Case for Managed Autonomy)에서 구체적으로 페르시아 치하 페니키아에 대한 문제를 언급한다. 그러나 이것은 페르시아가 일반적으로 제국을 운영한 방법을 제시하는 하나의 사례를 제공할 뿐이다. 그의 목적은 페니키아 도시 국가들이 중요한 세금의 자원이었기 때문에 페르시아 통치 하에서 상당한 자치권을 소유하고 있었다고 논증하는 것이다. 이는 기원전 6세기부터 4세기까지 지중해 동쪽에 대한 페르시아 지배에 공헌을 하였던 통제된 자치(managed autonomy)의 한 사례이다. 페르시아 지배 하에서 이루어진 사회경제적 발전에는 몇 단계가 있다.

① 고레스와 캄비세스 치세 기간: 순조로운 변화기.
② 다리오와 크세르크세스 치세 기간: 종독(satrap)과 지방 총독을 통한 피정복 영토 지배기이다. 페니키아와 주변 국가들은 바벨론으로부터 구분되어 제5총독관구(the Fifth Satrapy)를 구성하였다. (시돈은 페르시아의 많은 군사 작전 수행에 필요한 인력을 제공하는 해안가의 주요 도시로 부상하였다.)
③ 4세기의 첫 3분기 기간: 페니키아와 페르시아 정부 간의 관계가 악화되고 시돈의 파괴로 끝나 버린다. 현존하는 페니키아의 금석 자료(비블로스의 바트노암[Batnoam of Byblos]의 장례 비문과 에쉬무나조르 비문[the Eshmunazor inscription])는 중앙 통제를 보여 주지 않는다. 오히려 페니키아 국가의 자치권을 보여 준다. 페니키아 왕들은 페르시아 통치자를 섬기지만, 대체로 자율적이다. 비블로스의 바벨론 총독을 제시하

는 것이라는 프리드(L. S. Fried)의 CT 55, no. 435 해석과 대조적으로, 모든 증거는 다른 페니키아 도시 국가처럼 전통적인 페니키아 왕권이 지속되고 있음을 시사한다. 페르시아 건축 요소의 현존은 오로지 신분적 목적을 위해 전유한 것임을 보여 준다.

신바벨론 시대에 레반트(Levant)는 대체로 방치된 곳이었지만, 이 지역이 아케메니드 시대에 어떻게 운영되었는지는 대체로 알려진 바가 없다. 분명히 페르시아는 페니키아 도시 국가를 느슨한 연맹체 정도로 조직하였고, 후에 크세르크세스 치하에서 연합국 소속으로 전환하였다. 기원전 5세기 말과 4세기 초, 시돈은 더 독립하려는 시도를 하였지만 이는 치명적 실수였다. 페니키아에 대한 아케메니드의 정책은 '통제된 자치'로 명명할 수 있다. 페르시아 쪽에서 유일하게 요구한 것은 정해진 기간에 세금을 바칠 것과 제국의 경제와 군사 프로젝트에 페니키아가 기여를 하라는 것이었다. 이런 협의에 대한 증거는 다음과 같이 찾아볼 수 있다.

① 아케메니드 시대 내내 페니키아의 문화적 독특성의 유지(예. 전통적인 종교 소속).
② 페니키아 도시 국가 내의 독립적 주화 제조.
③ 주화에 나타나지 않는 통일된 무게 단위.
④ 페니키아 비문에 부재하는 페르시아 제국 관료.

물론 페르시아의 영향은 있었지만, 이는 의도적 통제와는 다른 것이다. 페르시아 제국은 페니키아 무역과 선박을 통해 혜택을 받았다. 통제된 자치 모델은 페르시아 제국 내 다른 곳에서도 찾아볼 수 있다. 이런 곳에서 제국의 도상(iconography)을 채택하는 것은 반드시 제국적 통치를 나타내는 것이 아니다. 결론적으로, 페니키아는 아케메니드 당국에 대체로 방해를 받지 않고 업무를 수행할 수 있었다.

크라츠(Reinhard Kratz)는 "역사와 사상의 관계: 피터 아크로이드의 이스라엘의 포로와 회복의 부제 고찰"(The Relation between History and Thought: Reflections on the Subtitle of Peter Ackroyd's Exile and Restoration)에서 역사와 사상의 관계를 재검토하고자 한다. 피터 아크로이드는 구약학의 독일 전통, 특히 아이스펠트(O. Eissfeldt), 갈링(K. Galling), 그리고 폰 라드(G. von Rad)의 저작에 매우 익숙하였다. 폰 라드처럼 아크로이드는 정치적 삶의 사건을 정치적 삶에 대한 사상과 분리한다.

아크로이드의 『이스라엘의 포로와 회복』이 주로 사상에 초점을 맞추고 있는 한, 슈텍(O. H. Steck)의 저작과도 일부 평행한다. 두 학자는 모두 포로 후기 문학이 폰 라드가 성서 전체에서 추적하고자 했던 현상으로 가득 차있음을 인지하였다. 즉, 변화하는 역사적 상황에 비추어 전통을 해석하고 하나님과 신학적 전통의 관점에서 경험을 설명하는 것 같은 현상이다. 슈텍은 역대기와 다니엘을 통해 모델을 발전시켰다. 이 두 책을 아크로이드는 그의 책 마지막 장에서 다룬다.

역사와 사상의 세 가지 측면은 역사와 역사 편찬학 사이의 긴장에서 시작한다고 본다.

첫째, 아크로이드는 '사건'보다 '사상'에 집중한다.

그러나 이런 절차는 지금은 논쟁거리이다. 최근의 역사 편찬학은 순진한 긍정주의를 피하고 역사서를 해석의 과정, 즉 저자와 청중이 각자 중요한 역할을 한다고 본다. 구약과 관련하여 여전히 선명한 불일치가 있다(비교. J. Van Seters and E. Blum). 그러나 아크로이드의 구분은 역사성, '진실한 역사'를 주장하는 성서 본문의 목적을 무시하는 것이다.

크라츠는 비평적 읽기가 이런 주장을 심각하게 받아들일 필요가 있다고 논증한다. 성서 저자들은 역사와 사상을 구분해서 보지 않았기 때문이다. 또한 최근의 역사 편찬 이론은 아크로이드의 방법론에 대해 의문을 제기한다. 역사적 사건은 해석으로부터 '사상'을 통해서만 나올 수 있기 때문이다.

그러나 역사 비평을 자신의 연구에 이용하려는 사람이라면, 아크로이드의 구분은 여전히 유효하다. 우리는 현대 역사가의 관점과 성서 저자의 관점을 구분해야만 한다. 현대 역사가와 일부 고대 헬라 역사가와 달리, 성서 저자들은 자신들의 생각을 역사로 제시한다.

둘째, 우리는 어떻게 성서와 성서 밖 자료 사이의 긴장을 다룰 것인가?
성서 밖 자료는 성서 자료와 다른 종류를 드러낸다. 아크로이드의 저작은 성서 밖 자료를 사용하는 데 주저하는 것으로 보인다. 그러나 우리는 현재 아크로이드가 사용할 수 있었던 것보다 훨씬 더 많은 고고학적, 금석학적, 도상학적 '1차' 자료를 갖고 있다. 물론 1차 자료나 2차 자료나 모두 단순하게 사건을 보도하지 않는 것은 확실하다. 그럼에도 불구하고, '1차' 자료와 '2차' 자료의 구분(그리고 전자에 대한 선호)은 여전히 유효하다.

신바벨론 시대와 페르시아 시대 사이에는 공통 부분이 없다. 1차 자료의 사상은 성서 자료의 사상과 확연히 다르다. 성서의 다양한 신학 개념을 구분하는 것만으로는 충분하지 않다. 그러나 우리는 또한 다른 자료(예. 엘레판틴 파피루스)에서 찾아볼 수 있는 개념들도 고려해야만 한다. '기원전 6세기의 히브리 사상'은 더 이상 성서 본문에서만 유래할 수는 없다.

셋째, 성서 본문의 연대를 규정하는 문제가 있다.
아크로이드는 문학이 역사적 사건을 얼마나 세밀하게 반영하는지를 검토하는 방법을 부분적으로 사용하였다. 그의 연구의 강점 중 하나는 보다 광범위한 성서 문학의 역사 틀 안에서 히브리 사상의 역사를 묘사한다는 점이다. 그러나 오늘날 성서 문학의 역사는 40여 년 전과는 매우 다르게 고찰되고 있다. 크라츠는 아트로이드가 사용한 기준을 따른다면 역대기, (일부)에스라, 다니엘은 모두 기원전 6세기의 저작이 된다고 지적한다. 1차 자료는 성서 자료만큼 비극적으로 사건들을 전달하지 않는다. 오히려(엘레판틴 파피루스를 예외로 하고) 연속성과 점차 일상으로 복귀한다는 인상을 받게 된다.

가까운 시기의 역사적 사건에 반응을 보이는 것이 확실한 성서 자료를 찾는 것은 점점 힘들다.

'이스라엘의 포로와 회복' 개념은 이미 대부분의 텍스트의 이데올로기의 일부가 되었다. 텍스트는 이스라엘의 포로와 회복의 경험을 체화하지만 늘 역사적 사실은 아니다. 우리는 성서로부터 상대적 연대기를 찾아낼 수 있지만, 절대적 연대기를 얻는 것은 더욱 힘들다. 성서의 책들을 단순하게 따를 수만은 없다. 그러므로 이 책에 나타난 사상의 많은 부분은 6세기의 것이 아니라, 6세기에 대한 것이다. 높이 살만한 점은 아크로이드가 역사 재건을 위한 필수 선제 조건으로 문학에 나타난 다양한 태도를 이해할 필요가 있음을 인지하였다는 것이다.

에릭 마이어스(Eric Meyers)는 "최근 고고학과 인구 통계학 연구의 관점에서 본 이스라엘의 포로와 회복"(Exile and Restoration in Light of Recent Archaeology and Demographic Studies)에서 『이스라엘의 포로와 회복』 이후에 저술하였지만 페르시아 시대 말에 대하여 언급하고, 성서 자료와 역사 논의를 구분한 『바벨론과 페르시아 시대의 이스라엘』(Israel under Babylon and Persia)에 관심을 기울인다.

파괴의 잿더미에서 나타난 거대한 창조성과 역동성에 대한 아크로이드의 많은 강조점을, 최근의 연구는 다양한 방식으로 옹호한다. 아크로이드는 실제 인구 통계학적 상황을 인식하지 못하였다(그의 시대의 제한된 고고학적 출판물을 고려할 때, 인식할 수도 없었다). 그는 포로와 연대기 개념의 문제를 인식하고 있었지만, 지금은 분명한 남아 있는 유물로부터 볼 수 있는 복잡한 상황에 대한 것은 아니었다. 아크로이드는 백성의 '다수'가 그 땅에 남아 있었고 오직 소수의 사람들이 포로로 끌려갔다고 생각하였다. 아크로이드는 또한 많은 성읍들에 비록 빈곤에 시달릴지라도 사람들이 여전히 거주하고 있었다고 믿었다.

최근의 현장 조사와 고고학 발굴을 토대로 하여, 리프쉬츠(2005)는 예루살렘의 인구는 25,000명에서 대략 2,750명으로 급감하였다고 추정한다.

(그러나 베냐민은 28,750명에서 12,500명으로 절반가량만 감소하였다. 베냐민은 기원전 538년 이후에 감소하기 시작하였다. 베냐민의 실제 감소는 기원전 5세기에 가서야 일어났다. 일부가 예루살렘으로 이주하였고, 다른 일부는 비유대인 지역인 동쪽으로 이주하였다.) 아크로이드 시대에는 시온 신학의 전면적 발전을 진지하게 추정하였지만, 예루살렘은 그의 시대에 상상했던 것보다 훨씬 더 느린 속도로 인구의 중심지로 부상하였다.

예루살렘은 헬라 시대까지 주요 도시가 되지 못하였다. 아크로이드는 유다에 여전히 많은 사람들이 살고 있었다고 생각했지만, 성결법전, 제사장 문서, 에스겔, 제2이사야를 포함한 주요 문학 작품들이 바벨론에서 형성되었다고 보는 견해를 지지하였다. 아크로이드는 학개와 스가랴가 에스라-느헤미야와 역대기와 함께 기원전 5세기 말이나 4세기 초인 '역대기 시대'에 형성되었다고 본다.

그러나 학개와 스가랴 1-8장이 예루살렘과 성전의 재건에 대한 디아스포라의 도전을 반영하는 것이라면, 물질문화가 보여 주는 것보다 훨씬 많은 인구 숫자가 사용된 이유를 찾을 수 있다. 우리는 또한 귀환한 엘리트와 그 땅에 정착했던 자들 사이의 긴장감을 더 잘 이해할 수 있다. 그래서 (고고학이 입증하지 않는) '텅 빈 땅 신화'(myth of the empty land)가 창조된 것이다.

그토록 작은 유다와 예루살렘이 문학 작품에 암시된 문학 행위의 수준을 후원할 수 있었을까?

제사장, 성전 직원, 서기관 계층, 군사와 행정 인력은 엘리트의 대략 넉넉잡아 5-10퍼센트를 차지하였을 것이다. 그러나 로마 시대에 문맹률은 대략 5퍼센트 이상이었을 것으로 추정된다. 더구나 실제 글쓰기는 엘리트 계층으로 한정되기 때문에, '청지성'(aurality) 개념은 고려에 포함되었을 것이다. 예후드는 한때 생각하였던 것보다 더 작았기 때문에, 이방인 혐오 현상은 더 이해할 수 있다. 그러나 요나와 스가랴 8장과 같은 책에서 보편주의도 찾아볼 수 있다. 사건(그리스-페르시아 전쟁과 같은 사건)에 대한 5세기의 추가적 반응은 묵시주의의 부상과 커져 가는 인기였다.

아크로이드는 제2성전 유대교에 영향을 미치고, 그것이 살아남도록 하는데 디아스포라 공동체의 중요성을 인지하였다. 골라(Golah, 포로에서 귀환한 무리 지칭-역주) 공동체는 본국에서 살아남은 공동체를 재구성하는 것을 도왔다. 단 한 가지의 사상 양식만 존재하는 것은 아니었다. 정경 이전 정경('원역사'와 예언서 일부)은 수 세기 동안 충분하였다. 그러나 더 큰 헬라 세계의 일부가 되자 더 많은 문학 행위가 요구되었다. 쿰란을 통해 알려진 더 거대한 문서들은 이 공동체의 지적, 영적 시야를 확장하고자 하는 욕구의 부산물이다.

질 미들마스(Jill Middlemas)의 "텅 빈 땅 신화를 넘어서서: 초기 페르시아 재평가"(Going beyond the Myth of the Empty Land: A Reassessment of the Early Persian Period)에서 유다의 주민은 작고 소극적인 주민들이 아니라, 창조적 행위의 중심이었다는 생각에 기초를 두고자 한다. 유대 백성의 서기관들의 문학적 전략은 새로운 실제를 창출하는 것이었다. 이것은 추가 사상에 대한 3가지 영역을 열어둠으로써, 포로 후기 초반에 대한 개념을 바꾸었다.

첫째, 용어와 연대기에 있어서 이 시기에 대한 적절한 묘사이다.

'포로'라는 용어는 부정확하고 부적절하다. 단 한 차례의 추방이 아니라 세 번의 추방이 있었다. 실상 시작부터 유다 역사는 포로의 연속이었고, 많은 유대인들은 자발적으로 이웃 지역으로 이주를 하여야만 했다. 그 땅에 남아 있던 많은 자들은 거의 포로가 되지 않았고, 일부 공동체 구성원들은 외국에서 살기로 결정하였다.

연대기와 관련해서 기원전 539년 고레스의 진격이 이 시기를 끝내는 가장 중요한 연대기인지를 질문해야 한다. 열왕기하와 예레미야는 여호야긴 석방으로 끝을 맺고 있다. 제2이사야가 고레스를 구원자로 묘사한 이후, 성전 건축에서 그의 역할에 대한 상세 사항은 에스라 1-6장에 나타난다. 그러나 고레스의 관심사에 대한 인지는 고레스 칙령에 기초를 둔다. 학개와 스가랴 1-8장은 그에 대해서 아무 것도 말하지 않는다. 인구 통계학과 고고학 분야는 성전 재건을 적절한 분기점, 즉 기원전 515년을 기준점으로 제시한다(에델만은 정확한 완공년도를 알 수 없다고 본다). 기원전 587년의 성전 파괴와 기원전 515년경의 재건 사이의 시간은 '무성전 시대'(templeless age)로 범주화된다.

둘째, 보다 세밀한 학문적 탐구가 이루어져야 할 다음 연구 분야는 연속성이다.

연속성에 대한 첫 번째 증거는 베냐민 지역의 인구이다. 학개와 스가랴 1-8장은 '야웨 제왕 시편'(Yhwh mālak), '열방 신탁,' 제2이사야, 에스겔 40-48장에서 찾아볼 수 있는 왕정 전통을 이어 주는 과거 왕정 시대에 대한 이상적 투사이다. 공동체는 왕정 시대 유다와 특별히 다르지 않다. 완벽한 분절 개념은 옹호 받지 못한다. 연관된 주제는 사회 통합이다.

학개와 스가랴 1-8장에서 보다시피, 재건을 볼 때, 에스라 3-6장의 공동체 갈등은 후대에 속한 것으로 보인다. 성서 문학의 언어 연구는 학개가 그 땅에 남아 있던 자들에게 관심을 기울였음을 보여 준다. '이스라엘' 용어의 사용은 에스라, 느헤미야, 역대기 시대까지 지속된 공동체에 대한 포용적 개념을 드러낸다. 학개와 스가랴 1-8장 시대에는 사회 분열이 없었다. 그러나 '백성'과 '남은 자'라는 용어에서 이런 분열을 찾고자 하는 자들도 있다. 그러나 예언자들은 전체 공동체에게 말한다. 귀환자, 그 땅에 남아 있던 자, 심지어 북이스라엘에 살던 자에게 말한다. 그 백성이 부정한 것이 아니라, 그들 손의 행위(학 2:10-19)만 부정하다. 위로와 고통의 구원적 가치를 선포한다. 제3이사야는 종종 공동체 분열의 증거로 제시된다. 그러나 다른 신들을 섬기는 자들에 한해서이다. 귀환자와 그 땅에 남아 있던 자들이 자료나 성전 접근을 놓고 경쟁했다는 증거는 없다.

셋째, 다음의 토론 분야는 시온으로의 귀환이다.

스가랴 7:2은 벧엘에서 온 자들이 예루살렘으로부터 제의 정책에 대한 문의를 구하는 것, 즉 예루살렘을 종교적 중심지로 재건하고자 하는 시도를 나타내는 것으로 해석할 수 있다. 베냐민과 디아스포라 사람들이 예루살렘을 다시 세우고, 다시 한번 더 수도로 삼고자 하는 요청이었다.

위에서 언급한 것의 함의는 무엇인가?

유다 백성에 대한 점증하는 인식은 재평가를 필요로 하는 네 단계를 제시한다. 결과 중 하나는 무성전 시대의 공동체의 특징에 대한 인지이다. 사회 구성은 학개와 스가랴 1-8장의 고백적 조직보다는 국가적이며 정치적 조직이라고 정의내릴 수 있다. 고백적 관점에서 공동체를 보는 것은 제3이사야에서 가장 잘 찾아볼 수 있다. 이곳에서 공동체는 인종보다는 종교적 신앙심으로 규정된다.

후에 에스라와 느헤미야는 종교적 신앙심과 인종 둘 다로 공동체를 규정한다. 이것 역시 이 시대의 마지막 부분에 가장 잘 어울리는 것 같은 성결법전(H)을 다시 생각해 보게 한다. H는 에스겔과 학개/스가랴 1-8장과 많은 것을 공유하기 때문이다. 공동체 회복과 계약 갱신 주제는 제2이사야, 에스겔 40-48장, 학개/스가랴 1-8장, H를 연결한다. 학개/스가랴 1-8장과 H는 제2이사야와 에스겔 40-48장이 촉진하고자 하였던 사상들을 이어 나간다. 무성전 시대의 종언은 야웨의 백성이라는 정체성을 만들어가는 공동체를 보여 준다. 기원전 6세기의 사회역사적 상황에 대한 재고는 문학과 사상에 대한 재평가로 이어진다. 특히 귀환자와 결코 떠난 적이 없었던 자들 사이의 공동체 분열에 대한 재평가로 이어진다.

케니스 리스타우(Kenneth Ristau)의 "예루살렘 재건: 스가랴의 환상 속 환상"(Rebuilding Jerusalem: Zechariah's Vision within Visions)은 스가랴 1-8장의 예루살렘에 대한 정교한 문학적 묘사와 고취를 검토한다. 1:8-3:10의 네 환상과 권고에 나타난 회복과 재건 모티프는 텍스트 이면의 현실을 시사할 뿐 아니라 예루살렘에 대한 특별한 개념을 표현하고 있다.

첫 번째 환상(슥 1:8-17)은 예루살렘에 백성을 회복하는 것을 포함한다. 그러나 강조점은 물리적 예루살렘에 있다. 문화적, 종교적 정체성을 위해 예루살렘의 중요성과 중심성은 고취된다. 그 도성은 배타적 제의 장소로 제시된다. 이는 예루살렘의 처참한 상황과 유토피아적 기대 모두를 인정하는 것이다. 그러나 환상은 실체적 현실성에 기반을 두고 있다.

두 번째 환상(슥 2:1-4)은 농경 메타포로 예루살렘과 유다의 흩어짐을 언급한다. 그 후 '파종하는 자'는 미친 소를 길들이고, 그 땅의 질서를 회복한다.

세 번째 환상(슥 2:5-9)과 첫 번째 권고(슥 2:10-17)는 신적 계획에 따른 재건에는 중노동이 요구된다는 것을 보여 주기 위해 일상적인 건축 도구를 언급한다. 건축자는 벽이 없는 것을 인식하고 있다. 야웨의 귀환은 환상의 중심에 있고, 이 귀환은 재건을 승인한다. 예루살렘은 거룩한 땅의 중심지, 즉 인간과 신적 계획이 교차하는 세상의 중심축(axis mundi)으로 나타난다.

네 번째 환상(슥 3:1-10)에서 야웨는 예루살렘의 하나님으로 제시되고, 그 도성은 이제 다시 선택을 받는다. 스가랴 7:1-8:23은 1:8-3:10의 서두 단락에 나타난 주제 중 일부로 돌아간다. 제의적 질문에 대하여, 일련의 약속과 권고는 예루살렘을 향한 야웨의 선한 뜻을 반복한다. 그러나 이런 하나님의 헌신에는 올바르게 살고, 정의를 수호할 필요라는 조건이 있다. 스가랴 8:20-22은 보편주의 개념으로 돌아간다. 여기에서 예후드는 하나님과 세상을 중재한다. 결론적으로, 스가랴 1-8장의 환상에서 예루살렘에 대한 환상은 기대되는 새롭고 회복된 예루살렘과 매우 다른, 현재를 전제로 하고 있다.

2. 논문에 나타난 주제들

1) 용어

질 미들마스는 최근의 다른 글(2005; 2007)에서 다루는 쟁점 거리를 제기한다. 예루살렘 함락으로부터 페르시아 치세의 회복 사이 시기를 무엇이라고 부를지에 대한 것이다. 물론 '신바벨론 시대'라고 부를 수 있다. 그리고 때로 이 용어를 사용하고 있다. 그러나 이 시기는 유다의 종말과 깔끔하게 맞아떨어지지는 않는다. '포로'라는 용어의 문제를 지적하는 것은 미들마스 혼자만은 아니다. 한 번 이상의 포로가 있었다(기원전 722년, 597년, 587/586년, 582년 등등).

그래서 기원전 6세기 초의 '포로'에 대해서 거의 말할 수 없다. 더구나 전문가들 스스로 바벨론에 의한 파괴, 죽음, 폐허 정도에 대해 동의를 하지 못하고 있다. 한편 영국과 유럽 학자들 사이에서 강한 일치를 보고 있는 것이 있다. 즉, 대부분의 사람들이 유다에(그리고 150년 전 이스라엘에) 남아 있었고, 그래서 '포로'는 그 자체로 당시 유다 상황을 묘사하는데 부적절하다고 본다(비교. Grabbe [ed.], 1998). 다른 한편, 많은 미국과 이스라엘 학자들은 기원전 7세기 말과 6세기 초에 레반트 남쪽의 넓은 지역에서 벌어진 신바벨론의 전투가 남긴 재앙의 영향을 계속 강조한다. 이 학자들이 보기에, 유다(대부분 베냐민 지역과 예루살렘 남쪽 일부 지역)에 남아 있는 자들은 기원전 7세기 말 유다 왕국에 거주했던 자들의 절반이 못 되는 숫자였다.[2]

또한 관성이라는 계속 반복되는 문제가 있다. 현재 용어의 문제가 무엇인지를 보는 것과 대안에 동의하는 것은 매우 별개의 문제이다. 일부 학자들은 여전히 더 나은 다른 것이 없기 때문에 '포로'(대체로 인용 부호를 사용)를 마지 못해 사용한다. '무성전 시대'가 인기를 얻게 될지는 여전히 두고 보아야 한다. 물론 이 시기가 '포로'와 동일한 기간은 아니다. 왜냐하면 '무성전 시대' 성전이 재건될 때(이때가 언제이든)까지 페르시아 시대 초반 몇 년(아마도 수십 년?)을 포함하기 때문이다.

---

2 예컨대, 최근 Lipschits의 연구(2005)에서 유다 인구는 신바벨론 시대에서 페르시아 시대에 이르기까지 대략 십일만 명에서 사만 명으로 감소하였다. Carter의 연구(1999)에서 그 감소는 훨씬 더 가파르다. 본서에 실린 Meyers의 논문을 참조하라.

2) 새로운 자료들

타마라 에스케나지는 페르시아 시대에 대해 종종 알려진 것보다 더 많은 것이 알려져 있음을 보여 준다. 예컨대, 초기 왕정 시대보다 더 많은 것이 알려져 있다. 그녀는 새로운 자료 중 일부에 관심을 기울인다. 이 주요 자료 중 하나는 에릭 마이어스가 논의하는 것 같은 고고학이다. 최근에 출간된 페르시아 시대의 유다 고고학 자료의 양은 과거에 이스라엘 역사에서 이 시기가 너무나 빈번하게 무시된 것을 고려하면 만족스럽다. 스턴(E. Stern)은 40년 전에 토대를 세웠다.

그러나 최근의 카터와 리프쉬츠의 연구는 마침내 이 분야의 토대를 마련하고, 진보를 이루어냈다. 이 연구와 다른 많은 연구는 이제 피에르 브리앙(Briant, 2002)의 페르시아 제국에 대한 위대한 업적의 덕을 보고 있다. 불행히도, 성서학자들의 많은 최근 연구는 브리앙의 두꺼운 책이 자신들의 연구 주제에 문제를 초래한다는 것을 깨닫지 못한 채, 브리앙의 정보를 파편적으로 취사선택하고 있다. 편리한 데이터베이스 정도로 브리앙의 연구를 다루지 말고, 성서학자들이 그의 연구와 유다에 대한 함의를 소화한다면 많은 것을 얻을 수 있을 것이다.

모든 연구가 질적으로 탁월한 것은 아니지만, 성서 본문에 대해서도 더 많은 연구가 행해졌다. 새로운 해석을 얻고자 할 때, 어려운 본문은 오용되고, 정당화하기 힘들어 보이는 의미를 생산해 낼 목적으로 가차 없이 왜곡되었다. 그러나 전체적으로 이 연구들은 시간이 지나감에 따라, 그럴듯하지 않은 해석은 도중에 실패도 하고, 새로운 통찰력은 분야에 생기를 불러일으키면서, 이 분야를 진전시켰다. 또한 페르시아 제국의 다른 곳과 팔레스타인 자체 내에서 발굴된 새로운 비문 자료들이 많다. 그리고 이것을 소화하는 데는 시간이 걸릴 것이다(Grabbe, 2004: 54-69에 목록 정리). 심지어 엘레판틴 파피루스는 포르텐(B. Porten)과 야르데니(A. Yardeni)의 전집(TADAE) 덕분에 새로운 연구의 기초를 놓게 되었다.

3) 역사 편찬학

라인하트 크라츠는 피터 아크로이드가 시대의 사상에 관심을 기울였고, 이것이 그가 예언서에 집중한 이유 중의 하나였음을 시사하였다. 이 점에서 그는 게하르트 폰 라드와 마찬가지로 구분을 하였다. 오늘날 역사기록에 대한 접근은 다소 다르다. 다른 자료들이 다른 종류의 정보를 제공한다는 점을 알지만, 사상과 사건을 예리하게 구분하는 것은 일반적으로 문제가 있다고 본다. 크라츠는 역사와 사상의 관계를 고려할 때 세 가지 측면이 있다고 지적한다.

첫째, 우리는 역사와 역사 기록 사이의 긴장을 해결하려고 노력해야 한다.

일찍이 지적했듯이, 이제 역사가들은 저자와 청중이 모두 중요한 역할을 하는 역사 문학을 해석의 한 과정으로 본다. 히브리 성서가 '역사 문학'을 구성하는지 여부에 대한 질문은 여전히 논쟁 중이다(크라츠는 반 시터스[J. Van Seters]와 E. 블룸[E. Blum]을 시사하지만, 반 시터스와 상호 작용한 그래브[2001년]를 참조한다). 성서 본문은 역사성, 즉 '진정한 역사'라고 주장한다. 예컨대, 사무엘-열왕기와 역대기의 저자는 익명의 저자이다. 어떤 학자들은 비평적 독법을 통해 성서 저자들이 역사와 사상을 구분하지 않았다고 결론 내린다. 그러나 다른 학자들(예. Halpern, 1988)은 강력하게 구분하였다고 주장한다. 이 쟁점과 연관된 것은 최근의 역사 편찬 이론의 발전이다. 이 발전들은 아크로이드의 방법론의 어떤 측면에 대해 문제를 제기한다. 많은 동시대 역사가들은 역사적 사건들이 오직 해석, 즉 '사상'을 통해서만 나온다는 점을 강조하기 때문이다. 우리가 저작에 역사 비평을 사용하기를 원한다면, 현대 역사가의 관점은 성서 저자들의 관점과 다르다는 사실을 받아들여야만 한다.

그럼에도 불구하고, 어떤 의미에서 아크로이드의 구별은 여전히 유효하다. 고대 저자의 사상 세계에 대한 검토는 중요하다. 과거, 현재, 미래를 바라보는 다른 방식에 대한 면밀한 분석은 그 자체로 고대사 연구에 유용한 공헌이다.

둘째, 학자들은 성서 자료와 성서 밖 자료 사이의 긴장을 다루어야만 한다.

후자는 전자와 다른 일련의 관심사와 다른 종류의 사상을 보여 준다. 아크로이드 저작의 대부분에서, 그는 성서 밖 자료를 사용하는데 주저한다. 그러나 그의 시대 이래, 학자들이 사용 가능한 고고학적, 금석학적, 도상학적 1차 자료는 많아졌다. 확실히 1차 자료나 2차 자료는 모두 단순히 사건을 전달하는 것이 아니라, 더 넓은 역사적 상황 속에서 그 사건들에 대한 관점을 제시한다. 그럼에도 불구하고, 많은 사람들은 '1차'와 '2차' 자료 사이를 구분하는 것이 여전히 유효하고, 역사 재건에서 1차 자료를 언급하는 것 역시 유효하다고 주장한다. '기원전 6세기의 히브리 사상'은 더 이상 성서 본문에서만 유래할 수 없다. 우리는 다른 자료들에도 더 세밀한 관심을 기울어야만 한다.

셋째, 학자들은 성서 본문의 연대라는 골치 아픈 문제와 부딪힌다.

아크로이드는 부분적으로 그가 할 수 있는 최선을 다해 문학이 역사적 사건을 얼마나 세밀하게 반영하는지를 결정하는 방법을 사용하였다. 성서 문학의 역사 틀 안에서 히브리 사상의 역사에 대한 이런 묘사는 분명히 그의 연구의 강점 중 하나다.

그러나 이제 우리는 이런 '틀'의 기준을 따르면 역대기, 다니엘, 에스라의 상당 부분이 기원전 6세기에 속하게 된다는 것을 알고 있다. 더구나 많은 이들은 1차 자료는 성서 자료만큼 충격적으로 제시하지 않는다고 논증한다. 오히려, 신바벨론 침략 시기 이후 평상으로 점차 돌아갔다(연속성 논점에 대해서는 아래의 '공동체 갈등과 통혼 논쟁' 단락을 더 살펴보라).[3] 분명 후대 성서 문학 전체는 아니지만 대부분에서 '이스라엘의 포로와 회복'은 전달된 메시지의 핵심이다.

텍스트 자체는 추방과 귀환 경험을 구체화한다. 그럼에도 불구하고, 우리는 이 텍스트 각각에서 반영되는 개별 이데올로기를 다루어야만 하며, 묘사된 경험이 늘 역사적 사실을 반영하는 것은 아님을 인지해야만 한다. 또한 스미스(Smith, 1971), 야펫(Japhet, 1983), 그래브(2000), 리프쉬츠(Lipschits, 2005), 미들마스와 다른 많은 이들이 강조하듯이, 후대 성서 저자들이 한 목소리를 내지 않았다는 점도 인지해야만 한다.

요약하자면, 성서의 책들에는 기원전 6세기에 대한 많은 생각들이 있다. 그러나 많은 경우에 기원전 6세기의 동시대 사상인지는 불분명하다. 1차 자료는 각 경우에 이런 종류의 정보를 제공하지 않는다. 1차 자료는 성서 자료에 대한 유용한 제어 장치로 활용된다. 나아가, 물적 유물 연구는 성서 자료에서 활용 가능한 것에다가 추가 정보를 제공한다. 1차 자료 검토는 그 자체로 도전을 제기한다. 그러나 그런 분석이 역사 재건에 유용하다는 것을 부인할 수는 없다.

이런 고려 사항에 다른 것도 추가해야 한다. 고고학이나 금석학이 제공하는 증거는 성서 본문가 제공하는 자료와 모순될 때, 이것을 무시할 수 없다. 결국 역사적 재건은 성서를 활용하지만, 한 세기 전과 같이 성서에 직접적으로 의존할 수 없다. 아크로이드는 사십여 년 전에 이 입장에 도달하지 못하였다. 그러나 그가 오늘 살아 있다면 1차 자료를 더욱 강조하였을 것이라고 생각한다.

---

3 분명히, 그 과정이 얼마나 걸렸는지에 대해서는 의견의 일치가 없다. 누군가에게는 연속성과 일상으로 빠르게 회복하는 것을 강조하는 것이다. 그러나 다른 누군가에게는 불연속성과 길고 힘든 일상으로의 복귀를 강조하는 것이다.

4) 예루살렘과 페르시아와 관구들의 관계

예루살렘은 일부 논문에서 주목을 받고 있다. 이 도성에 대한 매우 다른 측면을 고찰하지만, 주제는 페르시아 제국과 페르시아 역사 안에서 예루살렘의 위치라는 민감한 쟁점을 중심으로 삼는다.

예루살렘에 언제 재정착하였는가?

성전은 언제 재건되었는가?

예루살렘은 보다 넓은 페르시아의 정치적, 군사적 전략에서 얼마나 중요하였는가?

다른 나라에 살고 있는 유대인들의 예루살렘에 대한 태도는 어떠하였는가?

그들의 상상 속에서 예루살렘은 어느 정도의 관심거리였는가?

제의적, 정치적 중심지인 예루살렘에 대한 질문이 제기된다. 미스바가 신바벨론 시대 대부분의 기간 동안 그 관구의 수도였기 때문이다. 어떤 학자들은 미스바가 기원전 5세기 중반(느헤미야의 도착)까지 계속해서 유다의 정치적 중심지였다고 주장한다. 조셉 블렌킨소프와 질 미들마스는 둘 다 각자의 방식으로 예루살렘의 제의적 지위에 관심을 기울인다.

블렌킨소프와 미들마스는 각각 스가랴 7:2을 다른 식으로 해석하지만, 이 구절은 벧엘이 신바벨론 시대 동안 제의 장소였음을 보여 준다고 믿는다. 블렌킨소프는 예루살렘 사람들이 벧엘에 정책 때문에 사람을 보냈다고 본다. 그러나 미들마스는 벧엘 사람들이 예루살렘에 사람을 보냈다고 본다(또한 아래 리스타우의 논문의 이 구절에 대한 논의를 참조하라). 그래서 이 구절은 예루살렘을 종교적 중심으로 다시 세우려는 시도를 보여 주는 것으로 해석될 수 있다. 이것은 베냐민 지역과 디아스포라에 살고 있는 자들이 그 도성을 다시 세우고, 다시 한번 더 수도로 삼으라는 요청이었다.

성소는 시중 드는 제사장 없이는 존재하지 못한다. 그러나 고대 이스라엘의 제사장직의 역사는 현대 역사가에게는 엄청난 도전거리다. 유사하게,

페르시아와 헬라시대 제사장직의 역사를 구분하는 것은 쉬운 일이 아니다. 아론계 제사장직은 적어도 블렌킨소프가 논증하는 것처럼 벧엘에서 기원하였지만, 그 후 예루살렘 제의에서 확고한 세력으로 자리를 잡았다. 사독계가 지배적이었는지는 논쟁거리다(Grabbe, 2003). 연관된 쟁점사항은 아케메니드 기간 동안 예수아계가 어느 정도로 예루살렘의 대제사장 지위를 차지하고 있었는가 하는 점이다.

풀턴의 재건이 가치가 있다 할지라도, 학자들은 단일 가문이 권력을 완전 독점 계승하는 경우를 지나칠 정도로 추정하였다. 고대 족보 기록물에 대한 비교 관점으로부터 문제를 검토하는 것은 핵심 성서 본문의 기능과 목적에 대한 새로운 통찰력을 낳는다. 그러므로 그녀의 논문은 아케메니드 시대에 대제사장직의 역사 연구를 첫 번째 원칙으로 다시 돌아가게 한다.

성서 자료에 대한 다른 해석(느 12:10-11)과 결합된 성서 밖 자료(엘레판틴, 동전, 요세푸스)가 제시하는 입증은 보다 복잡한(그리고 경쟁적인) 역사를 제시한다. 확실히 풀턴의 발굴은 대제사장직 계승에 특정 이름을 끼워 넣고자 이루어진 제안 중 몇몇을 무용지물로 만들지는 않는다. 그와 반대로 이 백 년 이상 단일 가문 내에서 대제사장직이 계승된 것이 아니라면, 성서 밖 자료에 언급된 인물이 예수아 계열에(어떻게든지) 속하였다고 추정할 필요가 더 이상 없다. 요컨대, 그녀는 하나 이상의 제사장 가문이 페르시아 시대의 대제사장직을 차지했다는 것을 논증한다.

많은 기고자들이 '시온으로 귀환'을 신학적으로, 이데올로기적으로 어떻게 보았는지에 대해 언급한다. 예루살렘의 물리적 회복과 재정착과 제의 중심지로서의 회복조차 충분하지 않은 것으로 보인다. 어떤 문서는 종교적 신앙심(고백 공동체)이라는 면에서, 다른 문서는 인종적(정치적, 민족적 통합체)이라는 면에서, 그리고 또 다른 문서는 양쪽 모두의 면에서 해석을 하는 것을 보고, 미들마스는 여기에서 야웨의 백성으로서 정체성을 세우고자 하는 공동체를 볼 수 있다는 점을 지적한다.

다른 기고자들은 성서 문서에 나타나는 현재 상태와 앞으로 될(혹은 될 수 있는) 상태 사이의 간격을 메꾸는 것에 관심을 기울인다. 스가랴는 환상의 중심에 유다와 예루살렘으로 돌아오는 야웨를 두었다고, 리스타우는 논증한다. 재건을 승인하고, 도성을 다시 선택하고, 그 도성을 거룩한 땅의 중심이요, 인간과 신적 영역이 교차하는 세상의 중심축으로 삼는 이는 바로 야웨, 예루살렘의 하나님이시다. 스가랴의 예언에서 유다는 하나님과 세상을 중재하게 될 것이다. 버그스마는 다니엘이 고레스 치세 하의 귀환을 예언적 성취의 출발점으로만 보면서, 박탈의 시기를 회개의 시기로 삼고, 그 성취는 '지극히 거룩한 곳의 기름부음'에서 절정에 이르게 된다고 언급한다.

최근에 많은 학자들의 관심을 끈 주제 중의 하나는 예루살렘 초기의 재정착이다. 이 논의를 형성한 주요 저작은 바로 다이애나 에델만의 책(Edelman, 2005)이다. 이 중요한 단행본은 주요 재정착이 아닥사스다 1세 시기에 일어났고, 느헤미야가 총독으로 온 때라고 논증한다. 레스터 그래브는 이 책의 질문을 다시 살펴본다. 그래브의 탐구는 에델만을 비판하는 것을 특별히 의도하지는 않았지만, 불가피하게 그녀의 논증 중 몇몇을 살펴본다. 고고학이 문제를 해결하지 못하는 것은 유감스럽다. 페르시아 통치 하에서 단일 시기의 대규모 새로운 정착은 없었다는 분명해 보인다.

따라서 사람들이 메소포타미아에서 유다로 온 사람들이 어떤 이들이었든지, 그리고 언제 왔든지 간에, 물질문화에 영향을 끼칠 정도로 한꺼번에 많은 숫자가 오지는 않았다. 그러므로 우리는 문제투성이에다가 모호함으로 가득 찬 문학 자료에 기대고 있는 것이다. 그래브는 성전이 페르시아 초기에 재건되었고(그러나 에스라 6:15가 제시하는 기원전 516년은 신뢰할 수 없다), 귀환 역시 그때 시작되었고, 처음에 그들의 숫자는 소수였으며, 귀환은 상당 시간에 걸쳐 이루어졌다는 증거가 있다고 결론을 내리면서(에델만의 논증이나 특히, 그녀에 대한 반응이 아니라) 이 논증을 다르게 보고자 한다. 결국, 모든 것을 기원전 5세기 중반으로 연대를 보고자 하는 시도는 기발하지만, 기원전 6세기 후반 선택권에 대한 설득력 있는 대안은 아니다.

페르시아 제국의 조직 내에서 유다가 차지한 중요한 역할에 대한 많은 이론은 예루살렘이 페르시아의 군사 혹은 방어 체제 내에서 중요하였다는 추정에 지나치게 의존하고 있다. 예루살렘은 페르시아 제국의 전략적 계획의 일부였다고 종종 추정된다. 몇몇 경우 학자들은 예루살렘이 페르시아의 대 이집트 방어를 돕기 위해 필요하였다고 추정한다. 페르시아 시기 자료 중 어떤 자료도 이런 면에서 예루살렘을 언급하지 않는다. 확실히, 페니키아는 방어를 위해 극도로 중요하였다. 때로 이집트가 반역을 일으켰을 때, 페르시아 군대는 페니키아 지역의 항구에 내렸다.

그러나 이집트는 팔레스타인을 가로질러 행군한 페르시아 군대의 침략을 받지 않았다. 어쨌든 전략적으로 중요한 곳은 유다의 고지대가 아니라, 팔레스타인의 해안 지역과 주요 계곡이었다. 예루살렘은 주요 방어 군수 지원 체계의 핵심이 되는 주요 지역에 위치하지 않았고, 단지 현지 지역을 방어할 수 있었다. 이 논점은 이미 몇 년 전에 논증되었다(Grabbe, 2004: 274-5, 296-8; Lipschits, 2006: 35-40; Briant의 예견, 2002: 573-9, 586).

또한 그래브는 예루살렘이 페르시아의 요새였거나 페르시아의 주둔군이 있었다는 증거는 없다고 논증한다. 오히려 증거가 있다면, 그 도성의 요새나 기지의 역할에 불리하게 영향을 미친다. 그 성벽은 주요 방어 체계일 필요도 없었던 것 같고, 방어 체계도 아니었다. 사실상 그들의 목적은 백성들을 통제하는 것이었다. 느헤미야 시대의 총독의 거주지인 예루살렘에는 아마도 그 지역 사람들이었겠지만, 분명히 현지 군사들이 있었다.

그 지방과 관구와 페르시아의 관계에 대한 이런 질문은 지굴로프의 논문에 잘 제시되어 있다. 아케메니드 행정부가 페니키아 도시 국가의 내부 문제에 얼마나 직접적으로 개입했는가에 대한 질문은 최근 학자들 간에 심각한 의견 충돌을 일으켰다. 이미 언급한대로, 많은 학자들은 아케메니드가 일상적인 경제와 지방의 정치적 문제에 있어서 지방 왕정이 상당한 자유를 누릴 수 있도록 자유방임적 행정 형식을 실천하였다고 본다. 이런 재구성에 따르자면, 페니키아 도시 국가는 각종 세금을 납부하고, 조공과 선물을 바치고, 페르시아 지휘 하의 군대를 후원할 의무가 있었다. 그러나 그들의 지역 문제에 대해서는 어느 정도의 자치권이 허용되었다.

최근에 소수의 학자들은 페르시아 황제가 지방의 정치적 행정의 주요 측면을 적극적으로 통제하였다고 논증함으로써, 일반적 견해에서 벗어나서 이 입장에 지대한 영향을 미칠 이론을 세웠다. 금석학과 구체적으로 페니키아 국가의 고고학이 제시하는 증거를 기반으로 하여, 지굴로프는 전통적 견해를 방어하고자 하고, 대부분의 위대한 왕들에 의해 실행된 '통제된 자치'를 언급한다. 지굴로프의 견해에 따르면, 페니키아 왕들은 일반적으로 페르시아 통치의 첫 150년의 대부분 시기 동안 중앙 정권으로부터 상당한 정도의 독립을 누릴 수 있었다.

만약 이런 일이 페니키아에 적용되었다면, 유다를 포함하여 다른 피정복 민족들에게는 왜 적용될 수 없는가?

5) 공동체 갈등과 통혼 논쟁

아마도 현대 독자들을 가장 감정적이 되게 만드는 쟁점 중 하나는 에스라 9-10장에서 공동체에서 쫓겨난 것이 분명해 보이는 여성(그리고 어린이)에 관한 것이다. 이 구체적인 일화가 역사적인지 아닌지는(비교. Grabbe, 2004: 313-16), 특정 부류의 여성과 공동체의 종교지도자 일부의 결혼에 대한 태도의 사례로서의 가치보다 중요하지 않다고 본다. 밥 베킹은 여성이 '마녀 사냥'의 희생자라는 잰젠(D. Janzen, 2002)의 관점을 다소 견지한 채 이 쟁점을 고찰한다. 베킹은 연구를 통해 유다의 공동체가 다인종 공동체였는지를 조사한다. 결국, 이것은 다음과 같은 문제를 제기한다.

우리는 공동체의 다인종성을 어떻게 결정지을 수 있는가?

인종의 다양성을 분명히 드러내는 지표는 무엇인가?

이름은 잠재적인 정보 자료이다. 그러나 결코 절대적으로 확신할 수 있는 증거는 아니다. 그러나 이름은 거주자의 종교적 소속에 대한 단서를 조금이나마 제시해 줄 수 있다. 이름의 다양성을 고려하는 것 외에도, 베킹은 또한 다양한 성전('야호의 성전'[temple of Yaho]을 포함)을 언급하는 본문에 관심을 기울였다. 이런 근거 위에, 베킹은 마케다(Maqqēdāh, Khirbet el Qôm)는 실상 다인종으로 이루어졌다는 결론을 내린다.

그러나 마케다는 유다 지역 바깥이었다. 문제를 복잡하게 하는 것은 아직까지 알려진 유다 내의 다인종 지역이 없다는 것이다. 문제를 한층 복잡하게 하는 것은, 이방인 여성이나 그들의 자녀들의 이름이 성서 본문에 제시되지 않는다는 점이다. 유다 남성들의 이름만 언급된다. 그리고 이 경우, 인종 간 결혼은 유대인 남성과 비유대인 여성이 개입된 것으로 간주된다(유대인 여성과 비유대인 남성의 결혼이 아니다. 비교. 신 7:1-4; 느 13:23-28).

이론적으로 말하자면 여성은 예후드 바깥에서 올 수 있었지만, 이름의 부재는 불가피하게 이 자료를 해석할 때 더 큰 정확도를 얻고자 하는 학자들의 시도를 좌절시킨다. 그러므로 에스라 9-10장(혹은 유사한 상황)이 유다 내부의 갈등을 묘사할 가능성은 여전히 본문에 대한 가능한 해석이다. '이상한 여자'(strange women)는 다른 유대인들이 포로로 잡혀갈 때 그 땅에 남아 있었던 공동체의 일부였을 수 있다. 그러나 그 여성들은 사실 오경을 통해 알려진 전통적인 토착민 목록에 덧붙여진 네 열방(스 9:1)인 암몬 족속, 이집트 족속, 모압 족속, 에돔 족속이었다는 해석(70인역, 마소라 텍스트에서는 아모리 족속) 역시 있을 수 있다. 어느 경우든, 귀환자들은 이 백성들을 얕보았고, 어떤 경우에는 이들을 공동체로부터 배제하고 싶어하였다.

과거 몇 십 년간 일부 학자들은 통혼의 붕괴가 실제로 페르시아 정책의 결과, 즉 국가적인 사회 통제의 수단이었다고 제안하였다. 에스케나지는 이런 '인종중심주의'의 증거가 다른 곳에는 없다고 언급하면서, 이런 해석에 대한 반대 의견을 표명한다. 이 개념 역시 그래브가 비판한 주제였다(2004: 297, 에스케나지는 인용을 하지 않았다). 페르시아인이 피정복민의 결혼 관습에 관여함으로써, 이익을 어떻게 얻을 수 있었는지는 불분명하다. 페르시아인이 피정복민의 개인적 삶이나 사회생활에 지나치게 관여함으로써 그들을 통제하려고 했다는 증거도 없다. 물론 이것은 이전 단락의 쟁점과 페르시아 정부가 얼마나 촘촘하게 피정복민의 삶을 통제하려고 했는가에 대한 질문으로 돌아가게 한다.

에스라-느헤미야 본문(특히, 스 4-6장)은 '그 땅의 백성들'이 새 정착민의 핵심 적대자였다고 제안한다. 현대 학자들은 이런 반대가 이방인에서 비롯된 것이 아니라, 귀환자와 이미 그 땅에 정착했던 자들 사이의 갈등의 결과라고 해석하는 경향이 있다. 스가랴와 학개, 그리고 제3이사야에 대한 세밀한 연구가 제시하듯이, 초기에는 그런 갈등이 없었다는 것이 입증되었다고 미들마스는 논증한다. 이 문서들은 자원이나 성전 접근을 둘러싼 경쟁을 보여 주지 않는다. 이 해석은 그녀의 전임자들 중 몇몇과 동의를 이루는 것이다(Williamson, 1998; Grabbe, 2004: 285-8).

일반적으로, 베냐민 지역 인구는 7세기 말부터 계속되었기 때문에, 미들마스가 연속성을 강조한 것은 옳은 것으로 보인다(또한 마이어스의 논평을 참조하라). 또한 한편으로 학개와 스가랴 1-8장과 같은, 다른 한편으로 *mālak* 시편과 '열방 신탁'과 같은, 혹은 학개/스가랴 1-8장과 제이사야와 에스겔 40-48장과 같은 문학적 연속성이 있다고 논증한다. 또 다시 그녀는 에스라와 느헤미야의 시대에 변화는 나중에 왔다고 보고, 이는 다른 이들이 동의하는 결론이다(예. Grabbe, 2004: 288, 294-313).

6) 문자 해독률에 대한 질문

에릭 마이어스는 자주 인용되는 문자 해독률이 대략 5퍼센트 이상을 넘지 않았다는 것에 질문을 제기한다. 그는 텍스트를 읽고, 쓰고, 다룰 수 있었던 숫자(성전 관리, 서기관 계층, 군사와 행정 관료를 포함한 엘리트)는 아마도 이 정도 수준이었음을 받아들인다. 이 정도 수준이면 유다 역사의 이 시기와 늘 연관된 문학 작품을 저술하기에는 충분하였다.

그러나 문학을 감상하고, 세련된 방식으로 문학을 듣거나 암송('청지성의 원칙')할 수 있는 자들은 어떤가?

이것은 문자 해독률 수준을 높이지는 않았을까?

마이어스는 일리가 있다. '청지성'을 '문자 해독률'로 볼 수 있는지 여부는 분명히 논의거리이고, 이의를 제기할 수 있다. 그러나 두 가지 논증으로 그의 입장을 지지하고자 한다.

① 구전 문학의 예술성과 정교성이다. 밀만 패리(Milman Parry)는 이 점을 이미 분명히 했고, 로드(A. B. Lord)는 그의 중요한 저작인 『이야기의 가수』(*Singer of Tales*, 1960)에서 이를 활용한다. 이후 많은 저작을 통해 이 결론은 강화되었다. 구전 문학은 열등한 문학 양식이 아니라, 기록 문화와 동일하게 풍성하며, 예술적이며, 품격 있는 수단이다.
② 기록과 구전은 독립적이며 단절된 분야가 아니라, 나란히 존재하며, 친밀하고 복잡한 방식으로 연관이 된다. 루스 피니간(Ruth Finnegan)은 자신의 책 『글과 말』(*Literacy and Orality*)에서 다음과 같이 말한다.

> 말과 글은 상호 충돌되는 축이 아니라, 상호 작용하고 서로를 지지한다. 이것은 남태평양의 문학에서 예를 찾아볼 수 있다. 그곳에서 '신화'나 '전설'의 기록과 체계화는 어떤 이국적이고 손상되지 않은 '옛 전승'을 포착하는 중립적이고 단지 '기술적'인 절차가 아니다. 이는 익숙한 정치적, 이데올로기적, 종교적 압력에 영향을 받은 사회적 과정이었다.… 실상 구전과 기록 문학은 놀랄 만큼 겹친다.… 모든 것을 고려해 볼 때, 특수 양식이 구성되고, 구전으로 전해지는 곳에서조차 기록은 여전히 일정 역할을 하는 것이 분명해 보인다. 구전과 기록 양식의 상호 작용은 결코 부자연스럽거나 놀랄만한 일이 아니다. 이런 겹침을 사실상 세계의 많은 지역에서 찾아볼 수 있기 때문이다. 그러나 이것은 태평양의 구전 문학 기록에서 자주 간과되어왔기 때문에, 강조할 가치가 있다(피니간, 1988: 110-13)

위의 인용에 나타난 '태평양 문학'을 '성서 문학'(혹은 '초기 페르시아 유다 문학')으로 대체할 수 있다. 신바벨론과 페르시아 시대에 저술된 유다 문학의 기능은 피니간이 태평양 문학에 대하여 예상한 기능과 유사해 보인다. 구전과 기록의 관계 역시 동일 노선에 있다. 로잘린드 토마스(Rosalind Thomas, 1989; 1992)의 고전 세계 연구와 수전 니디취(Susan Niditch, 1996)와 데이비드 카(David Carr, 2005)의 성서 세계 연구는 이것을 입증하는 것으로 보인다.

3. 결론

본서에 실린 논문들을 보면서 특별히 피터 아크로이드의 신바벨론과 페르시아 시대에 관한 저작을 검토할 때, 기고자들이 언급한 쟁점에 나타난 그의 관심사의 면면을 살펴볼 수 있다. 본서에 나타난 연구와 관련한 주제에 집중한 많은 논문이 입증하듯이, 여전히 학개, 스가랴(1-8장), 에스라-느헤미야는 강하게 연루되어 있다.

그러나 많은 쟁점에 대한 접근은 이제 다르다. 즉, 다른 관심사, 다른 질문, 다른 대답이다. 피터 아크로이드는 2005년까지 살았지만, 거의 마지막 20년 동안 건강상의 이유로 원하는 만큼 학자들의 논의에 참여할 수 없었다는 점이 아쉽다. 놀라운 것은 과거 20년 동안 이 분야가 일으킨 변화의 방식이다. 위의 통합이 보여 주듯이, 본서의 논문들은 많은 방식으로 새로운 영역을 다루고 있음을 찾아볼 수 있다.

그럼에도 불구하고, 많은 기고자들이 중대한 입증 자료를 갖고 언급하듯이, 이 분야는 아크로이드의 적지 않은 공헌 덕분에 오늘과 같은 정도가 될 수 있었다. 우리가 신바벨론과 페르시아 시대, '포로기와 포로 후기,' '무성전 시대' 혹은 또 다른 명칭으로 언급하든지, 유다 역사에서 이 시기에 대한 저작에 얼마나 빚을 지고 있는지에 대하여 학자 공동체의 작은 감사의 표시로 그를 기억하며 본서을 헌정한다.

참고 문헌

Ackroyd, Peter R.
1968   *Exile and Restoration*(OTL; Philadelphia: Westminster; London: SCM).
1970   *Israel under Babylon and Persia*(New Clarendon Bible, Old Testament, 4; London: Oxford University Press).
1972   "The Temple Vessels: A continuity Theme," in *Studies in the Religion of Ancient Israel*(VTSup, 23; Leiden: Brill), 166-81.
1973a   *Chronicles, Ezra, Nehemiah*(TBC; London: SCM).
1973b   "The Theology of the Chronicler," *LTQ 8*:101-16.
1976   "God and People in the Chronicler's Presentation of Ezra," in J. Coppens(ed.), *La Notion biblique de Dieu: le Dieu de la Bible et le Dieu des philosophes*(BETL, 41; Gembloux: J. Duculot): 145-62.
1977a   "The Chronicler as Exegete', *JSOT* 2: 2-32.
1977b   *The Second Book of Samuel*(The Cambridge Bible Commentary; Cambridge: Cambridge Universitiy Press).
1981   "The Succession Narrative(So-Called)," *Int* 35: 383-96.
1982   *Archaeology, Politics and Religion in the Persian Period*(The Inaugural Lecture of the Walter G. Williams Lectureship in Old Testament; Denver: Iliff School of Theology).
1984   "The Biblical Interpretation of the Reigns of Ahaz and Hezekiah," in W. Boyd Barrick and J. R. Spencer(eds), *In the Shelter of Elyon: Essays on Ancient Palestinian Life and Literature in Honour of G. W. Ahlström*(JSOTSup, 31; Sheffield: JSOT Press): 247-59.
1985   "The Historical Literature," in D. A. Knight and G. M. Tucker(eds), *The Hebrew Bible and Its Modern Interpreters*(Philadelphia: Fortress): 297-323.
1987   *Studies in the Religious Tradition of the Old Testament*(London: SCM).
1988a   "Chronicles-Ezra-Nehemiah: The Concept of Unity," *ZAW* 100:189-201.
1988b   "Problems in the Handling of Biblical and Related Sources in the Achaemenid Period," in Amélie Kuhrt and Heleen Sancisi-Weerdenburg(eds), *Method and Theory: Proceedings of the London 1985 Achaemenid History Workshop*(Achaemenid History, 3; Leiden: Nederlands Instituut voor het Nabije Oosten): 33-54.
1991   *The Chronicler in His Age*(JSOTSup, 101; Sheffield: JSOT Press).

Berlinerblau, Jacques
1999   "The Present Crisis and Uneven Triumphs of Biblical Sociology: Responses to N. K. Gottwald, S. Mandell, P. Davies, M. Sneed, R. Rimkins and N. Lemche," in Mark R. Sneed(ed.), *Concepts of Class in Ancient Israel*(Atlanta: Scholars Press): 99-120.

Berquist, John
2006   "Constructions of Identity in Postcolonial Yehud," in Oded Lipschits and Manfred Oeming(eds), *Judah and the Judeans in the Persian Period*(Winona Lake, IN: Eisenbrauns): 53-66.

Blenkinsopp, Joseph
1988   "The Judaean Priesthood during the Neo-Babylonian and Achaemenid Periods: A Hypothetical Reconstruction," *CBQ* 60: 25-43. Brett, Mark G.
2000   *Genesis: Procreation and the Politics of Identity*(London: Routledge).

Briant, Pierre
2002   *From Cyrus to Alexander: A History of the Persian Empire*(trans. Peter T. Daniels; Winona Lake, IN: Ei Eisenbrauns); ET of *Histoire de l'empire perse de Cyrus à Alexandre*, vols I - II (Achaemenid History, 10; Leiden: Nederlands Instituut voor het Nabije Oosten, 1996 [originally published by Librairie Arthème Fayard, Paris]).

Carr, David M.
2005   *Writing on the Tablet of the Heart*(New York: Oxford University Press).

Carter, C. E.
1999   *The Emergence of Yehud in the Persian Period: A Social and Demographic Study*(JSOTSup, 294; Sheffield: Sheffield Academic Press).

Coggins, Richard, Anthony Philips and Michael Knibb(eds)
1982   *Israel's Prophetic Tradition: Essays in Honour of Peter R. Ackroyd*(Cambridge: Cambridge University Press). Cross, Frank Moore
2006   "Personal Names in the Samaria Papyri," *BASOR* 344: 75-90. Edelman, Diana
2005   *The Origins of the 'Second' Temple: Persian Imperial Policy and the Rebuilding of Jerusalem*(London and Oakville, CT: Equinox).

Finnegan, Ruth
1988   *Literacy and Orality: Studies in the Technology of Communication*(Oxford: Blackwell).

Grabbe, Lester L.
2000   *Judaic Religion in the Second Temple Period: Belief and Practice from the Exile to Yavneh*(London: Routledge).
2001   "Who Were the First Real Historians? On the Origins of Critical Historiography," in Lester L. Grabbe(ed.), *Did Moses Speak Attic? Jewish Historiography and Scripture in the Hellenistic Period*(JSOTSup, 317; ESHM, 3; Sheffield: Sheffield Academic Press): 156-81.
2003   "Were the Pre-Maccabean High Priests 'Zadokites'?," in J. Cheryl Exum and H. G. M. Williamson(eds), *Reading from Right to Left: Essays on the Hebrew Bible in Honour of David J. A. Clines*(JSOTSup, 373; Sheffield: Sheffield Academic Press, 2003): 205-15.
2004   *A History of the Jews and Judaism in the Second Temple Period 1: Yehud: A History of the Persian Province of Judah*(London and New York: T&T Clark International).

Grabbe, Lester L.(ed.)
1988   *Leading Captivity Captive: 'The Exile' as History and Ideology*(JSOTSup, 278; ESHM, 2; Sheffield: Sheffield Academic Press).

Halpern, B.
1988   *The First Historians: The Hebrew Bible and History*(San Francisco: Harper & Row).

Janzen, David
2002   *Witch-Hunts, Purity and Social Boundaries: The Expulsion of the Foreign Women in Ezra 9-10*(JSOTSup, 350; Sheffield: Sheffield Academic Press).

Japhet, Sara
1968   "The Supposed Common Authorship of Chronicles and Ezra-Nehemiah Investigated Anew," *VT* 18: 330-71.
1983   "People and Land in the Restoration Period," in *Das Land Israel in biblischer Zeit*(ed. G. Strecker; GTA, 25; Göttingen: Vandenhoeck & Ruprecht): 103-25.

Knoppers, Gray N.
2006   "Revisiting the Samarian Question in the Persian Period," in Oded Lipschits and Manfred Oeming(eds), *Judah and the Judeans in the Persian Period*(Winona Lake, IN: Eisenbrauns): 265-90.

Knoppers, Gary N., and Bernard M. Levinson(eds)
2007   *The Pentateuch as Torah: New Models for Understanding its Promulgation and Acceptance*(Winona Lake, IN: Eisenbrauns).

Lipschits, Oded
2005   *The Fall and Rise of Jerusalem: Judah under Babylonian Rule*(Winona Lake, IN: Eisenbrauns).
2006   "Achaemenid Imperial Policy, Settlement Processes in Palestine, and the Status of Jerusalem in the Middle of the Fifth Centure B.C.E.," in Oded Lipschits and Manfred Oemid(eds), *Judah and the Judeans in the Persian Period*(Winona Lake, IN: Eisenbrauns): 19-52.

Lipschits, Oded, and Joseph Blenkinsopp(eds)
2003   *Judah and the Judeans in the Neo-Babylonian Period*(Winona Lake, IN: Eisenbrauns).

Lipschits, Oded and Manfred Oeming(eds)
2006   Judah and the Judeans in the Persian Period(Winona Lake, IN: Eisenbrauns).

Lipschits, Oded, Gary N. Knoppers and Rainer Albertz(eds)
2007   Judah and the Judeans in the Fourth Century B.C.E.(Winona Lake, IN: Eisenbrauns).

Lord, Albert B.
1960   Singer of Tales(Cambridge, MA: Harvard University Press).

Middlemas, Jill A.
2005   The Troubles of Templeless Judah(Oxford Theological Monographs; Oxford: Oxford University Press).
2007   *The Templeless Age: An Introduction to the History, Literature, and Theology of the Exile*(Louisville, KY: Westminster John Knox).

Niditch, Susan
1996   Oral World and Written Word: Ancient Israelite Literature(Library of Ancient Israel; Louisville, KY: Westminster John Knox).

Smith, Morton
1971   Palestinian Parties and Politics that Shaped the Old Testament(Lectures on the History of Religions, 9; New York: Columbia University Press).

Thomas, Rosalind
1989   Oral Tradition and Written Record in Classical Athens(Cambridge Studies in Oral and Literate Culture, 18; Cambridge: Cambridge University Press).
1992   Literacy and Orality in Ancient Greece(Key Themes in Ancient History; Cambridge: Cambridge University Press.)

Watts, James W.(ed.)
2001   *Persia and torah: The Theory of Imperial Authorization of the Pentateuch*(Society of Biblical Literature Symposium Series, 17; Atlanta: Society of Biblical Literature).

Williamson, H. G. M.
1977   Israel in the Books of Chronicles(Cambridge: Cambridge University Press).
1998   "Judah and the Jews," in Maria Brosius and Amélie Kuhrt(eds), Studies in Persian History: Essays in Memory of David M. Lewis(Achaemenid History, 11; Leiden: Nederlands Instituut voor het Nabije Oosten): 145-63.

제1장

에스라 9-10장의 '이방 여인'의 정체성 연구

밥 베킹 | 유트레히트대학교

1. 에스라와 느헤미야에 나타난 통혼 위기

1) 서론

에스라와 느헤미야는 통혼(mixed marriage)을 언급한다. 이스라엘인이 다른 민족 여인과 결혼하였다. 에스라 9:1은 이들 중 여덟 민족을 언급한다. 에스라 10장은 이 여인들의 '인종적' 특징을 *nokriyyāh*('이방의, 이상한')라고 명명한다. 이방 여인들을 쫓아냄으로써, 에스라와 공동체의 장로들은 이 결혼을 종결시키고, 문제를 해결한다.[1] 현대인이 보기에는[2] 가혹한 이 조치는 '거룩한 씨' 개념과 모세 율법을 암시함으로써 동기 부여가 된다. 필자가 보기에 흥미로운 것은 이 여인들의 정체성에 대한 질문이다.

그들은 누구였는가?

왜 그들은 공동체의 분노를 불러일으켰는가?

이 질문에 대해 우선 현재 거론되는 이 조치의 동기를 살펴보고, 그 다음

---

1 스 9-10장; 느 13:23-27.
2 다른 도덕적 태도는 이미 고전 7:11-12 참조. Matera, 1996: 144-8.

으로 고고학적, 금석학적 자료를 살펴본 후, 마지막으로 정형화의 패턴과 희생양 구조를 논의하고자 한다.

2) 텍스트-내적 동기

취해진 조치에는 텍스트 내적 동기가 있다. 에스라서를 보면, '이스라엘' 중 한 집단이 다른 집단과 사람을 배제하고 스스로 참 이스라엘이라고 본 것은 분명해 보인다. 이 집단에 대한 가장 의미 있는 징후는 에스라 9:2에서 찾아볼 수 있다. 에스라에게 보낸 메시지에서 이 집단의 일부 지도자들은 다른 나라에서 온 여인들과 이스라엘인, 제사장, 레위인이 통혼을 하고, 그 결과 '거룩한 씨가 그 땅의 백성과 섞이게 되는' 결과를 초래하였다고 보도한다. 그래서 신의 선택 사상은 생물학적 범주로 재구성된다.[3]

이 재구성은 불연속성의 도구로 해석되어야만 한다. 어느 면에서 이것은 변화된 상황에 대한 한 가지 대답이다. 정치적 수준에서 유다는 독립을 상실하였다. '에스라 집단'의 사회학적 분류 방법이라는 어려운 질문은 차치하고, 이 집단은 에스라 9-10장에 나타난 종교적, 인종적 정체성을 찾고자 했다는 것을 언급해야만 한다. '거룩한 씨'라는 용어는 이스라엘에 대한 두 가지 전통적 묘사의 결합이다.

신명기에서 이스라엘은 종종 '거룩한 나라'라고 불린다. 다른 곳에서는 '아브라함의 씨'가 사용된다. 두 묘사는 모두 스스로 하나님이 선택한 자로 이해하는 것과 연결된다. '거룩한 씨'라는 용어는 에스라 집단에 대한 급진적인 자의적 해석을 보여 준다. 그들이 보기에 하나님의 선택을 받았다는 것은, 집단이 이방의 요소로 더럽혀져서는 안 된다는 것을 시사한다.

에스라 9:1-2에 나타난 지도자들의 분노와 에스라가 취한 조치의 배경에는 모세의 토라에 나타난 가나안 토착민과의 결혼을 금지하는 경고가 있다.

---

3 선택이라는 성서적 주제에 대해서는 Vriezen, 1953이 여전히 가장 중요하다.

통혼은 거의 예외 없이 혼합주의와 반역으로 이어지기 때문이다. 이 제안은 에스라서에서 재해석된다. 통혼에 대한 부정적 평가는 반역과 혼합주의에 대한 두려움에 근거한다. 그러나 이런 연결 속에서 *ma'al*과 *to'ēbāh* 단어의 사용으로부터 추적할 수 있는 것처럼, 집단의 부정에 대한 금기와 두려움이라는 면에서 괴로움을 표현한다. 에스라 9장에서 '거룩한 씨' 개념은 공동체의 경계에 대한 명백한 징후가 된다(Stiegler, 1994; Carter, 1999: 307-16). '에스라의 기도'에서 율법에서 '인용'한 부분은 아래와 같다.

> 너희가 가서 얻으려 하는 땅은 더러운 땅이니 이는 이방 백성들이 더럽고 가증한 일을 행하여 이 끝에서 저 끝까지 그 더러움으로 채웠음이라 그런즉 너희 여자들을 그들의 아들들에게 주지 말고 그들의 딸들을 너희 아들들을 위하여 데려오지 말며 그들을 위하여 평화와 행복을 영원히 구하지 말라 그리하면 너희가 왕성하여 그 땅의 아름다운 것을 먹으며 그 땅을 자손에게 물려 주어 영원한 유산으로 물려 주게 되리라 하셨나이다.[4]

일부 요소가 빠지고, 일부 새로운 특징이 포함되었지만, 기본적으로 신명기 7:1-5을 인용하고 있다.[5] 빠진 것은 토착민을 금하고 그들과 계약을 맺지 말라는 것이다. 포함된 특징은 부정 개념과 관련이 있다. 그 땅은 가증스러운 일(*to'ēbāh*)을 행하는 거주민들로 인해 부정하게 되었다(*ndh*)는 말을 듣는다. 부정의 주제는 P자료와 연관 텍스트에 나타난다.[6] 에스라 9:11의 히브리어 동사 *ndh*는 "생리와 연관된 제의적/율법적 '불결'이 아니라, 도덕적 타락 행위"를 지칭한다.[7] 다른 개념은 신명기역사적(Deuternomistic)

---

4 스 9:11-12. Myers, 1965: 78-9; Gunneweg, 1985: 167-8; Blenkinsopp, 1988: 179-85; Williamson, 1987: 125-9, 137; Becker, 1990: 53-4; Mathys, 1994: 21-36; Willi, 1995: 81, 125-7.
5 또한 다음을 참조하라. Blenkinsopp, 1988: 180-1; Fishbane, 1985: 114-23, 362-3; Janzen, 2002: 44-5.
6 레 20:21, 겔 7:19-20. 신 7장에 대해서는 예컨대 다음을 참조하라 Weinfeld, 1991: 357-84; Otto, 2002: 2556; Veijola, 2000: 158-62, 228-32.
7 Thi Pham, 1999: 47.

신학에 뿌리를 두고 있다.[8]

출애굽기 34장과 신명기 7장과 같은 오경 텍스트는 경고를 위반하는 경우를 규정으로 명문화한다. 에스라 9장은 이 결혼을 끝내버리고, 여인들과 자녀들을 쫓아내버리는 조치를 취하였다. 이런 엄격한 조치는 이스라엘의 율법에 언급된 가난한 자와 궁핍한 자에 대한 각종 보호를 고려하면 이해하기 어렵다는 점에 주의를 해야만 한다. 나아가 블렌킨소프가 고찰한 것처럼,[9] 신명기적(Deuteronomic) 금령은 **남녀 모두**를 포함하고, 반면 에스라(와 느헤미야)에서 조치는 이방 **여인**에게만 가해진다.

그리고 마지막으로 올얀(Olyan)이 언급하듯이, 에스라 9장 이면의 사상은 고대 이스라엘의 초기 개념에서 벗어난 것을 담고 있다. 성결 자료와 신명기역사적 텍스트는 이스라엘 조직 내에 이방인 출신 거주자를 통합시킬 방법을 찾는다. 에스라 9장에는 이런 통합의 흔적은 없다.[10] 다시 말해서, 에스라 9:1-5은 율법 전승을 공격적으로 사용하여[11] 제사장과 레위인으로부터 공동체(제한적으로)전체로 확장하는 것을 암시한다.[12]

텍스트 내적 관점에 따라, '이방 여인'은 다른(비유대계/예후드계) 인종의 여인이었고, 이들은 '에스라 집단'이 세우고자 한 야웨 종교의 순수한 형태에 위협이 되었다.

3) 텍스트 외적 동기

이 때문에 필자는 통혼 위기의 특징에 대한 텍스트 외적인 설명을 하고자 한다. 위에서 고찰한 바가 암시하듯이, 에스라와 느헤미야의 엄격한 조

---

8 예컨대, 다음을 참조하라. 열왕기하 16:3;21:2. Blenkinsopp,1988: 185.
9 Blenkinsopp, 1991: 59.
10 Olyan, 2000: 81-90.
11 이것에 대해서는 예컨대 다음을 참조하라. Myers, 1965: 76-8; Gunneweg, 1985: 160-3; Becking, 1999: 270-5.
12 Eskenazi, 1988:68.

치는 가난한 자와 궁핍한 자에 대한 이스라엘의 모든 율법을 고려할 때 이해하기가 힘들다. 최근에, 역사적, 사회적 배경에 기대어 이런 조치를 이해하고, 즉 넓은 페르시아 제국 내에서 정체성을 찾고자 하는 위협에 처한 공동체의 상징을 보고자 하는 시도를 한다.[13] 이런 설명(사회 과학에서 온 모델과 용어를 매우 종종 사용한다)은 포로기 이후 이스라엘의 새로운 정체성을 찾고자 하는 계획의 일부로 이 조치를 보고자 하는 경향이 있다.

최근 데이비드 잰젠(David Janzen)은 이 설명에 새로운 제안을 덧붙인다. 그는 에스라 9장에 언급된 '부정'을 사회적 범주로 이해한다. 이는 연루된 사람들의 행위를 예후드 사회의 내적 일관성의 붕괴로 해석한다.

> 공동체의 일원들에게 이방인 아내와 이혼하고, 그들을 공동체로부터 추방하라고 강요하는 공동체의 결정은 제의화된 정화 행위이다. 그리고 이런 특별한 종류의 행위는 흔히 마녀사냥이라고 불린다.[14]

잰젠이 프랑스 인류학자 르네 지라르(Girard, 1982)를 언급하지는 않지만, 그는 에스라 9장의 이야기를 지라르식으로 읽고 있다. 즉, 이방인 여인과 결혼한 예루살렘의 구성원들은 그 시대의 사회적 비극의 희생양이었다. 그의 해석에는 세 가지 문제가 있다.

① 에스라 9:1에 언급된 '여덟 민족'의 정체성.
② '다른' 여인을 나타내는 에스라 10장에서 몇 차례 언급된 형용사 *nokri*('이상한, 이방의')의 의미론.
③ 다른 인종들이 페르시아 시대 예후드에 실제로 존재했는지 여부에 대한 질문.

---

13 예컨대, 다음을 참조하라. Smith-Christopher, 1994; Eskenazi and Judd, 1994; Ben Zvi, 1995: 113–16; Becking, 2001.
14 Janzen, 2002: 17.

이 세 가지 질문은 역순으로 다음 단락에서 논의될 것이다. 필자가 보기에, 세 번째 질문이 가장 중요하다. 이방 여인의 정체성에 대하여, 잰젠의 이론을 포함한 모든 이론은 이런 저런 방식으로 여인들이 공동체에 위협이 되었음을 받아들인다. 그러나 한 가지 예외는 있다. 그 땅이 포로기에 비어 있지 않았다는 생각에 근거하여(Barstad, 1996; 2003), 레스터 그래브는 고려 대상이 된 여인들을 포로지에 가지 않았던 유대인의 남은 자로 이해해야만 한다고 본다. 다시 말하면, 그들은 이방 인종이 아니라, 바벨론에서 돌아온 야웨주의자들이 보기에 '이상한' 자였다(Grabbe, 2004: 285-8, 313-16).

2. 페르시아 시대의 혼혈 인종의 징후들?

다른 학자들은 '통혼'을 파기하는 동시대의 증거에 비추어 본다. 조로아스터교는 다른 배경을 가진 사람들과 섞인 모든 것을 혐오스러운 것으로 간주한다(Kent, 1953: 13741). 아테네에서 페리클레스는 기원전 450년경 모계 및 부계가 모두 완전한 아티카 출신인 사람만 시민 공동체의 구성원으로 받아들이라고 명령했다(Blidstein, 1974; Blenkinsopp, 1988). 하지만 본 논문에서 필자는 통혼의 위기로 추정되는 시기와 가까운 시기의 증거를 찾아보고자 한다.[15] 다른 논문에서 필자는 에스라의 사역 시기를 기원전 400년경으로 보았다(Becking, 1998). 그래서 필자는 금석학 자료와 사마리아 파피루스, 텔 알-마자르 도편(陶片), 최근에 출간된 그리심산 명문(銘文), 고대 마케다 기록과 같은 동시대 텍스트에 나타난 유사점을 찾아보고자 한다.

---

[15] 다른 논문에서 필자는 에스라의 사역 시기로 기원전 400년경을 지지하였다. Becking, 1998.

1) 에스라 2장과 느헤미야 7장의 목록

이 연관 속에서 첫 번째 텍스트는 성서 밖 텍스트가 아니라, 느헤미야 7장과 평행하는 에스라 2장의 목록이다. 이 목록 자체는 고레스 칙령 이후 바벨론 포로지에서 귀환한 모든 자들을 열거한다. 이 목록에 따르면, 대략 4만 2천 명의 이스라엘인들이 돌아왔다. 여성과 어린이는 포함되지 않았다. 필자는 여기에서 이 숫자가 과장인지, 심지어 소설인지를 논의하지 않고자 한다. 이와 연관된 문제는 다음과 같다.

① 제시된 많은 숫자는 최근의 고고학 증거에 근거한 페르시아 시대 예후드의 인구 추정치와 맞지 않는다는 사실(Carter, 1999).
② 제시된 많은 숫자는 바벨론 귀환을 페르시아 시대 내내 일어난, 장기간에 걸친 귀환 물결의 과정으로 보아야한다는 최근에 등장한 학자들의 확신과 맞지 않는다는 사실(Becking, 2006).

필자는 이 목록의 등장에 대한 질문도 논의를 하지 않고자 한다. 필자는 후속 현상에 집중하고자 한다. 고려 대상인 목록은 대략 백여 명의 인명(人名)을 싣고 있다. 이들 중 상대적으로 소수만 야웨 신명(神名) 요소를 지니고 있다. 예컨대, 예수아, 느헤미야, 스라야, 르엘라야, 스바댜, 히스기야, 들라야, 도비야, 하바야이다. 비이스라엘 혹은 비유대인 기원의 인명은 매우 흥미롭다.

- 모르드개(*mordākay*)는 바벨론 신 마르둑의 신명 요소를 포함한다.
- 빌산(*bilšān*)은 바벨론 신 벨의 이름을 포함한다.
- 비그왜(*bigway*)는 페르시아 인명인 바가바흐야(Bagavahya)의 셈어식 표기

이다.[16]

- 바스훌(pašḥûr)은 '호루스의 아들'을 의미하는 이집트 이름이다. 하지만 이미 예레미야 20장에서 유다의 제사장도 이 이름을 가질 수 있음을 보여 주는 '제사장 임멜의 아들 바스훌'에 주목해야 한다.
- 베새(bēsāy)는 이집트 신 베스(Bes)의 신명 요소를 포함한다.
- 므우님(me'ûnim)과 느부심(nepûšîm)은 거의 확실히 아람어 이름일 것이다.[17]
- 바르고스(barqôs)는 에돔 신 콰우스/코스(Qaus/Qôs)의 신명을 포함한다.
- 시스라(sîserā')는 종종 비셈어 이름으로 이해되어 왔다.[18] 소긴(Soggin)은 루비어(Luwian) 인명 zi-za-ruwa와 평행하는 것에 주목한다(1981: 63). 가르비니(Garbini)는 선형 A명문(Linear A inscriptions)을 통해 알려진 미노아 신 (j)asa-sa-ru와의 연관성을 본다(Garbini, 1978). 그러나 슈나이더(Schneider)는 시스라를 분명한 셈어 인명으로 본다(Schneider, 1992: 192, 260). 그러나 그렇다고 해도, 이 이름이 구체적으로 이스라엘인의 이름이 아닐 수도 있다.

그러나 인명에 나타난 비이스라엘 신명 요소의 존재를 페르시아 시대 예후드의 다인종이나 다종교적 특징에 대한 분명한 표징이라고 당연시 할 수 없다. 하지만 매우 주목할 만한 현상이다.

보다 방법론적 특징에 대하여 언급할 필요가 있다. 문제는 인명에 나타

---

16 또한 히브리어 bigway(스 2:2, 14; 8:14; 느 7:7, 19; 10:16); 헬라어 βαροας—많은 환관과 다른 고위 관료들이 이 이름으로 알려졌다. 유딧서 12:13; 13:1; 14:14; Diodorus Siculus, Hist. XVI 40,3; 43,4; 47,4; 50,7; XXXI 19,2-3(아닥사스다 3세 오쿠스의 고문은 페르시아 황제에 대항한 총독을 제거하는 상황에서 이집트로 징벌 원정대를 이끌었다. Klinkott, 2005: 340 참조); Pliny, Hist. Nat. 13,41; 엘레판틴 파피루스에 보면, 예후드 사람들은 위드라나그(Widranag)에 의해 성전이 파괴된 후, 페르시아의 예후드 총독 바고이(Bagohi)에게 재건을 요청한다. TADAE A.4.7; A.4.8; A.4.9, Kottsieper, 2001; Klinkott, 2005: 456-8. Magen, Misgav and Tsfania, 2004: 70은 그리심 성전에서 발굴된 정교한 아람어 명문의 '…]why'을 바고이(Bagohi)로 읽는 것을 제안하는데, 이는 성급해 보인다(MGI 27.2). 다음을 참조하라. Hjelm, 2005: 170; Becking, 2007.

17 Blenkinsopp, 1988: 90 참조.

18 Noth, 1928: 64. Blenkinsopp(1988: 90)은 일리리아(Illyric) 이름을 잠시 생각해 본다.

난 신명 요소를 어느 정도로 인종이나 종교적 소속을 나타내는 것으로 볼 수 있는가이다. 많은 학자들은 다음과 같이 요약할 수 있는 입장을 선호한다. 즉, 인명에 나타난 신명적 요소의 존재는 부모의 종교적 상징체계를 나타낼 수 있고, 그래서 인종적 표시로 받아들일 수 있다.[19] 고대 근동 문화의 종교적 특징을 고려할 때, 이런 추정은 대체로 옳다.

그러나 예루살렘의 야웨 성전에 이집트 신명 요소를 지닌 제사장 예레미야 20장의 바스훌(pašḥûr)의 존재와 같은 특징은 이런 추정을 인종에 대한 역사적 법칙으로 삼는 것을 주저하게 한다. 달리 말하자면, 하나의 이름을 보고 인종이나 종교적 지표로 삼을 수는 없다. 그러나 충분한 숫자의 인명을 보여 주는 일관성 있는 기록으로부터 결론을 도출할 수는 있다.[20] 에스라 2장과 느헤미야 7장은 매우 소수의 인명을 보여 주기 때문에, 이로부터 결론을 도출하기는 힘들다.

2) 텔 알-마자르 도편 VII(Tell al-Mazār Ostracon VII)

트랜스요르단 지역 텔 알-마자르에서 다양한 암몬 도편이 발굴되었다. 그 중 하나는 거의 확실히 기원전 4세기의 것으로 볼 수 있다. 이것은 페르시아의 고고학적 배경과 헬라 초기의 도기와 파편을 볼 때 분명해 보인다. 명문의 고문석학은 기원전 5/4세기를 암시한다. 도편 VII은 인명 목록을 담고 있다. 이 도편의 분석은 특히 중요하다. 휘브너(Hübner)는 페르시아 시대에 다양한 민족과 인종이 텔 알-마자르에 거주하였다는 결론에 도달하였기 때문이다.[21] 이 목록 구성의 요점은 불분명하다.[22]

---

19 예컨대, 다음을 참조하라. Albertz, 1978: 23-157.
20 '충분하다'는 통계학적 계산 가능성을 지칭하는 것으로써, 오백 명 이상의 인명을 요구한다. Graham, 2003 참조.
21 Hübner, 1992: 34.
22 Editio princeps: Yassine and Teixidor, 1986:4 8-9 no.7, Fig. 9; 또한 다음을 참조하라. Heltzer, 1989; Hübner, 1992: 33-5.

1. Milkomyat [*mlkmyt* [
2. Asa [*'s'* [
3. Baga'   *bg'*
4. Gad'azar [*gd'zr 'l'mr* [
5. 'Awri'l[…]'[*'wr'l* [. . .] '[
6. Hassal'il ' [*ḥṣl'l* ' [
7. Yahu yada' [*yhwyd'* [
8. 'Alı'il [*'ly'l* [
9. Yaqqim[']il [*yqm* [']*l* [

이 인명 목록에는 다양한 신명 요소가 나타난다.

- '엘, 일루'(El, 'ilu)는 네 번 나타난다. 즉, 'Awri'l, Hassal'il, 'Ali'il 그리고 Yaqqim'il이다. 신명은 가나안의 최고의 신 엘(El)을 지칭한다. 혹은 보다 가능성 있는 것은 암몬족의 신 밀곰의 일반 명사일 것이다.
- '밀곰'(Milkom)은 암몬족의 만신 중에 가장 중요한 신이다.
- *bg'*는 대표신 혹은 페르시아의 개별 신들 중의 하나를 나타내는 이란어이다.
- '갓'(Gad)은 가나안 신을 지칭하는 것으로 나중에 로마의 포르투나(Fortuna, 운명의 신)로 파악된다. 팔미라(Palmyra)에서 갓은 신격화된 섭리 개념의 표현이었다(Teixidor, 1979: 89-95).
- 신명 요소인 *yhw*-는 고대 이스라엘의 가장 중요한 신을 지칭한다. 신명 요소의 철자법은 북왕국의 인명(*yh*)이나 도편과 파피루스에서 이 이름의 '보다 정확한' 철자(*ywh*)로 이스라엘의 신이 나타나는 방식을 상기시킨다. 그러나 유다 철자(*yw*)로는 그다지 많이 나타나지 않는다(Weippert 1976-80).

이 명문은 다채로운 다인종을 보여 주는 것 같다. 그러나 이 명문들로부터 논의 대상이 된 질문의 결론을 도출하는 것은 불가능하다. 이 명문은 목록 구성에 대한 알려지지 않은 이유와 연결된다. 다양한 해석이 가능하다. 목록은 군인 그리고/혹은 페르시아의 관료를 반영할지도 모른다. 한편으로 이 목록은 세금 납부자나 상인 목록일 수 있다. 따라서 휘브너의 "텔 알-마자르는 아키메니드 시대에 종교적(인종적) 혼합 인구로 가득 차 있었다"라는 결론은 성급해 보인다.[23]

3) 사마리아 파피루스

와디 에드-달리예(Wadi ed-Daliyeh)에서 수십 개의 파피루스가 발굴되었다.[24] 이 텍스트는 사마리아의 노예 매매를 기록하고 있다. 세 개의 파피루스의 거래에 언급된 페르시아 황제를 보아 연대 추정을 할 수 있다. 즉, 아닥사스다(3세 오쿠스, 기원전 359-338년; 사마리아 파피루스 2와 7)와 다리오(3세 코도마누스, 기원전 336-330년; 사마리아 파피루스 1)이다. 따라서 전체 아카이브는 거의 확실히 기원전 4세기의 것으로 볼 수 있다.[25]

이 아카이브에는 37개의 인명이 등장한다. 이미 언급한 페르시아 황제들 외에도, 몇몇 총독과 관료의 이름, 판매자와 구매자의 이름, 노예와 증인의 이름이 기록되었다. 팔려간 6명의 노예 중에서(두 명은 아버지의 이름이 기록되었다) 네 명의 노예의 이름에는 야웨 신명 요소가 있었다. 이름 중 하나(ḥnn[수닭, 사마리아 파피루스 8.12; Dušek, 2007: 214-26])는 일반적인 서셈어로 볼 수 있다. 이름 중 다른 하나(qwsdqr[Qosdaqar, 사마리아 파피루스 9.1;

---

23 Hübner, 1992: 34.
24 Gropp(Gropp et al, 2001: 3-117)의 본문 비평 연구판(critical edition) 참조. 그리고 다음도 참조하라. Grabbe, 2004: 55-8; Dušek, 2007.
25 알렉산더 대왕의 전투를 피하여 도망한 사마리아 거주자들이 이 파피루스들을 와디 에드-달리예로 가져왔다고 보는 것이 일반적으로 받아들이는 사실이다(Cross, 1974; 또한 다음의 언급을 참조하라. Grabbe, 2004: 56; Dušek, 2007: 599-608).

Dušek, 2007: 227-39])는 에돔 신 Qaus/Qôs의 신명을 포함한다. 구매자의 이름 중에서도 비교 가능한 분포가 있다. 그들 중 한 명의 이름은 *qwsnhr*(Qos-nahar, 사마리아 파피루스 2.14; Dušek, 2007: 130-49)이다. 일반적으로, 판매자는 *dlh'l*(Delah'el, 사마리아 파피루스 5.4, 6, 8; Dušek, 2007: 182-90)과 *ḥny*(Hanny, 사마리아 파피루스 5.8; Dušek, 2007: 182-90)와 같은 서셈어 이름을 갖고 있다.[26]

이 자료에 기초하여 기원전 4세기의 사마리아와 주변 지역의 다인종에 대한 결론을 도출할 수는 없다. 최근에 그리심산 지역에서 발굴된 수 백 개의 명문에 대한 연구물이 비록 예비적이고 엉성한 방식이지만 출간되었다.[27] 이 중 대략 50여 개는 정교한 아람어 명문인데, 이것은 페르시아 시대에 기록된 것일 수 있다. 그런데 이 명문들에서 에돔어 이름은 나오지 않는다. 사마리아 파피루스에 나타난 에돔어 인명은 단지 임시로 사마리아에 있었던 상인이나 다른 인물들을 거론하는 것일 수 있다. 즉, 정확한 결론을 내리기에는 불확실성이 너무 많다.

4) 고대 마케다(Maqqēdāh)의 다신교

논의된 자료를 통해 기원전 4세기 예후드와 주변 지역의 다인종이나 다신교의 증거가 될 만한 분명한 단서를 찾아낼 수 없다. 그러나 기원을 알 수 없는 발굴, 거의 확실하게 마케다(오늘날 Kirbet el-Qôm)에서 나온 아람어 아카이브에서 다른 견해를 찾아볼 수 있다. 페르시아 시대에 이 지역은 더 이상 유다/예후드의 일부가 아니었다. 에돔족/이두매족의 통제를 받는 지역에 위치하였다.

아카이브는 대략 천여 개의 명문을 포함하고 있는데, 이 중 대부분은 도편이다.[28] 명문의 가장 많은 부분은 지적도(地籍圖)에 관한 것이다. 많은 명

---

[26] 다음도 참조하라. Zsengellér, 1996; Dušek, 2007: 486-93.
[27] Magen, Misgav and Tsfania, 2004; Becking, 2007.
[28] Lemaire, 1996; Eph'al and Naveh, 1996; Lemaire, 2002. Lemaire, 2006 참조.

문은 다양한 농경지, 특히 포도원과 올리브 동산의 위치와 범위를 서술한다. 많은 소유주들의 이름이 거명된다. 이 아카이브의 명명학(命名學)은 광범위한 다양성을 보여 준다.

가장 중요한 집단은 신명적 요소인 *yhw/yw* 혹은 *qws*를 지녔다. 이것은 원래 유다의 인구와 에돔족 요소가 섞이게 되었음을 보여 주는 것 같다. 에돔족은 유다 왕국의 마지막 수십 년, 혹은 소위 바벨론 포로기에 유다 남쪽 지역을 '정복'했다.[29] 유다어와 에돔어 이름 외에도, 서셈어, 아랍어, 이집트어, 페니키아어 인명이 아카이브에 나타난다.[30] 명명학 증거를 상세하게 분석하는 일은 흥미로울 것이다. 하지만 인종적, 종교적 배경이 그처럼 다양하다고 해서 다인종이나 다신교 인구가 존재했다는 증거로 삼을 수는 없다. 지역 공동체의 다종교적 특징을 분명하게 보여 줄 사례가 될 만한 문서가 하나 있다(그림. 1 참조).

그림. 1 마케다 도편 283

1. *tl'zy th t byt 'z'*   웃사(Uzza) 신전 아래쪽 언덕
2. *wh ybl zy byt yhw*   그리고 야호(Yahô) 신전 쪽
3. *zbr zby dpyr' zy bt n'*   자비(Zabi)의 경작지, 테레빈 나무 테라스
4. *bzy s'dw kpr glgwl*   사아두(Sa'adou)의 황폐한 토지와 갈굴(Galgûl)의 무덤
5. *rqq zy byt nbw*   나부(Nabû) 신전의 터
6. *kpr ynqm*   예나켐(Yenaqqem)의 무덤[31]

---

29 예컨대, 다음을 참조하라 Bartlett, 1989:147–86; Lemaire, 2006: 418–19.
30 Lemaire, 2002: 218–21.
31 Lemaire, 1996: Texte 283, pl. XLVIII, pp. 149–56; 또한 다음을 참조하라. Lemaire, 2001; 2004.

이 텍스트는 마케다 아카이브의 지적도적 특징을 대변한다. 토지와 지역을 나타내는 다양한 아람어는 우선 보기에 분명하지 않다는 사실에도 불구하고,[32] 다양한 땅의 형태가 나타난다는 것은 확실하다. 아마도 이는 의도된 독자에게는 매우 분명하였을 것이다.

이 짧은 텍스트에 세 개의 신전이 언급되고 있다는 점이 흥미롭다. 아람어 명사 *byt*는 일반적인 '집'을 언급하는 것일 수도 있다는 점에 주의해야만 한다. 그러나 고려 대상인 명사는 신명과 연계형으로 세 번 나온다는 사실을 보면,[33] '신전'을 언급하는 표시이다. 고대 마케다에는 분명히 웃사, 야호, 나부 신전이 존재했다. 그들의 존재는 다양한 명명학 이상으로 다종교, 그리고 아마도 상호 부조하는 종교적 영향력을 보여 준다.

야호 신전은 신명기역사적 규정의 목적을 위반한 것으로 보인다. 규정에 따르면, 야웨는 한 장소, 즉 예루살렘 성전에서만 예배드릴 수 있다. 웃사 여신은 나바티아 사람들이 섬겼고, 후에는 이슬람 이전 아랍인들이 섬겼던 신이다. 나바티아 사람들에게 알-웃사(al-'Uzza)는 힘의 여신이었다. 알라트(Allat)와 마나와트(Manawat)와 함께, 그녀는 가장 중요한 세 명의 신으로 이루어진 집단을 형성하였다. 열왕기하 21:18, 26의 유다 왕 므낫세와 아몬의 매장지로 나오는 수수께끼 같은 '웃사의 동산'에 대한 언급을 보아, 이 여신은 기원전 6세기 유다에서 섬김을 받았다는 표시로 해석될 수 있다.[34]

세 번째 성소에서 섬김을 받았던 나부는 바벨론 기원의 신으로서, 페르시아 시대에 주로 고대 근동의 아람족 지역에서 섬김을 받았다. 엘레판틴에는 국경 수비대에 속한 아람족의 종교적 관심사에 부응하는 야호 신전뿐만 아니라 나부 신전도 있었다.[35]

---

[32] 여기에서 필자는 다음을 따른다. Lemaire, 2001: 1154–5; 2006: 416–17.
[33] 사적 의견 교환을 통하여, Nili Wazana는 인명이 의미하는 바의 가능성을 제시하였다. 사실상 'z,' 'Uzza'는 인명으로 볼 수 있다. 그녀의 해석에 따르자면, Yahû와 Nabû는 인명에 들어있는 신명 요소로 보아야만 한다. 그러나 명문은 부서진 것처럼 보이지 않는다.
[34] 웃사(Uzzah) 신에 대해서, Becking(2008) 참조.
[35] Frey, 1999 참조.

아카이브의 많은 이름이 코스(Qôs) 신명 요소를 지니고 있지만, 이 도편은 에돔족의 코스 신전을 언급하지 않는다는 점에 주의를 기울여야만 한다. 마케다에 코스 신전이 있었다고 추론할 수 있지만, 알려진 명문에서는 아직까지 찾아볼 수 없다.[36] 그 이유는 아마도 도판이 부서지거나 명문의 장르와 연관된 것일 수 있다. 명문의 목적은 고대 마케다 지역의 모든 성소를 목록화하는 것이 아니라, 전체적인 지적도를 보여 주는 것이다. 요약하면, 이 문서는 다양한 집단의 평화로운 공존을 암시한다.[37]

5) 결론

에스라와 느헤미야에 기록된 통혼 위기와 족외혼에 반대하는 조치를 둘러싼 현실을 찾고자 할 때, 그리고 혼합주의에 대한 기저의 두려움을 설명하고자 할 때, 고대 마케다 아카이브만이 분명하게 다인종 그리고/혹은 다신교의 가능성을 암시한다. 그러나 마케다는 예후드 국경 밖에 있었다는 점에 주의를 해야만 한다. 에스라 2장과 느헤미야 7장, 텔 알-마자르의 암몬 도편, 와디 에드-달리예 파피루스에 나타나는 비야웨주의적 신명 요소를 지닌 인명은 예후드 안과 주변의 인구 중에 비이스라엘적 요소가 존재했음을 보여 주는 것일 수 있다. 증거 자료들이 기원전 400년경 야웨 종교에 중대한 위협이 있었다고 말하지는 않지만, 예루살렘에서 바라볼 때 인종 집단들이 섞이는 현상은 지평선 너머에서 목격되고 있는 특징이었다.

---

[36] Elayi 박사에게는 미안하지만, Elayi, 2004: 169.
[37] 또한 다음을 참조하라. Elayi, 2004: 169.

3. 경쟁 관계의 성전들

마케다 도편에 관한 논의는 다음 단계 논의로 넘어가게 한다. 거의 동시에 다양한, 아마도 경쟁하는 야웨 신전이 등장했다는 것은 흥미롭다. 고고학과 금석학은 그리심/사마리아, 마케다와 라기스의 야웨 성소의 존재를 보여 준다.[38] 필자가 보기에 통혼 위기의 특징을 논의할 때, 고고학적 데이터를 포함할 필요가 있다. 실제 제의 행위에 대해서는 알려진 바가 거의 없지만, 페르시아 시대에 경쟁하는 야웨 신전이 존재한다는 것은 '진정한 야웨주의'의 중심지로서 예루살렘의 정체성에 중차대한 위협이 되었다.

이는 다양한 야웨주의의 재등장을 나타낸다. 즉, 신전마다 다른, 다양한 형태의 야웨주의가 있었다. 우상 숭배를 반대하고, 예루살렘에서 야웨를 유일신으로 섬기는 것을 지지하며, 전국에서 지방 성소의 중요성을 깎아 내리거나 심지어 없애고자 한 것이 요시야 개혁의 의제였다. 예후드 영토의 국경에 위치한 성소들의 존재는 국경 건너 영토와 연결된 거주자들을 향한 예루살렘의 반감에 기름을 끼얹은 격이었다.

4. 타자 정형화하기

이제 통혼의 위기와 그에 대한 다양한 설명, 특히 위에서 언급한 세 가지 문제로 돌아가 보자.

그들과 섞이게 된 인종들은 에스라 9장에서 **암호**처럼 서술되고 있음을 볼 수 있다. 그들과 따로 떨어져 살지 않는 여덟 민족의 목록이 나온다. 이 목록은 오경과 전기 예언서에서 상징적으로 그 땅의 토착민 전체를 대변하는 다섯, 여섯, 일곱 혹은 열 민족의 목록과 유사하다. 확실히 페르시아 시

---

38 다음을 참조하라. Magen, 2000; Frey, 1999: 171–204; Lemaire, 2004; Knowles, 2006: 44–8.

대 팔레스타인이나 예후드에 살던 사람들은 자신들을 열거된 민족 중 하나에 속한다고 보지 않았을 것이다. 언급된 네 집단(가나안, 헷, 브리스, 여부스)은 에스라 시대에는 이미 오래전에 사라졌다.

'아모리족'은 어떤 집단을 지칭하는 것일까?

에돔족의 국가 신인 코스/콰우스는 논의한 명문의 신명 요소로 몇 차례 등장하였지만 에돔족은 이 목록에 언급되지 않는다는 점에 주목해야 한다. 이런 전통적인 언어를 사용할 때, 에스라의 저자는 어느 정도 '타자'를 정형화하고, 따라서 악마화한다. 예후드 영토의 국경선에 있는 야웨 성소의 존재를 고려할 때, 이런 **암호**는 이 성소와 연관된 사람들을 언급하는 것으로 해석할 수 있다. 이들은 예루살렘 사람들일 수 있고, 혹은 보다 정확하게 에스라적 관점에서는 '거룩한 씨'에 맞서는 위험한 부정으로 간주될 수도 있는 자들이다.

에스라 10장의 '다른 여인들'은 *nokri*라고 명명된다.[39] 이 형용사는 일반적으로 다른 인종 집단에서 온 '이방'이라는 의미로 간주되고,[40] 이 결혼을 족외혼으로 볼 수 있음을 시사한다. 그러나 이 해석에는 문제가 되는 측면이 있다. 성서 히브리어에서 형용사 *nokri*는 '이상한, 다른'이라는 뜻도 함축하고 있다.[41] 즉, 에스라 10장의 여인들은 다른 인종이 아니라 그들의 '타자성' 때문에 악마화되고 있을 뿐이라는 가능성이 있다. 필자가 보기에, 에스라 9-10장의 저자는 타자를 표시할 때 정형화된 언어를 적용한다. 구체적 뜻을 지닌 단순화된 개념이나 표상을 사용함으로써, 저자는 일군의 여인들을 악마화한다.[42]

---

[39] 스 10:2, 10, 11, 14, 17, 18, 44.
[40] 예컨대, 다음을 참조하라. Blenkinsopp, 1998: 185-201; Williamson, 1987: 139-62; Ramírez Kidd, 1999: 28, 113; Janzen, 2002: 41-2.
[41] Bultmann, 1992: 22-4; *DCH*, 5: 595.
[42] 정형화 사상에 대해서는 예컨대, 다음을 참조하라. Ewen and Ewen, 2006; 좋은 성서의 사례는 다음을 참조하라. Davies, 1998.

5. 에스라 9-10장의 이상한 여인들의 정체성

여기에 제시된 사실에 기반을 둔 데이터는 전개된 이론 중의 하나를 지지하거나 반대하는 강력한 논증으로 사용될 수 없다. 이것은 증거의 희소성과 해석 단계의 어떤 불확실성과 관련이 있다. 그럼에도 불구하고, 종교와 혼합주의의 수준에서 드러나는 이미지는 야웨주의에 대한 불확실하고 막연한 위협이라는 점이다. 이를 통해 다음과 같이 결론을 내릴 수 있다.

① 에스라와 느헤미야의 '이방 여인'은 텍스트가 제시하는 것이나 대다수 독자가 추정하는 것보다 덜 이방적일 수 있다. '이방 여인'은 예후드의 내부 집단일 수 있다. 이들은 타자성 특히 국경 건너의 성소와 연결되었기 때문에 '이상하다'는 평가를 받을 수 있었다. 이것은 레스터 그래브의 견해를 지지해야 한다는 것을 암시한다. 즉, 이 여인들은 예후드 사람들이었다.[43]
② 불확실한 상황 속에서 일어나는 막연한 위협은 사회 불안에 기름을 끼얹고, 희생양 기제의 사용으로 이어진다.
③ 모든 점을 고려할 때, 이런 고찰과 언급은 에스라와 느헤미야의 내러티브는 실제 야웨주의 내부 논쟁(inner-Yahwistic polemic)을 반영하는 것이라는 생각과 일치한다. 즉, 마녀사냥이다. 혹 다르게 표현하자면, 금석학적 증거는 잰슨의 제안을 허위라고 입증하는 것이 아니라, 그의 제안을 수정하는 것으로 사용할 수 있다.[44] 마녀사냥은 집단 내에서 일어났다.

---

[43] Grabbe, 2004: 285-8, 313-16.
[44] Janzen, 2002.

참고 문헌

Albertz, R.
1978   *Persönliche Frömmigkeit und offizielle Religion*(Stuttgart: Kohlhammer). Barstad, H. M.
1996   *The Myth of the Empty Land: A Study in the History and Archaeology of Judah during the 'Exilic' Period*(Symbolae Osloenses Fasciculus Suppletorius, 28; Oslo: Scandinavian University Press).
2003   "After the 'Myth of the Empty Land': Major Challenges in the Study of Neo-Babylonian Judah," in O. Lipschits, J. Blenkinsopp(eds), *Judah and the Judeans in the Neo-Babylonian Period*(Winona Lakd: Eisenbrauns): 3-20.

Bartlett, J. R.
1989   *Edom and the Edomites*(JSOTSup, 77; Sheffield: Sheffield Academic Press).

Becker, J.
1990   *Esra Nehemia*(NEB, 25; Würzburg: Echter Verlag).

Becking, B.
1998   "Ezra on the Move: Trends and perspectives on the Character and his Book," in F. García Martínez and E. Noort(eds), *Perspectives in the Study of the Old Testament and Early Judaism: A Symposium in Honour of Adam S. van der Woude on the Occasion of His 70th Birthday*(VTSup, 73; Leiden: E. J. Brill): 154-79.
1999   "Continuity and Community: The Belief System of the Book of Ezra," in B. Becking and M. C. A. Korpel(eds), *The Crisis of Israelite Religion: Transformation of Religious Traditions in Exilic and Post-Exilic Times*(OTS, 42; Leiden: E. J. Brill): 256-75.
2001   "The Idea of *Thorah* in Ezra 7-10: A Functional Analysis," *ZABR* 7: 273-86.
2006   "We all returned as One': Critical Notes on The Myth of the Mass Return,' in O. Lipschits and M. Oeming(eds), *Judah and the Judaeans in the Persian Period*(Winona Lake: Eisenbrauns): 3-18.
2007   "Do the Earliest Samaritan Inscriptions Already Indicate a Parting of the Ways?," in O. Lipschits, G. Knoppers and R. Albertz(eds), *Judah and the Judaeans in the Fourth Century BCE*(Winona Lake: Eisenbrauns): 213-22.
2008   "The Enigmatic Garden of Uzza: A religio-historical Footnote to 2 Kings 21:18,26," in I. Kottsieper, R. Schmitt, J. Wöhrle(eds), *Berürungspunkte: Studien zur Sozial- und Religionsgeschichte Israels, Festschrift für Rainer Albertz zu seinem 65. Geburtstag*(AOAT, 350; Münster: Ugarit Verlag, 2008): 383-91.

Ben Zvi, E.
1995   "Inclusion and Exclusion from Israel as conveyed by the Use of the Term 'Israel' in Post-Monarchic Biblical Texts," in S. W. Holloway and L. K. Handy(eds), *The Pitcher is Broken: Memorial Essays for Gösta W. Ahlström*(JSOTSup, 190; Sheffield: Sheffield Academic Press): 113-27.

Blenkinsopp, J.
1988 *Ezra-Nehemiah*(OTL; London: SCM Press).
1991 "Temple and Society in Achaemenid Judah," in P. R. Davies(ed.), *Second Temple Studies,* vol. 1: *Persian Period*(JSOTSup, 117; Sheffield: Sheffield Academic Press): 22-53.

Blidstein, G. J.
1974 "Atimia: A Greek Parallel to Ezra X 8 and the Post-Biblical Exclusion from the Community," *VT* 24: 357-60.

Bultmann, C.
1992 *Der Fremde im Antiken Juda*(FRLANT, 153; Göttingen: Vanden hoeck & Ruprecht).

Carter, C.
1999 *The Emergence of Yehud in the Persian Period: A Social and Demographic Study*(JSOTSup, 294; Sheffield: Sheffield Academic Press).

Cross, F. M.
1974 "Leaves from an Epigraphist's Notebook," *CBQ* 36: 493-4.

Davies, M.
1998 "Stereotyping the Other: the 'Pharisees' in the Gospel According to Matthew," in J. C. Exum, S. D. Moore(eds), *Biblical Studies/Cultural Studies: The Third Sheffield Colloquium*(Sheffield: Sheffield Academic press): 415-32.

Dušek, J.
2007 *Les manuscripts araméens du Wadi Daliyeh et la Samarie vers 450-332 av. J.-C.*(CHANE, 30; Leiden: E. J. Brill).

Elayi, J.
2004 *Pièges pour historien et recherche en peril*(Paris: Idéaphane).Eph'al, I., and J. Naveh
1996 *Aramaic Ostraca of the Fourth Century BC from Idumaea*(Jerusalem: Magness Press).

Eskenazi, T. C.
1988 *In an Age of Prose: A Literary Approach to Ezra-Nehemiah*(SBLMS, 36; Atlanta: Scholars Press).

Eskenazi, T. C., and E. P. Judd
1994 "Marriage to a Stranger in Ezra 9-10," in T. C. Eskenazi and K. H. Richards(eds), *Second Temple Studies, 2: Temple and Community in the Persian Period*(JSOTSup, 175; Sheffield: Sheffield Academic Press): 266-85.

Ewen, S., and E. Ewen
2006 *Typecasting: On the Arts and Sciences of Human Inequality*(New York: Seven Stories Press).

Fishbane, M.
1985 *Biblical Interpretation in Ancient Israel*(Oxford: Clarendon Press).

Frey, J.
1999 "Temple and Rival Temple – The Cases of Elephantine, Mt. Gerizim and Leontopolis," in B. Ego, A. Lange and P. Pilhofer(eds), *Gemeinde ohne Tempel – Community without Temple*(FNT, 118; Tübingen: Mohr-Siebeck): 171-204.

Garbini, G.
1978 "Il cantico di Debora," *La Parola del Passato* 33: 17-21.

Girard, R.
1982 *Le bouc émissaire*(Paris: Grasset).

Grabbe, L. L.
2004 *A History of the Jews and Judaism in the Second Temple Period*, vol. 1: *Yehud: A History of the Persian Province of Judah*(LSTS, 47; London and New York: T&T Clark).

Graham, A.
2003 *Teach Yourself Statistics*(Denver: McGraw-Hill Companies).

Gropp, D. et al.
2001 *Wadi Daliyeh* ⅩⅧ: *The Samaria Papyri From Wadi Daliyeh, and Qumran Cave 4: 4.XXVIII Miscellanea, Part 2*(DJD, 29; Oxford: Clarendon Press).

Gunneweg, A. H. J.
1985 *Esra*(KAT; Gütersloh: Gerd Mohn).

Heltzer, M.
1989 "The Tell el-Mazār Inscription No. 7 and some Historical and Literary Problems of the Ⅴth Satrapy," *Trans* 1: 111-18.

Hjelm, I.
2005 "Changing Paradigms: Judaean and Samaritan Histories in Light of Recent Research," in M. Möller and Th.L. Thompson(eds), *Historie og Konstruktion: Festskrift til Niels Peter Lemche I anledning of 60 års fødselsdagen den 6. September 2005*(Forum for Bibelsk Exegese, 114; Copenhagen: Museum Tuschulanums Forlag): 161-79.

Hübner, U.
1992 *Die Ammoniter: Untersuchungen zur Kultur und Religion eines Transjordanischen Wolkes im 1. Jahrtausend v. Chr.*(ADPV, 16; Wiesbaden: Harrasowitz).

Janzen, D.
2002 *Witch-Hunts, Purity and Social Boundaries: The Expulsion of the Foreign Women in Ezra 9-10*(JSOTSup, 350; Sheffield: Sheffield Academic Press).

Kent, R. G.
1953 *Old Persian: Grammar, Texts, Lexicon*(American Oriental Series, 33; New Haven: American Oriental

Society, 2nd edn).

Klinkott, H.
2005   *Der Satrap: Ein achëimenidische Amtsträger und seine Handlungsspielräume,*(Oikumene Studien zur antiken Weltgeschichte, 1; Frankfurt: Verlag Antike).

Knowles, M. D.
2006   *Centrality Practiced: Jerusalem in the Religious Practice of Yehud & the Diaspora in the Persian Period*(Atlanta: Scholar's Press).

Kottsieper, I.
2001   "Die Religionspolitik der Achämeniden und die Juden von Elephantine," in R. G. Kratz(ed.), *Religion und Religionskontakte im Zeitalter der Achämeniden*(Veröffentlichungen der Wissenschaftlichen Gesellschaft für Theologie; Gütersloh: Gerd Mohn): 150-78.

Lemaire, A.
1996   *Nouvelles Inscriptions araméennes d'Idumée au musée d'Israel*(Transeuphratène Sup, 3; Paris: Gabalda).
2001   "Les réligions du sud de la Palestine an IVe siècle av. J.-C. d'après les ostraca araméennes d'Idumée," *Comptes Rendus de l'Académie des Inscriptions et elles Lettres 2001*: 1141-58.
2002   *Nouvelles Inscriptions araméennes d'Idumée Tome II*(Transeuphratène Sup, 9; Paris: Gabalda).
2004   "Nouveau temple de Yaho(IVe siècle av. J.-C.)," in M. Augustin and H. M. Niemann(eds), *Basel und Bibel: Collected Communications to the XVIIth Congress of the International Organisation for the Study of the Old Testament, Basel 2001*(BEATAJ, 51; Frankfurt: Lang): 265-73.
2006   "New Aramaic Ostraca from Idumea: Their Historical Interpretation," in O. Lipschits and M. Oeming(eds), *Judah and the Judaeans in the Persian Period*(Winona Lake: Eisenbrauns): 413-56.

Magen, Y.
2000   "Mount Gerizim – A Temple City," *Qadmoniot* 33-2: 74-118. Magen, Y., H. Misgav and L. Tsfania
2004   *Mount Gerizim Excavations*, vol. 1: *The Aramaic, Hebrew and Samaritan Inscriptions*(JSP, 2; Jerusalem: Israel Antiquities Authority).

Matera, f. J.
1996   *New Testament Ethics: The Legacies of Jesus and Paul*(Louisville: Westminster John Knox Press).

Mathys, H.-P.
1994   *Dichter und Beter: Theologen aus spätalttestamentlicher Zeit*(OBO, 132; Freiburg: Universitätsverlag; Göttingen: Vandenhoeck & Ruprecht).

Myers, J.
1965   *Ezra, Nehemiah*(AB, 14; New York: Doubleday).

Noth, M.
1928 *Die Israelitische Personennamen im Rahmen der gemeinsemitischen Namensgebung*(BWANT, 46; Stuttgart: Kohlhammer).

Olyan, S. M.
2000 *Rites and Rank: Hierarchy of biblical Representations of Cult*(Princeton: Princeton University Press).

Otto, E.
2002 *Das Deuteronomium im Pentateuch und Hexateuch. Studien zur Literaturgeschichte von Pentateuch und Hexateuch im Lichte des Deuteronomismus*(FAT, 30; Tübingen: Mohr-Siebeck).

Ramírez Kidd, E. J.
1999 *Alterity and Identity in Israel: The gēr in the Old Testament*(BZAW, 283; Berlin and New York: de Gruyter).

Schneider, T.
1992 *Asiatische Personennamen in ägyptischen Quellen des neuen Reiches*(OBO, 114; Freiburg: Universitätsverlag; Göttingen: Vandenhoeck & Ruprecht).

Smith-Christopher, D.
1994 "The Mixed Marriage Crisis in Ezra 9-10 and Nehemiah 13: A Study of the Sociology of Post-Exilic Judaean Community," in T. C. Eskenazi and K. H. Richards(eds), *Second Temple Studies: 2. Temple and Community in the Persian Period*(JSOTSup, 175; Sheffield: Sheffield Academic Press): 243-65.

Soggin, J. A.
1981 *Judges*(OTL; London: SCM Press).

Stiegler, S.
1994 *Die nachexilische JHWH-Gemeinde in Jerusalem: Ein Beitrag zu einer alttestamentlichen Ekklesiologie*(BEATAJ, 34; Berlin, Bern, New York, Paris and Vienna: Lang)

Teixidor, J.
1979 *The Pantheon of Palmyra*(EPRO, 79; Leiden: E. J. Brill)

Thi Pham, X. H.
1999 *Mourning in the Ancient Near East and the Hebrew Bible*(JSOTSup, 302; Sheffield: Sheffield Academic Press).

Veijola, T.
2000 *Moses Erben: Studien zum Dekalog, zum Deuteronomismus und zum Schriftgelehrtentum*(BWANT, 149; Stuttgart, Berlin and cologne: Kohlhammer).

Vriezen, Th.C
1953 *Die Erwählung Israels nach dem alten Testament*(ATANT, 24; Zürich: TVZ Verlag),

Weinfeld, M.
1991   *Deuteronomy 1-11*(AB, 17; New York: Doubleday).

Weippert, M.
1976-80 "Jahwe," in *RlA* 5: 246-53.

Willi, Th.
1995   *Juda—Jehud—Israel: Studien zum Selbstverständnis des Judentums in persischer Zeit*(FAT, 12; Tübingen: Mohr-Siebeck).

Williamson, H. G. M.
1987   *Ezra and Nehemiah*(OTG; sheffield: Sheffield Academic Press).

Yassine, K, and J. Teixidor
1986   "Ammonite and Aramaic Inscriptions from Tell al-Mazār," *BASOR* 264: 45-50.

Zsengellér, J.
1996   "Personal Names in the Wadi ed-Daliyeh Papyri," *ZAH* 9(1996): 182-9.

제2장

참회의 시대인 페르시아 시대:
다니엘 9:1-27의 '주석적 논리'

존 S. 버그스마 | 프란시스코대학교

영화를 좀 본 미국인이라면 "샘, 다시 연주해 봐"(Play it again, Sam)라는 구절이 은막 시대의 유명한 영화 대사 중에 하나이며, 클래식 영화 "카사블랑카"(Casablanca)에서 험프리 보가트의 입에서 나온 대사로 알고 있다.[1] 그러나 진정한 영화광이라면 "샘, 다시 연주해 봐"라는 구절이 실제 대사가 아니라는 것을 알고 있다.

실제 보가트가 말한 것은 "다시 연주해 봐"가 전부였다. 영화의 실제 대화와 그 대화가 수백만 명의 미국인들에 의해 기억된 방식 사이의 차이점은 **수용된**(received) 텍스트와 **인지된**(perceived) 텍스트 사이의 차이점의 실례를 보여 준다. **수용된 텍스트**는 영화의 실제 대사로서, 보가트는 단지 "다시 연주해 봐"라고 말한다. **인지된 텍스트**는 청중이 기억하는 것이다. 그리고 그들은 그가 "**샘, 다시 연주해 봐**"라고 말했다고 확신한다.

수용된 텍스트와 **인지된** 텍스트 사이의 차이점은 성서와 성서를 읽는 종교 공동체를 검토할 때 많이 나타난다. 예컨대, 복음서 어디에서도 목자와 동방 박사는 베들레헴을 동시에 방문한 적이 전혀 없다. 그런데 모든 예수

---

[1] 필자는 Peter R. Ackroyd와 그의 성서학 연구 기념 논문집에 논문을 기고하게 되어 기쁘다. 예레미야의 70년의 의미에 대한 Ackroyd의 연구(1958)는 특히 본 논문과 관련이 있고, 이 주제에 대한 필자의 견해를 형성하는 데 도움이 되었다.

탄생 장면은 마치 그러했던 것처럼 그리고 있다. 성서학자들 스스로 **수용된** 텍스트와 다른 **인지된** 텍스트를 만들어 내는 것을 피하지 못하고 있다. 우리 역시 우리 자신만의 독특한 문화가 있고, 특정한 해석적 전통을 지닌 독서 공동체(reading community)를 구성하고 있다.

본 논문에서 필자는 다니엘 9장의 **수용된** 텍스트와 그 텍스트가 성서학자들 사이에서 **인지된** 방식의 미묘한 차이점을 지적하고자 한다. 필자는 다니엘 9장의 내적 논리, 특히 다른 정경과 비정경 책들과의 상호 텍스트적 관계의 속성을 파악하는 데 공헌하고자 한다. 이 과정에서 우리는 시온으로 귀환과 페르시아 정권 아래에서 유다 국가 재수립의 신학적 의의에 대한 유대인의 관점을 보다 분명하게 이해하게 될 것이다.

1. 인지된 텍스트: 다니엘 9장에 대한 일반적 해석

다니엘 9장의 **인지된 텍스트**는 수많은 주석서에서 다양하게 제시되었지만, 마이클 피쉬베인의 제시가 가장 잘 되었다고 본다(Michael Fishbane, 1985: 458-533). 대개 이런 식으로 흘러간다. 서두에서 다니엘은 예레미야의 '70년' 예언의 의미를 예루살렘의 황폐의 종결로 이해하고자 한다(1-2절). 예레미야 신탁의 참 뜻을 결정할 수 없기 때문에, 다니엘은 설명을 해 달라고 기도한다(3-19절). 주님은 그에게 가브리엘 천사를 보내주신다. 천사는 다니엘에게 예레미야 신탁의 참 뜻을 계시한다. 즉, '70년'은 **실제로** 예루살렘의 황폐가 끝날 때까지 '70이레'(70 weeks of years)를 뜻한다(20-27절, 특히 24절).

그러나 **수용된** 텍스트를 보다 신중하게 검토해 보면, 다른 내러티브가 보인다. 9장의 서두(1절)에서 다니엘은 예루살렘의 황폐기가 숫자로 70이라는 것을 **이해하였다**고 주장한다(1-2절). 그 다음으로 다니엘은 기도를 한다. 설명을 요청하는 것이 아니라, 자신의 죄와 그의 백성의 죄를 고백하는 기도이다(3-19절). 응답으로 가브리엘이 나타나서 그에게 새로운 계시를 주는데, 이를 예레미야 신탁의 주석이라고 주장하지 않는다(20-23절). 이 새로운 계시는 70이레를 유대인과 예루살렘을 향해 내린 칙령으로 본다(24절). 황폐의 끝을 언급하지 않지만, 죄사함과 '지극히 거룩한 자'의 기름부음을 포함하여, 70이레에 대한 육중(six-fold) 목적을 제시한다(24절).

2. 인지된 텍스트와 수용된 텍스트의 차이

필자는 많은 학자들에 의해 **인지된** 텍스트와 **수용된** 텍스트의 사이의 차이점을 다음의 관점에서 강조하고자 한다.

첫째, 다니엘은 예레미야가 그의 예언에서 '70년'을 의미한 것을 이해한다.

둘째, 다니엘의 기도는 70년의 참 뜻에 대한 주석적 통찰력을 요구하지 않는다.

셋째, 가브리엘의 메시지는 그 자체로 예레미야의 '70년' 예언의 주석으로 제시된 것이 아니다.

1) 다니엘은 예레미야가 '70년'을 의미했다고 이해한다.

다니엘 9:2의 단순한 의미는 예레미야를 쫓아 '예루살렘의 황폐' 기간이 70년이어야만 했음을 다니엘 그 '글'(בינתי)을 통해 '이해한다'(ספרים)는 것이다.[2] 그런데 피쉬베인은 בינתי בספרים을 "내가 그 책들을 통해 이해하였

---

2 Wilson(1990:93)은 ספרים이 포로민에게 보낸 예레미야의 서신을 지칭하는 것이라고 제안한다. 이 서신 중 두 개가 렘 29장에 병합되어 있다.

다"나 심지어 "내가 그 책들 속에서 인지하였다"가 아니라, 다니엘이 "옛 책들을 **조사하였고**, 옛 신탁을 찾았고, 이 신탁을 이해할 수 없었다"라고 해석한다(1985: 487-8). 즉, 텍스트는 다니엘이 신탁을 '이해하였다(בינתי)'고 말하지만, 2절의 히브리어 בין(이해하였다)의 뜻은 다니엘을 근본적으로 예레미야의 신탁을 이해하지 **못하고**, 그래서 순차적으로, 이 구절의 후반부에서 해석 천사(angelus interpretans)의 도움을 필요로 하는 자라고 묘사하는 것으로 이어진다. 피쉬베인은 이 전체 과정을 '신탁적 주석'(mantological exegesis)의 사례라고 특징한다.

그런데 우리는 2절의 בינתי을 '이해하였다' 혹은 '인지하였다'로 받아들이기보다 '내가 조사하였다' 혹은 '내가 이해하고자 한다'로 볼 수 있는지를 질문해보아야만 한다. 필자가 보기에 그 대답은 부정적이다. 동사 בינה와 연관된 명사 בין는 다니엘서에서 거의 30회 정도 나오는 중요한 핵심어이다(Doukhan, 1979: 4-5). 다니엘 11장에서 이 동사가 '조심하다'를 의미하는 것 같은 두 번의 경우를 제외하고, בין는 '이해하였다' 혹은 '인지하였다'를 뜻하고, בינה는 다니엘서 전체에서 '이해'를 뜻한다. 특히 다니엘은 신의 영역에 다가갈 수 있는 특권 때문에 그의 놀라운 בינה으로 두드러지는 인물이다(단 1:20; 9:22-23; 10:1).

그러나 놀라운 다니엘조차 수수께끼나 계시를 '이해'할 수 없는 곳이 몇 군데 나온다. 드물게 나타나는 다니엘의 이해 실패를 어떻게 묘사하는지에 주목해보자. 다니엘 8:15에서 예언자는 처음에 양과 염소의 환상을 이해할 수 없었다. 그래서 텍스트는 "나 다니엘이 이 환상을 보고 그 뜻을 **알고자** 할 때에"(ואבקשה בינה)라고 말한다. 가브리엘은 '그를 이해시키고자' 온다(הבן, **히필** 명령형). 그러나 그럼에도 불구하고, 8장 끝 무렵에 다니엘은 그가 "그 환상으로 말미암아 놀랐고 그 뜻을 깨닫는 사람도 **없었느니라**"(ואין מבין, 문자적으로 '이해가 없다' 8:27). 마지막으로 다니엘서의 끝부분에 다니엘 역시 이해하지 못한 또 다른 환상이 나타난다. 이것은 ולא אבין라는 구절로 표현된다.

내가 깨닫지 못한지라(단 12:8).

그러므로 우리는 다니엘 9장 바깥에서 적어도 세 번의 경우가 있음을 보게 된다. 거기에서 다니엘의 강력한 이해 능력은 방해를 받는다. 저자는 다양한 구절로 이해가 부족함을 표현한다. 즉, ואבקשה בינה ('내가 이해하기를 구하였다'). ואין מבין ('이해가 없었다'). ולא אבין ('그러나 나는 이해하지 못하였다'). 다니엘 9:1-2은 이 구절 중 어떤 것도 취하지 않는다. 그 대신에 פרים מספר השנים בינתי בס ('나는 책을 통해 그 연수를 이해하였다'). 필자가 보기에, 예레미야의 '70년'의 의미가 다니엘 9장에서 쟁점 사항이었다면, 저자는 8:15, 8:27, 12:8과 같은 곳에서처럼 '나는 이해하지 못하였다'라는 의미로 몇몇 구절을 사용하였을 것이다.

현 상황에서는 9:2의 בין의 직설적 의미가 선호된다. 다니엘은 예레미야가 예루살렘의 황폐 기간을 70년이라고 의미한 것으로 **이해한다**. 사실상 70년의 문자적 의미는 아마도 다니엘 9:1의 신탁에 부여된 날짜와 관련이 될 것이다. 간단히 언급하자면, 정경 '다니엘'은 자신이 예레미야의 70년의 끝 무렵에 있다고 본다. 바로 이 이유 때문에 그는 예레미야 예언의 성취를 위해 기도한다.

다니엘서의 독자는 9장의 환상이 예레미야의 70년 끝에 일어났는지를 다음과 같이 결정할 수 있다. 즉, 다니엘 9장에서의 경험은 '메대 왕 다리오' 첫 해로 연대가 추정된다. 이 인물이 누구인지는 역사적으로 불분명하다.[3] 개의치 않고, 다니엘서의 역사 구성에 따르자면, 메대 왕 다리오는 메대-페르시아 군대가 바벨론을 정복한 직후 바벨론 왕권을 물려받았다(비교. 단 5:30-6:1). 우리의 계산으로는 기원전 538년경이다. 예레미야 29장은 예

---

[3] W. H. Sheaan과 다른 학자들의 연구에 기초하여, Koch(1983a)는 메대 왕 다리오를 아카드 토판에서 알려진 구바루(Gubaru)라고 본다. 그는 고레스의 부섭정(vice-regent)이었고, 바벨론의 실제 정복자였다. 이 견해에 대한 비판으로는 Collins, 1993: 31을 참조하라. Wiseman(1965: 9-18)은 다리오가 고레스의 또 다른 이름이라고 논증한다. 또한 다른 정체성도 제시되어 왔다(Collins, 1993: 348).

루살렘의 회복을 70년 후 바벨론 몰락과 연결한다.

> 바벨론에서 칠십 년이 차면 내가 너희를 돌보고 나의 선한 말을 너희에게 성취하여 너희를 이곳으로 돌아오게 하리라(렘 29:10).

바벨론은 '메대 왕 다리오' 제1년에 확실히 무너졌다(단 9:1; 비교. 단 5:30-6:1 마소라 텍스트).[4] 그러나 다니엘은 예레미야가 약속한 예루살렘의 회복이 실현되는 것을 보지 못하고 있다. 그래서 그는 이를 위해 기도한다. 그러므로 다니엘 9장의 강력한 쟁점은 예레미야의 70년의 **의미**가 아니라 **성취가 이루어지지 않고 있다**는 점이다.

2) 다니엘의 기도는 주석적 통찰력을 요구하지 않는다

이 논점은 상대적으로 논쟁적이지 않다. 아마도 다니엘 9:3-9은 제2성전 참회 기도의 탁월한 예시라는 데 동의할 것이다. 사실상 옛 연구에서 문맥에 어울리지 않기 때문에, 기도 전체를 후대의 삽입으로 일축하는 것은 흔한 일이었다(Montgomery, 1927: 362; Hartman and Di Lella, 1978: 245-6). 학자들은 다니엘 9:1-3의 쟁점을 다니엘이 예레미야의 예언을 이해하지 못하는 것이라고 보았다. 그래서 다음 절에서 설명을 위해 기도를 드리는 것이 적절하다고 보았다. 다니엘 9:4-19은 사실상 설명을 요청하는 기도가 아니라, 오히려 고백의 기도라는 점을 깨달았기에, 학자들은 후대 삽입으로 추정하였다.

그러나 피쉬베인(1985)과 다른 학자들이 충분히 증명하였듯이, 이 기도

---

[4] Gerald Wilson은 다음과 같은 흥미로운 고찰을 한다. "단 1:2은 여호야김과 성전 기구가 느부갓네살 제3년 혹은 기원전 605년에 포로로 끌려가게 되었다고 추정한다. 이런 조치가 취해지자, 느부갓네살의 성전 모독과 아하수에로의 아들 다리오 제1년(538년)에 드린 다니엘 9장의 기도 낭독 사이의 간격은 68년이다"(Wilson, 1990: 97).

는 다니엘의 앞뒤 구절과 중요하면서도 의도적인 문학적 연결 고리를 지니고 있다.⁵ 원래는 독립된 자료였다 할지라도, 이 기도는 9장에 신중하게 포함된 것이었다. 이에 대한 작지만 놀라운 예는 19절에서 '**당신의 도성과 당신의 백성**'을 대신한 다니엘의 마지막 요구가 어떻게 받아들여지는가와 24절의 가브리엘의 응답에서 '**당신의 백성과 당신의 도성을** 위한' 칙령과 관련하여 교차 대구적으로 순서가 어떻게 도치되는가에서 나타난다.

9:2의 쟁점이 다니엘의 예레미야 신탁 이해의 부족이고, 그래서 다니엘은 고백의 기도를 드리는 것이 아니라 설명을 구하는 기도를 **해야만 했다**고 추정한다면, 3-19절의 기도는 문맥상 매우 이상하다. 9:2에 표현된 예레미야에 대한 이해의 부족이 없다는 것을 깨닫기만 하면, 고백 기도로 넘어가는 것은 논리적이다(아래에 제시). 제럴드 윌슨(Gerald Wilson, 1990: 92)은 논점을 간략하게 요약한다.

> 이 기도가 현재 위치에 오게 된 목적은 70년의 '신비'를 이해하려는 요청에 응하는 것이 아니라는 것을 깨달을 때 (단 9:4-19)의 분명한 어색함은 상당히 해소된다.

3) 가브리엘은 예레미야의 신탁을 해석하지 않는다

다니엘 9:20-27에서 가브리엘은 예레미야 신탁을 지칭하지 않는다. 그는 '지혜와 이해를 주려고' 왔다고 말하며, 다니엘에게 '말(מראה)을 이해하고, 환상(דבר)을 파악하라'(23절)고 한다. '말'과 '환상'은 다니엘 10:11에서처럼 거의 확실히 동일한 계시에 대한 시적 유의어이다. 이해되어야하는 '말'은 2절에 언급된 예레미야에게 주어진 '야웨의 말씀'(דבר יהוה)이라고 논증할 수 있다.

---

5 비교. Jones, 1968: 488–93; Gilbert, 1972: 284–310; Wilson, 1990: 91–9; Goldingay, 1989: 234–8.

그러나 가브리엘이 다니엘에게 이해하라고 명령한 '말'과 '환상'은 바로 위의 23절에서 언급된 '말'이라고 보는 것이 훨씬 더 가능성이 있다. 즉, 다니엘의 기도 서두에 나온 것으로써, 가브리엘이 그 말의 내용을 24-27절에서 연결시킨다. 해석가들은 다니엘이 9:24에서 예레미야의 '70년'을 '주석한다'고 주장하지만, 텍스트 자체는 이런 주장을 하지 않는다. 텍스트는 가브리엘의 '70주[년]'을 새로운 계시로 제시한다. 그럼에도 불구하고, '70년'과 '70주' 사이에는 관계가 **있다**. 아래에서 이것의 '주석적 논리'를 제시하고자 한다.

3. 다니엘 9장의 주석적 논리

이제 일반적으로 다니엘 9:24을 예레미야 25:11-12 혹은 29:10의 '재해석'으로 이해하는 것은 '수용된 텍스트'에 의해 지지받을 수 없다는 것을 제시하는 데 성공하였다 할지라도, 여전히 어떻게 이 구절을 읽어야만 하는지를 설명해야 한다. 간략하게 말하자면, 다니엘 9:24-27의 가브리엘의 메시지를 새로운 계시로 이해해야만 한다. 즉, 이스라엘 백성이 뉘우치지 않았기 때문에, 예레미야가 약속한 70년이 끝나갈 때, 7의 배수로 성취가 연기되는 것을 나타낸다. 예레미야가 예루살렘과 백성의 70년의 처벌 외에 다른 것을 의미했다는 것은 어디에서도 주장되지 않는다. 그러나 하나님은 이제 가브리엘을 통해 다니엘에게 예레미야의 신탁(즉, 백성의 회개)의 성취가 이루어지지 않았기 때문에, 성취가 연기되었지만, 무기한으로 연기된 것이 아니라는 것을 계시한다.

이 구절을 차근히 살펴보자.

다니엘은 예루살렘의 황폐 기간이 숫자로 70년이라는 것을 예레미야의 편지에서 읽어 낸다.⁶ 그는 바벨론의 멸망과 연결(렘 29:10)되기 때문에 70년이 끝났고, 이는 최근에 일어난 일이었음을 알아챈다(단 5:30-6:1 마소라 텍스트; 단 9:1). 그러므로 그는 길고 간절한 고백과 회개의 기도를 시작한다(4-19절).

그러나 왜?

예레미야를 읽는 다니엘과 그 후 고백 기도를 통해 백성을 중재하는 다니엘 사이의 연결 고리는 무엇인가?

핵심은 예레미야 29:10-14을 주의 깊게 검토하는 것이다. 이 구절은 실상 "바벨론에서 칠십 년이 차면… 너희를 이곳으로 돌아오게 하리라"(10절)고 말한다. 그러나 다음 구절은 70년의 끝에 일어날 일을 묘사한다.

> 너희가 내게 부르짖으며 내게 와서 기도하면 내가 너희들의 기도를 들을 것이요 너희가 온 마음으로 나를 구**하면**(혹은 '만약,' 히브리어 כִּי) 나를 찾을 것이요 나를 만나리라 이것은 여호와의 말씀이니라 나는 너희들을 만날 것이며 너희를 포로된 중에서 다시 돌아오게 하되 내가 쫓아 보내었던 나라들과 모든 곳에서 모아 사로잡혀 떠났던 그 곳으로 돌아오게 하리라 (렘 29:12-14).⁷

이 구절은 예언의 **조건적** 속성을 보여 주는 것 같다. 백성이 주님께 부르짖고 기도하고 마음을 다하여 찾아야 한다. 그들이 이렇게 **하면**, 그리고 **할 때만이**, 그들은 주님을 찾을 수 있고, 그 후에야 주님은 그들의 복을 회복시켜 줄 것이다.

메대 왕 다리오 첫 해에 이스라엘은 요구받고 있는 '야웨 찾기'를 시작했을까?

---

6 필자는 단 9:2의 בַּסְּפָרִים를 통해, 저자가 포로민에게 보낸 예레미야의 서신을 지칭하고자 했다고 보는 Wilson(1990)에게 동의한다.

7 영어 성서 인용은 달리 표기하지 않는다면 RSV(한글 개역개정—역주)를 인용한다.

다니엘 9:13에 "모세의 율법에 기록된 대로 이 모든 재앙이 이미 우리에게 내렸사오나 우리는 **우리의 죄악을 떠나고 주의 진리를 깨달아 우리 하나님 여호와의 얼굴을 기쁘게 하지 아니하였나이다**"라고 말하는 것으로 보아, 분명히 그렇지 않았던 것 같다.

다니엘은 3-19절에서 고백의 기도를 드린다. 그는 예레미야 29:12-14을 예루살렘의 회복이 **백성의 회개에 달려 있음**을 의미하는 것으로 이해하기 때문이다. 게다가, 포로 후에 성결법전과 신명기 텍스트의 회복 예언 **역시** 백성의 회개에 달려 있다는 것에 주목해야만 한다. 그리고 다니엘 9장은 성결법전과 신명기 전승 양자의 언어와 개념에 강하게 의존한다. 예컨대, 다니엘의 기도는 레위기 26장에 묘사된 포로지에서의 회개의 조건을 다소 정확하게 달성한다.

너희 남은 자가 너희의 원수들의 땅에서 자기의 죄로 말미암아 쇠잔하며…(레 26:39a).	내가 금식하며 베옷을 입고 재를 덮어쓰고 주 하나님께 기도하며 간구하기를 결심하고(단 9:3). 우리는 이미 범죄하여 패역하며 행악하며 반역하여 주의 법도와 규례를 떠났사오며(단 9:5).
그 조상의 죄로 말미암아 그 조상 같이 쇠잔하리라(בעונת אבתם)…(레 26:39b).	우리가 또 주의 종 선지자들이 주의 이름으로 우리의…조상들…에게 말씀한 것을 듣지 아니하였나이다(단 9:6). 이는 우리의 죄와 우리 **조상들의 죄악**(ובעונות אבתינו)으로 말미암아 예루살렘과 주의 백성이 사면에 있는 자들에게 수치를 당함이니이다(단 9:16b).
그들이 나를 거스른 잘못으로 자기의 죄악과 그들의 조상의 죄악을 자복하고(והתודו) (레 26:40a).	내가 이같이 말하여 기도하며 내 죄와 내 백성 이스라엘의 죄를 자복하고(ומתודה) 내 하나님의 거룩한 산을 위하여 내 하나님 여호와 앞에 간구할 때(단 9:20). 내 하나님 여호와께 기도하며 자복하여(ואתודה)…"(단 9:4).

이것은 매우 분명하게 일치를 보여 준다. 두 구절을 확대해서 비교해보면 더 많은 것이 드러날 것이다(Fishbane, 1985: 487-9). 피쉬베인은 다음과 같이 결론을 내린다.

다니엘은 고백 기도에 [의지한다]. 이는 정확하게 죄 사함과 그 땅의 파멸과 황폐의 안식 주기를 끝내기 위해 레위기 26:40이 요구하는 유형의 기도이다(1985: 489).

그러나 다니엘 9:3-19은 레위기 26장에만 의존하는 것이 아니다. 기도에 나타난 신명기 언어의 사용은 광범위하다(Collins, 1993: 350). 반 드벤터(H. Van Deventer, 2000)는 이 주제에 대한 단행본을 출간하였다. 그러므로 또한 포로와 귀환에 관하여 신명기 끝 부분에 나타나는 관련 구절을 살펴볼 필요도 있다.

내가 네게 진술한 모든 복과 저주가 네게 **임하므로** 네가 네 하나님 여호와로부터 쫓겨간 모든 나라 가운데서 **이 일이 마음에서 기억이 나거든** 너와 네 자손이 네 하나님 **여호와께로 돌아와** 내가 오늘 네게 명령한 것을 온전히 따라 마음을 다하고 뜻을 다하여 여호와의 말씀을 청종**하면**… 너를 긍휼히 여기사 포로에서 돌아오게 하시되(신 30:1-4).

여기에서 다시 한번 조건이 암시되어 있음을 인지할 수 있다. 오로지 포로민들이 '[이 일을] 마음에 두고' '주님께 돌아올 때' 주님은 그들의 복을 되돌리시고, 돌아오게 하실 것이다. 다니엘 9장의 기도는 다니엘이 이스라엘에게 닥쳤던 일을 '마음에 담고' '주님께 돌아가' 약속된 회복을 실현하고자 하는 것으로 해석할 수 있다.

그러므로 다니엘 9:3-19의 단조(短調) 선율은 예레미야 29:12-13, 레위기 26:39-42, 신명기 30:1-4과 같이 들을 필요가 있다. 리처드 헤이즈(Richard Hays)의 구절을 연주할 때, '다니엘의 편지'에서 '성서의 반향'을 들을 필요가 있다. 그때서야 '예상된' 삶의 자리에서 드려지는 기도의 의의는 설명 가능하다. '다니엘'은 '바벨론의 70년'이 이제 끝났음을 본다. 그러나 유다와 예루살렘의 회복의 징후는 아직 보이지 않는다.

왜 보이지 않을까?

그는 예레미야 29:12-13, 레위기 26:39-42, 신명기 30:1-4의 필요 조건인 회개가 일어나지 않았기 때문이라고 결론을 내릴 수밖에 없었다. 그는 강력하게 '신명기역사적'으로 들리는 진술을 통해 그런 결론을 인정한다.

> 모세의 율법에 기록된 대로 이 모든 재앙이 이미 우리에게 내렸사오나 우리는 우리의 죄악을 떠나고 주의 진리를 깨달아 우리 하나님 여호와의 얼굴을 기쁘게 하지 아니하였나이다(단 9:13).

그러므로 다니엘의 기도는 설명을 해 달라는 간구가 아니라, 다니엘로서는 나라 전체를 대신하여 회개하는 엄청난 시도이다. 3-19절의 다니엘의 긴 고백 기도는 예레미야, 레위기, 신명기를 쫓아 포로지로부터 회복을 실현하기 위해 필요한 참회의 기준을 개인적으로 맞추고자 하는 시도이다. '그의 죄와 백성의 죄를 위한' 기도를 드릴 때, 다니엘은 출애굽기 32:30-34을 연상시키는 중재자적 자세를 취하고 있다. 거기에서 모세는 이스라엘의 전형적인 예언자로서(신 34:10) 참회하지 않는 백성을 위해 자비를 구하고자 주님의 목전에서 자신이 받고 있는 존경심을 활용하고 있다.

다니엘의 기도에 대한 응답으로 가브리엘의 신탁은 좋은/나쁜 소식을 보고하는 것 같다. 좋은 소식은 다니엘의 기도가 들렸다는 것이다. 하나님은 그의 백성과 거룩한 도성에 자비를 다시 베푸실 것이다. 나쁜 소식은 백성과 도성의 회복의 시기가 7의 배수로 연기된다는 것이다. 즉, '70주'인데, 이는 정확하게는 '70이레'로 이해할 수 있다. 이제 가브리엘은 회복 예언의 성취가 왜 연기되는지를 분명하게 설명하지 않지만, 다니엘 9장과 레위기 25-26장 사이의 상호 텍스트적 관계 연구는 가브리엘 메시지 이면의 '주석적 논리'를 보여 준다.

레위기 25-26장에서 찾아볼 수 있는 개념과 언어에 다니엘 9장이 상당

히 의존하고 있다는 증거가 있다.[8]

첫째, 우리가 보았다시피 다니엘의 기도는 레위기 26장이 주장하는 종류의 회개와 밀접하게 상응한다.

이는 이스라엘의 갱생을 위해서는 하나님의 자비가 필요하다는 것이다.

둘째, 다니엘 9장과 레위기 26장 사이에는 상당한 사전적 차용이 있다.

가장 눈에 띄는 것으로, 사실상 다니엘 9:27의 정확한 구절 "이는 그들이 주께 죄를 범하였음이니이다"(במעלם אשר מעלו־בך)라는 레위기 26:40에서 차용한 것이다.

셋째, 다니엘 9:24의 전제가 되는 '이레' 개념은 성서에서 레위기 25장에서만 찾아볼 수 있는 것으로 안식년과 희년에 대한 규정에서 나온다.

사실상 다니엘 9:24의 '70주'는 각각 49년인 10번의 희년 주기로 이해해야만 한다.[9] 클라우스 코흐(Klaus Koch, 1983b)와 다른 학자들은 '종말까지 10번의 희년 주기' 개념이 제2성전 문학에서 반복되는 모티프라는 것을 입증하였다.

그렇다면 다니엘 9장과 레위기 25-26장을 소통하면서 읽어 본다면, 레위기 26장에서 **회개하지 않는다면 일곱 배의 벌을 받게 된다**는 원칙을 반복적으로 표현하는 점은 의미심장하다. 핵심 구절은 레위기 26:18이다.

---

8   레 25장과 26장 사이의 밀접한 문학적 관계를 방어하는 것에 대해서는 다음을 참조하라. Bergsma, 2007: 82–3; Meadowcroft, 2001: 433: "희년 신학과 레 25-26장의 [다니엘 9장에] 적용 가능성은… 광범위하게 제시되었다."

9   Grelot, 1969: 182–6; Doukhan, 1979: 8,20; Fishbane, 1985: 486; Collins, 1993: 352–3; Redditt, 2000: 247; Meadowcroft, 2001: 433; Dimant, 1993: 57–76; Lacocque, 1979: 178, 192.

또 만일 너희가 그렇게까지 되어도 내게 청종하지 아니하면 너희의 죄로 말미암아 내가 너희를 일곱 배나 더 징벌하리라(레 26:18).

사실상 동일한 진술은 레위기 26:21, 24, 28에서도 반복된다. 그렇다면 다니엘 9:24의 계시 이면의 '주석적 논리'는 분명해진다. 하나님은 가브리엘을 통하여 이스라엘의 죄에 대한 처벌 시기는 7의 배수로 확장될 것이라고 선언한다. 다니엘이 분명하게 진술하는 것처럼(단 9:13), 70년의 포로는 다니엘의 경우를 제외하고는 **아직 회개로 이어지지 않았다**. 그러므로 가브리엘의 메시지는 예레미야의 '70년'의 의미에 대한 재해석이 아니다. 70년이 끝났지만, 고대하던 회복은 백성이 회개하지 않기 때문에 7의 배수로 연기되고 있음을 선언하는 것이다.

4. 70이레의 출발점

가브리엘 신탁의 의의에 대한 해석은 주석서에 제시된 일반적인 해석보다, 다니엘 9장과 레위기 26장의 상호 텍스트적 관계에 기초하여 70이레를 세는 출발점으로 삼을 때, 더 나은 해석을 할 수 있을 것이다. 25절에서 '70이레'의 시작은 '예루살렘을 회복하고 건축하라는 말에서부터'이다.

이 '말'은 무엇인가?

이것은 '예루살렘을 회복하고 건축하라'는 칙령 혹은 명령인가?

빈번하게, 이 '말'은 예레미야 25:11-12(기원전 605년경)[10] 혹은 29:10(기원전 594년경)[11]의 '70이레' 예언 선포와 동일시된다. 그러나 콜린스(J. J. Collins)가 유익하게 지적한 것처럼, 예레미야 25장이나 29장은 다니엘 9:25가 의

---

10 예컨대, Montgomery, 1927: 391; Koch, 1986: 150; Pierce, 1989: 212.
11 McComiskey, 1985: 26; Dequeker, 1993: 199; Hartman, 1978: 247.

미하는 '예루살렘을 회복하라는 말'이 될 수 없다(Collins, 1993: 355).

첫째, 예레미야의 어떤 구절도 그 도성을 재건하라고 명령하지 않는다.
둘째, 두 신탁은 모두 **예루살렘이 황폐되기 전에** 선포되었다.

도성이 여전히 건재할 때 재건하라는 말을 했을 리가 없다. 콜린스 자신은 '예루살렘을 재건하라는 말'을 다니엘 9:24-27의 가브리엘 신탁으로 파악해야 한다고 제안한다(1993: 354). 그러나 이 제안은 콜린스가 일축해버린 것보다 더 만족스러운 것은 아니다. 다니엘 9:24-27의 천사의 메시지는 그 자체로 예루살렘을 회복하고 재건하라는 명령이나 칙령이 아니라, 오히려 다니엘서의 독자에 알려진 어떤 것을 지칭하고 있다. 골딩게이(Goldingay, 1989: 260)가 언급하듯이, "야웨의 입에서 말씀이 나오는 것은 이미 23절에 언급되었다. 그러나 25절은 확실히 다른 선포를 지칭한다.…그 용어는 지엄한 왕실 선포와 같다(예. 에 1:19; 사 2:3; 45:23; 48:3; 51:4; 55:11)."

피쉬베인(1985: 483)과 다른 학자들은 '예루살렘을 회복하라는 말'은 기원전 587년 예루살렘이 파괴되자마자 바로 나온 신적 칙령을 지칭하는 것이라고 추정한다. 그렇지만 이런 견해에 대한 주석적 뒷받침이 없다(Hasel, 1986: 26-7). 정경이나 비정경 텍스트 어디에서도, 성전이 파괴되자마자 하나님으로부터 나온 신적 회복 칙령이 있었다고 믿는 유다의 신앙에 대한 증거가 없다. 그러나 성전과 예루살렘 재건에 관한 매우 잘 알려진 칙령이 있다. 이 칙령은 정경의 세 곳 이상의 중요 구절에서 언급되고 있고, 그래서 다니엘의 고대 유대 독자들의 마음속에 있었을 것이라고 추정할 수 있다.

물론 역대하 36:22-23, 에스라 1:1-4, 이사야 44:24-28에 언급된 고레스 칙령을 언급하는 것이다. 중요하게, 역대하 36:22-23과 에스라 1:1은 분명하게 고레스 칙령과 다니엘 9:1에 언급된 예레미야의 회복 예언의 성취를 연결한다. 따라서 고대 독자들은 다니엘 9:25을 읽을 때, 여전히 잊지 않고 있었을 것이다.

그렇다면 다니엘의 고대 독자들이 '예루살렘을 회복하라는 말'을 고레스의 유명한 귀환 칙령으로 파악한 것이 자연스럽지 않은가 그리고 다니엘의 저자가 그런 파악을 의도했다는 것이 합리적이지 않은가?[12]

그러나 주석서들은 '예루살렘을 회복하고 건축하라는 말'을 고레스 칙령으로 파악하지 않는다(예. Lebram, 1984: 109; Poythress, 1985). 왜냐하면 '70이레'는 예레미야가 '70년'으로 의미한 것의 재해석이라고 보는 것이 광범위하게 퍼진 관점이기 때문이다. 가브리엘이 다음과 같이 말한 것으로 추정한다. 즉, "예레미야가 '70년'을 말할 때, '70이레'를 의미한 것이다." '70이레'의 출발점은 예레미야 예언의 발화 시점으로 이해된다. 이것은 위에서 보았듯이 콜린스가 지지할 수 없는 것이라고 제시한 관점이다.

다니엘 9:24은 70주의 참회 기간이라고 선포한다고 보는 것이 더 낫다. 이 기간은 예레미야의 '70년' 예언과 함께 출발하지 않고, 오히려 예레미야 시기 **뒤에** 온다. **고레스 칙령, 즉 다니엘 9:25의 '예루살렘을 회복하고 건축하라'는 말은 예레미야의 '70년'을 끝내고, 다니엘의 '70이레'를 시작한다.**

예레미야의 70년은 회개를 낳지 못하였고, 그래서 70년이 끝날 때, 일곱 배로 더 길어진 회개의 기간이 시작되어야만 한다. 요약하자면, 여기에서 제안한 다니엘 9장 읽기는 '예루살렘을 회복하고 건축하라는 말'을 고레스 칙령으로 파악하는 것을 용이하게 한다. 고레스 칙령이 유다의 역사적 기

---

12 Collins(1993:354)는 단 9:25의 '회복하라는 말'는 고레스의 칙령일 수가 없다는 것에 반대한다. 왜냐하면 "그 말은 페르시아 왕의 칙령이라기보다 신적 말씀으로 보아야만 한다." 그러나 Collins는 고레스 칙령을 언급하는 세 가지 정경 구절—스 1:1; 대하 34:22-23; 사 44:24-28—의 기원을 **하나님 자신**에게로 돌리고 있고, 고레스는 단지 하나님의 종, 신적 도구, 혹은 대변자에 불과하다는 사실을 간과한다. 그러므로 고대 유대인에게 고레스 칙령은 '신적 말씀'**이었다.** 비교. W. Johnstone,(1999: 274)은 대하 36:22에 대해서 다음과 같이 말한다. "고레스가 가졌을만한 정치적 자기이해의 어떤 동기는 핵심에서 벗어난 것이다. 고레스 칙령은 '예레미야의 입에 주님의 말씀을 성취하는 것'이 처음이자 마지막이었다. '페르시아 왕 고레스의 영을 휘저었던 자'는 바로 주님이었다. 이것은 진정 예언자적 특징의 영감(대상 5:26)이다.… 결정은 최종이며, 어떤 다른 성서만큼 정경적이다."

Hasel(1986: 50)은 고레스 칙령이 '예루살렘을 회복'하는 것이 아니라 성전만을 회복하는 것이라는 것에 반대한다. 그러나 사 44:28은 분명히 하나님의 종 고레스의 역할을 도성과 성전 **둘 다**의 재건과 연결시킨다.

억에 남긴 깊은 영향력을 감안할 때, 이 칙령이 역사적 지시 대상으로 가장 명백한 후보이다.

5. 페르시아 시대에 대한 다니엘의 신학적 관점

위에서 전개한 해석이 옳다면, 페르시아 시대와 시온으로의 귀환에 대한 다니엘 9장의 저자가 취한 신학적 관점에 대하여 알 수 있는 바는 다음과 같다.

첫째, 다니엘 9장에 따르면, 고레스 치세 하에서 시작한 시온으로의 귀환은 회복 예언의 성취를 위한 출발점에 불과하다.

이 점진적 성취는 상당한 시간을 끌 것이다. 때로 고레스 칙령은 시작, 그것도 작은 시작에 불과하다고 보는 이런 다니엘의 관점은 이른바 역대기와 에스라-느헤미야의 관점과는 대조를 이룬다. 후자에 따르자면, 고레스 칙령은 완벽하게 예레미야의 예언을 성취한다(비교. Collins, 1993: 349). 그러나 적어도 에스라-느헤미야의 경우에도 포로민의 첫 귀환은 기껏해야 예언의 부분적 성취에 불과하다는 인식이 나타난다.

에스라-느헤미야는 특징적인 우울한 선율로 끝을 맺는다(느 13:1-31). 느헤미야는 예루살렘 백성에 대한 그의 좌절과 조상의 죄로 돌아가려고 하는 그들의 경향성을 이야기한다(특히, 느 13:17-18, 26-27). 이것은 다가오는 회복에 관하여 예레미야의 예언(렘 31:31-40의 새언약과 새마음 예언)이 실현되지 않았다는 것을 보여 주는 것 같다. 그러므로 다니엘과 에스라-느헤미야의 대조(고레스 칙령이 예레미야의 70년 예언을 '성취하였다'고 보는 에스라-느헤미야의 견해에 다니엘은 반대한다고 본다)는 지나치다. 두 저작 모두 종종 깨닫는 것 이상으로 시온으로의 귀환의 의의에 대해서 보다 미묘한 견해를 갖고 있다.

둘째, 다니엘 9장의 관점에서 볼 때, 페르시아 시대(그리고 그 문제에 대해서는 헬라 시대 초기 역시)는 무엇보다도 이스라엘 백성의 구원사에서 **참회의 시기**이다.

즉, 예레미야가 예언한 70년 동안 포로된 이스라엘 백성이 회개하지 않았기 때문에 필요한 시기이다. 페르시아 시대에 대한 이런 관점이 헬라시대로부터 회고할 때만 그렇게 보이는 것인지를 질문하는 것은 정당하다. 필자는 그렇지 않다고 본다. 안티오쿠스 에피파네스의 혼란스러운 치세 기간 동안의 다니엘서에 대해서는 광범위한 연구가 진행되어 왔지만, 필자가 보기에 다니엘서의 일부 장의 핵심은 이미 페르시아 시대에 나왔다. 필자는 다니엘 9장을 이 범주에 두고자 한다(비교. Dequeker, 1993: 209). 포로 후 회복 예언의 완전한 성취가 이루어지지 못한 것에 대한 신학적 관심사는 기원전 2세기 훨씬 이전 유대교에 있었다(학 1:1-11; 2:1-9, 15-19; 슥 1:12-17). 그리고 다니엘 9장의 핵심 내러티브와 같은 지연에 대한 신학적 설명은 포로 후기 초에 이미 있었던 것 같다.

셋째, 이 시기는 참회의 시기였지만, 종종 그러했던 것처럼 다니엘의 저자가 이 시기에 부여한 부정적 특징을 과장해서는 안 된다.

다니엘이 제2성전 시기에 대해서 어떤 긍정적인 것도 볼 수 없었고, 오히려 예루살렘에 계속되는 '황폐,' 포로 상태의 완전한 영속화 시기라고 보았다는 것이 종종 주장되어 왔다. 이런 견해는 지나치게 극단적이다. 저자는 어떤 긍정적 사건이 회복 이후에 일어났다고 인정한다.

- 도성은 재건되었고, 암시적으로 성전 역시 재건된 것 같다(25절).
- 텍스트 해석에 따라, 한 명 혹은 두 명의 메시야가 도착했다(25-26절).[13]

---

[13] 한 명 혹은 두 명의 메시야가 기대되고 있는지 여부는 마소라 텍스트의 구두점에 따라 25-26절을 어떻게 읽는지에 달려 있다. 여기에 보면, 한 명의 메시야가 7주 이후에 오고, 아마도 다른 이가 62주 후에 '제거된다'(cut off). 혹은 고대 판본에 따르면, 한 명의 메시야가 7과 62주, 즉 69주

· 그 동안에 백성은 참회의 고통을 통해, 점차 죄짓기를 그치고, 속죄하고, 구원사의 목적을 향해 나아간다(24절).

나아가, 저자는 예루살렘과 유다의 상황을 페르시아 전체 시대와 헬라 시대 초기에 '황폐'(חרמה[9:2] 혹은 שממה[9:26]) 상황 중 하나로 여길 수 없었다는 것은 분명하다. 그 시기의 끝에 '오실 군주의 백성'은 도성과 성소를 황폐한 것으로 여긴다(26절). 도성과 성소가 이미 이 파괴 이전에 황폐하였다면, 분명히 이럴 수가 없었을 것이다. 어떤 긍정적인 것이 있었다는 것은 틀림없었다. 이는 세워졌고, 끝에 가서야 무너지게 된다. 그러므로 저자는 페르시아와 헬라 시대 초기를 완벽한 황폐의 시기로 간주하지 않았다.[14] 포로 후기 상황에 대한 저자의 보다 미묘한 평가는 예루살렘에 관한 직설적 언급에서 가장 잘 나타난다.

예순두 이레가 지날 것이요 그 곤란한 동안에 성이 중건되어 광장과 거리가 세워질 것이며(단 9:25).

후에 오고, 아마도 동일한 자가 '제거된다.' 다음의 논의를 참조하라. Beckwith, 1981: 521–42. Collins, 1993: 355. 이 텍스트의 마소라 텍스트의 구두점에 대한 첫 번째 분명한 입증은 기원후 3세기까지 나타나지 않는다(McComiskey, 1985: 20).

14 Goldingay의 논평(1989: 259)은 적절하다. "다니엘은 아직 2세기의 고통을 처벌로 보지 않는다. 여기에서 이것이 암시되고 있는지를 보다 분명히 할 필요가 있다. 안티오쿠스는 야웨의 분노의 막대기라기보다 파괴자이다.… 포로후기 전체가 사악한 시기라는 직접적 표지는 신탁에 들어있지 않다. 마지막 '7'만 구체적으로 악, 분노, 황폐로 특징지어진다."

참고 문헌

Ackroyd, P. R.
1958　"Two Old Testament Historical Problems of the Early Persian Period," *JNES* 17: 23-7.

Beckwith, R. T.
1981　"Daniel 9 and the Date of the Messiah's Coming in Essene, Hellenistic, Pharisaic, Zealot and Early Christian Computation," *RevQ* 10: 521-42.

Bergsma, J. S.
2007　*The Jubilee from Leviticus to Qumran: A History of Interpretation*(VTSup, 115; Leiden: Brill)

Collins, J. J.
1993　*Daniel*(Hermeneia; Minneapolis: Fortress).

Dequeker, L.
1993　"King Darius and the Prophecy of Seventy Weeks in Daniel 9," in A. S. van der Woude(ed.), *The Book of Daniel in the Light of New Findings*(BETL, 106; Leuven: Peeters): 187-210.

Dimant, D.
1993　"The Seventy Weeks Chronology(Dan. 9,24-27) in the Light of New Qumranic Texts," in A. S. van der Woude(ed.), *The Book of Daniel in the Light of New Finding*(BETL, 106; Leuven: Peeters): 57-76.

Doukhan, J. A.
1979　"The Seventy Weeks of Dan. 9: An Exegetical Study," *AUSS* 17: 1-22.

fishbane, M. A.
1985　*Biblical Interpretation in Ancient Israel*(New York: Oxford University Press).

Gilbert, M.
1972　"La prière de Daniel: Dn 9,4-19," *RTL* 3: 284-310.

Goldingay, J. E.
1989　*Daniel*(WBC, 30; Dallas: Word).

Grelot, P.
1969　"Soixante-dix semaines d'années," *Biblica* 50: 169-86.

Hartman, L. F. and A. A. Di Lella.
1978　*The Book of Daniel*(AB, 23; New York: Doubleday).

Hasel, G. F.
1986　"Interpretations of the Chronology of the Seventy Weeks," in F. B. Holbrook(ed.), *70 Weeks,*

Leviticus, Nature of Prophecy(Washington D.C.: Biblical Research Institute): 3-63.

Johnstone, W.
1997   *1 and 2 Chronicles: vol. 2, 2 Chronicles 10-36: Guilt and Atonement*(JSOTsup, 254; Sheffield: Sheffield Academic Press).

Jones, B. W.
1968   'The Prayer in Daniel IX,' *VT* 18: 488-93.

Koch, K.
1983a   "Dareios der Meder," in C. L. Meyers and M. O'Connor(eds), *The Word of the LORD Shall Go Forth*(Festschrift D. N. Freedman; Winona Lake: Eisenbrauns): 287-99.
1983b   "Sabbatstruktur der Geschichte," *ZAW* 95: 403-40.
1986   *Daniel*(BKAT, 22; Neukirchen-Vluyn: Neukirchener).

Lacocque, A.
1979   *The Book of Daniel*(trans. D. Pellauer; Atlanta: John Knox).

Lebram, J-C.
1984   *Das Buch Daniel*(Zürcher Bibelkommentar AT, 23; Zürich: Theologischer Verlag).

McComiskey, T. E.
1985   "The Seventy 'Weeks' of Daniel Against the Background of Ancient Near Eastern Literature," *WTJ* 47: 18-45.

Meadowcroft, T.
2001   "Exploring the Dismal Swamp: The Identity of the Anointed One in Daniel 9:24-27," *JBL* 120: 429-49.

Montgomery, J. A.
1927   *A Critical and Exegetical Commentary on the Book of Daniel*(ICC; new York: Scribner's).

Pierce, R. W.
1989   "Spiritual Failure, Postponement, and Daniel 9," *Trinity Journal* 10: 211-22.

Poythress, V. S.
1985   "Hermeneutical Factors in Determining the Beginning of the Seventy Weeks(Daniel 9.25)," *Trinity Journal* 6: 131-49.

Redditt, P. L.
2000   "Daniel 9: Its Structure and Meaning," *CBQ* 62: 236-49.

van der Woude, A. s.(ed.)
1993   *The Book of Daniel in the Light of New Finding*(BETL, 106; Leuven: Peeters).

Van Deventer, H. J. M.
2000 "The End of the End, or, What is the Deuteronomist(Still) Doing in Daniel?," in J. C. de Moor(ed.), *Past, Present, Future: The Deuteronomistic History and the Prophets* (OTS, 46; Leiden: Brill): 62-75.

Wilson, G. H.
1990 "The Prayer of Daniel 9: Reflection on Jeremiah 29," *JSOT* 48: 91-9

Wiseman, D. J.
1965 *Notes on Some Problems in the Book of Daniel* (London: Tyndale).

제3장

사라진 '아론의 아들들'의 미스터리[1]

조셉 블렌킨소프 | 노트르담대학교

1

영국의 구약학자 로버트 H. 케네트(Robert H. Kennett)는 한 세기도 더 전에 출간된 논문에서 아론계 제사장과 그들의 제사장 시조가 두 왕국과 예루살렘 함락 이후의 시기를 다루는 역사 기록에는 나타나지 않는다는 것에 주목하였다. 에스겔에서 지배적인 제사장 가문은 사독계이지만, 한 세기 조금 후에(케네트는 제사장 법전이라고 부르는 것을 염두에 둔다) 제사장들은 아론계라고 주장하며, 스스로 *bĕnê 'ăhărôn*(아론의 아들들)이라고 부른다.

그래서 그는 아론계 후손이 유일하게 합법적인 예루살렘계 제사장을 구성한다는 주장은 기원전 5세기 이전에는 나타나지 않는다는 결론을 내린다 (1905: 181-6). 이는 질문을 불러일으킨다.

도대체 이 사람들은 누구였으며, 이들은 어디에서 온 자들이었는가?

케네트는 이 문제에 대해 자신만의 대답을 했고, 우리는 적절한 때에 이 질문으로 돌아갈 것이다.

그러나 오경의 제사장(P) 전승에서 그들에게 부과된 역할을 액면 그대로

---

[1] 이 논문은 좋은 친구이자, 모범적인 동료인 Peter Ackroyd를 추모하고자 작성된 것이다. 우리는 이스라엘 종교사, 특히 제2성전 시기에 대한 그의 많은 공헌에 큰 빚을 지고 있다.

받아들인 자들뿐만 아니라, 이스라엘의 종교적 제도의 역사, 특히 제사장직의 역사에 관심을 두는 자들에게, '아론의 아들들'이 기록에 나타나지 않는다는 사실은 어떤 수수께끼 같은 것이 될 수 있다. 필자가 본 논문에서 제안하고자 하는 것은 케네트가 제기한 쟁점을 다시 살펴보고, 그동안 알게 된 바에 비추어 그의 대답을 평가하고자 한다.

역사 기록의 간결한 요약은 문제의 속성을 분명히 밝힌다. 신명기와 관련된 텍스트에서 공적인 제사장직의 표준 용어는 늘 '레위계 제사장'(kōhănîm lĕwiyyîm)이다.[2] 아론의 죽음과 엘르아살의 제사장직 계승은 신명기 10:6에 언급된다. 그러나 10:6-9이 제사장 문체로 이루어진 여정의 삽입된 단편이라는 것은 5절 이후 1인칭 담화의 개입과 10절의 재개를 보면 상당히 분명하고, 이는 일반적으로 인정을 받고 있다(Driver, 1895: 118-19; von Rad, 1966: 79; Mayes, 1979: 205; Weinfeld, 1991: 419).

아론의 죽음에 대한 신명기의 다른 언급은 한 구절에 나타나고(신 32:48-52), 이는 제사장적 내러티브 전승에 속하는 민수기 33:38-39과 평행한다. 아론에 대한 다른 유일한 언급은 동일하게 부수적인 것으로 금송아지 일화에 관한 모세의 회고적 기사이다. 여기에서 야웨가 그 자리에서 아론을 죽일 만큼 화가 났다는 것을 알게 된다. 그러나 그는 모세의 중재로 구원을 받는다(신 9:20).

출애굽기 32장의 사건 보도에 비해 아론에게 덜 우호적인 이 간결한 언급 역시 삽입으로 볼 수 있다. 아마도 그 당시에 아론계 후손이라고 주장하기 시작한 제사장 집단에게 그다지 호의적이지 않은 자료로부터 나온 것 같다(비교. Mayes, 1979: 210; Weinfeld, 1991: 411; Nielsen, 1995: 113, 115). 어느 경우이든, 신명기 9:20에서 그는 제사장도 아니고, 제사장 가문의 선조도 아니다.

아론은 여호수아 고별 연설(수 24:5)과 거의 동일한 용어로 사무엘 고별

---

[2] 신 17:9,18; 18:1-8; 24:8; 27:9; 수 3:3; 8:33; 14:3-4; 18:7.

연설(삼상 12:6)에서 모세와 함께 거명되지만, 제사장으로 거명되지 않는다. 동일한 유의 진술이 포로기 이전 예언 텍스트에서 단 한차례 언급된다. 미가는 출애굽을 이야기하면서, 모세와 아론과 미리암의 역할을 언급한다(미 6:4). 여기에서도 제사장 기능에 대한 암시는 나타나지 않는다. 여호수아서 끝 무렵에 아론의 아들 엘르아살의 죽음과 엘르아살의 아들 비느하스에게 속한 지역에 매장된 이야기가 나온다(수 24:33).

아론-엘르아살-비느하스의 순서는 P자료의 족보 도식(예. 출 6:14-25)에 의존한다. 요셉의 뼈의 재매장에 대한 직전의 언급과 함께, 이것은 24:29-31의 마무리 부분에 이어지는 추신처럼 보인다(Noth, 1953: 141). 여호수아 21:1-42과 역대상 6:39-66(비교. 레 25:32-34; 민 35:1-5)의 평행 교정본의 레위계 정착 목록은 아마도 '아론의 아들들'과 함께 게르손, 고핫, 므라리라는 세 개의 레위 계열을 확실한 독립체로 특징짓는 족보를 전제로 하는 초기 문서에 의존하고 있는 것 같다. 그래서 땅 분배 도식을 어떤 식으로 이해하더라도(현실적 혹은 유토피아적이든, 고대의 선례에 근거를 두든지 아니든지 간에) 이 목록은 P자료와 잘 구분될 수 없거나, P자료보다 더 초기의 것이 될 수 없다.³

사사기 부록에서 상세하게 들려주는 베냐민과 지파 전쟁의 경로에서(삿 20-21장), 두 번의 패배와 사만 명의 사상자를 낸 후에, 연합군은 조금도 굴하지 않고 신탁적 선포를 통해 안심을 얻고자 벧엘에 다시 한번 모였다. 이 지점에서 법궤는 아론의 아들 엘르아살의 아들 비느하스의 보호 아래 그때 거기에 있었다고 보도된다(삿 20:27-28). 이 간결한 언급은 대부분 주석가들이 해설이라고 보는데(예. Moore, 1895: 433-4; Gray, 1967: 357, 386; Soggin, 1981: 283), 여호수아 21:13-19, 24:33과 같은 족보의 순서로 이해된다. 아론

3　필자가 보기에, 이 목록의 제사장적 특징에 대한 Wellhausen의 논증은 결코 성공적인 도전을 받은 적이 없다. Wellhausen, 1957: 159-67. 또한 이 목록이 포로 후기 기원을 지닌다고 결론을 내린 논증으로는 다음을 참조하라. Noth, 1953: 123-32; Gray, 1967: 175-6; Spencer, 1992: 310-11.

의 손자요 엘르아살의 아들인 비느하스의 벧엘에서의 위치는 사마리아 왕국의 두 개의 국가 성소의 제사장 가문과 평행하는 삼대(三代)의 순서로 제시되고 있음을 연상시킨다. 즉, 벧엘에서는 아론, 엘르아살, 비느하스이고, 단에서는 모세, 게르솜, 요나단(삿 18:30)이다.[4] 후자보다는 전자에 대해서 더 듣게 되는데, 그 이유는 벧엘 성소는 앗수르 정복 시기에 살아남지만(비교. 왕하17:28), 단 성소는 그러하지 못하였기 때문이다.

이제 왕국의 역사를 살펴보면, 대제사장을 포함하여(*kōhēn gādôl*), 이름이 거론된 많은 제사장 중 어느 누구도 아론계라고 묘사되지 않고 있다. 예컨대, 아달리야와 요아스 시대의 여호야다(왕하 12:11), 요시야 시대의 힐기야(왕하 22:4 등), 그리고 바벨론에 의해 처형된 마지막 재임자였던 스라야(왕하 25:18; 렘 52:24-27)가 있다. 첨언하자면, 사독계 후손에 대해서도 동일하게 말할 수 있다. 역대하 5:27-41의 대제사장직의 족보는 다윗과 솔로몬의 사독 제사장으로부터 바벨론에 의해 포로로 끌려간 여호사닥까지 연속 계보를 추적한다. 역사기록에 언급된 제사장 중 어느 누구도 에스겔의 '성전 율법' 이전, 즉 기원전 6세기 중반 보다 더 이른 시기에 사독계로 확인되지 않는다.[5]

신바벨론과 페르시아 시대에 나온 텍스트를 보아도 상황은 다르지 않다. 즉, 역대기 이전으로 연대 추정이 되는 텍스트인 이 시대에 나온 예언서는 대개 비난하기 위해 제사장을 빈번히 언급한다. 학개와 스가랴는 모두 여호사닥의 아들인 대제사장 여호수아에게 권고한다(학 1:1, 12 등; 슥 6:9-14). 말라기는 동시대 예루살렘의 제사장직에 맞서 신랄한 논쟁을 시작한다(말 1:6-14; 2:1-9). 요엘은 제사장들에게 참회 예식에 참석하라고 한다(욜 1:9, 13; 2:17). 에스라와 느헤미야에서처럼, 이들 중 어느 누구도, 어느 곳에서도

---

4 일반적으로 우리는 유사성을 통해, 모세와 아론을 형제로 제시하는 전승을 설명할 수 있다고 추론하고 싶어 한다.

5 스겔 40:46; 43:19; 44:15-16; 48:11. Bartlett, 1968: 1–18에서, 포로기 이전 세습 대제사장 사독 계열에 반대하는 논증을 전개한다.

아론계 후손으로 묘사되지 않는다. 첫 번째 귀환에 관련된 제사장 중 어느 누구도, 총 4,289명에 이르는 유대계 바벨론 제사장 네 가문 중 어느 가문도, 그리고 이스라엘계 후손임을 입증할 수 없었던 제사장 중 어느 누구도, 토착민 여성과 결혼한 자들 중 어느 누구도 bĕnê 'ăhărôn으로 확인되지 않는다(스 1:5; 2:36-39 = 느 7:39-41; 스 2:61-63; 8:24; 10:18-22).

에스라의 후손에 대한 기록은 에스라를 아론의 후손으로 만든다(스 7:1-5). 그러나 이런 언급은 분명히 역대상 5:27-41의 대제사장 족보로부터 인용한 것으로(물론, 이 족보에는 에스라가 없다), 이 지점에서 5세기 중반의 에스라를 기원전 586년 바벨론에 의해 처형된 스라야의 아들이 되도록 삽입한 것이다. 10퍼센트의 수수료를 받는 아론계 제사장의 감독 하에 십일조를 모으라는 느헤미야 12:47(비교. 10:39) 규정은 그리 최근이 아닌, 스룹바벨과 느헤미야 시대의 관행을 다시 언급하는 것이다. 그러므로 기원전 5세기 중후반 느헤미야 시대보다 훨씬 후나 조금 후에 이 언급이 덧붙여진 것임에 틀림없다. 그리고 규정 자체는 제사장 율법의 후대 규정, 즉 아론계 제사장직의 명백한 강점과 일치한다(민 18:25-32).

케네트가 지적한대로, 기원전 5세기 대부분에 걸쳐 있는 엘레판틴 섬의 유대인 식민지 부락에서 나온 기록을 보면, 아론과 아론계 제사장들이 나타나지 않는다는 문제를 추가해야만 한다. 1923년 발간된 엘레판틴 파피루스 판본 서문에서 아더 카울리(Arther Cowley)는 다음과 같이 쓴다.

> 제사장들이 [파피루스에] 자주 언급되지만, 이들은 어느 곳에서도 아론의 아들들이라고 불리지 않는다. 또 아론이라는 이름도 등장하지 않고, 레위 혹은 레위계라는 언급도 나오지 않는다. 이런 삭제를 해명하기는 어렵다. 동시에 '아론 가문'과 레위계가 후대에 인정을 받았던 것처럼 7세기에도 인정을 받았다고 주장하기는 힘들다. 이 문제는 너무나 광범위하여 여기에서 논의할 수가 없다. 필자는(그들이 중요하다고 여기는) 6경을 제외하고 아론의 이름은 단지 시편, 역대기 그리고 사사기에 한 번, 사무엘에 두 번

(사실은 한 번), 미가에 한 번 나타난다는 사실에 주목하고자 한다. 미가의 구절(6:4)은 아마도 추가인 것 같다. 사무엘상 12:6, 8에서, 이 이름은 분명 모세의 자연스러운 동반자로 덧붙여진 것 같다. 사사기(20:28)에서, 이 이름은 족보를 완성하기 위한 해설이다. 즉, 에스겔은 말할 것도 없고, 어떤 초기 저자에서도 분명하게 나타나지 않는다!(1967: xxii-xxiii)

오경의 제사장 자료, 역대기, 에스라-느헤미야의 세 개의 후대 첨가, 그리고 몇몇 시편을 제외하고,[6] 아론계 제사장이나 그들의 시조인 제사장 창시자는 포로기 이전이나 포로기 이후 어떤 텍스트에도 나타나지 않는다는 결론은 확실하다. 소수의 텍스트는 모세와 함께 이집트와 광야 여정 길에서 이스라엘 사람들을 인도하는 자로서 비제사장계 아론을 언급한다(수 24:5; 삼상 12:6, 8; 미 6:4). 이것은 지배적인 출애굽 주제로, 이스라엘 역사 초기에 이스라엘을 향한 야웨의 자비심을 기리는 시편에서도 특징적으로 나타난다(시 77:21; 105:16). 여호수아와 사무엘의 고별 연설에서 기억되는 아론은 가장 초기의 오경 전승의 아론과 일치한다.

먼저 우리는 아론을 모세와 아론의 형제(출 4:14; 15:20)로서 미디안과 이집트에서 대변인(출 4:14-17, 27-31; 5:1-20; 7:1-2, 6-7)으로, 그리고 이집트 마법사보다 더 능력 있는 마법사(출 7:8-24; 8.;1-21)로 만난다. 또한 그는 아말렉 전투에서 훌이라는 음지의 인물(출 17:8-13)과 산에서 모세가 없는 동안, 백성의 공동 지도자(출 24:14)로 연합한다. 모세와 이스라엘 장로들과 함께, 아론은 미디안 제사장 이드로와 함께 희생 제사에 참석한다. 그러나 그 제의를 집례하는 자는 아론이 아니라 이드로다(출 18:10-12). 또 '하나님의 산'에 위치한 다른 전승에 따르면, 아론의 아들인 나답과 아비후에 의해 확장된 동일 집단이 제의 식사에 참석한다. 그러나 여기에서도 아론은 제사장으

---

[6] 시 115:10, 12; 118:3; 135:19에는 아론 가문이 나타난다. 시 106:16에는 야웨의 거룩한 자 아론이 나타난다. 시 99:6에는 모세와 아론 둘 다 야웨의 제사장이다.

로 집례를 하지 않는다(출 24:1, 9-11).[7]

광야 전승의 발전 초기 단계에서 아론이 아니라, 사실상 여호수아가 제의적 대리인의 역할을 하였던 것 같다. 이는 여호수아서에서 그가 메꾸고 있는 역할과는 매우 다른 역할이다. 시내 산에서 일어난 일에 대한 몇 가지 전승 중의 하나에서 여호수아만이 산꼭대기까지 모세를 동반한다(출 24:12-14). 그리고 그는 금송아지 사건 동안 모세의 편에 있었다(32:17). 그는 광야에서 신탁 장막의 보호자로 섬기고, *měšāret* 즉, 제의 관료(hierophant)의 직위에서 그렇게 행하였다(출 33:11).[8]

전승의 후대 단계에서 이 기능은 아론과 그의 아들들에게 불가피하게 인계되었다(출 27:21). 포로기 이전과 이후의 역사 시기 동안 전승의 발전에 나타난 비제사장계로부터 제사장계 아론까지의 구절은 아론을 특징적으로 나타내는 오경 내러티브의 배열과 깔끔하게 연관성을 맺게 된다. 그는 먼저 모세의 형제로서 레위지파의 일원으로 언급된다(출 4:14 비교. 2:1). 그리고 레위기 8-9장에서 그때부터 그와 그의 아들들의 위임까지 그는 일반인으로 남아 있다. 이 의식과 제사장직과 관련된 다른 문제와 관련한 지시 사항은 출애굽기 28-29장에서 시내산의 모세에게 전달된다.

금송아지 사건 이후 이 지시 사항의 (부분적) 반복은 금송아지 숭배에 개입한 아론 때문에 폐기되지 않았음을 보여 준다. 이런 처방은 마침내 칠일 간의 매우 복잡한 위임식에서 실행된다.

---

[7] 초기 아론계 전승은 다음을 참조하라. Meek, 1936: 118-47; Gunneweg, 1965: 81-98; Cody, 1969; 146-66; Valentin, 1978.

[8] 이 용어는 보조자, 시종, 종을 의미하는 세속적 맥락에서 나타나지만, 후대 텍스트에서 이 용어는 *kōhănîm*(사 61:1)과 *lĕwiyyîm*(대상 16:4; 대하 23:6; 스 8:17)과 평행하여 사용된다.

2

이 상황을 받아들인다면, 케네트가 제기한 것과 동일한 질문에 부딪히게 된다.

그렇다면 이 사람들은 누구였으며, 이들은 어디에서 왔는가?

앞에 인용한 카울리는 큰 확신은 없지만, 아론 가문을 '포로 후기 말의 창작'일지도 모른다는 결론을 내린다(1967: xxiii). 오경에서 아론과 관련되는 내러티브들을 검토한 후에, 케네트는 대부분의 경우 아론은 "모세가 작동을 하면 움직이는, 제사장적 기능을 수행하는 단순한 꼭두각시"에 지나지 않는 인상을 준다고 본다(1905: 164). 단 한 번의 예외가 금송아지 일화(출 32장)인데, 여기에서 꼭두각시가 살아나고, 자기 의지대로 움직인다. 물론 케네트가 이 이상한 내러티브의 비일관성과 당혹스러운 불합리한 추론에 주목한 첫 번째 인물은 아니다.

여기에서 가장 의미 있는 것은 예배와 후속 행사에 참여한 삼천 명이 살해당하였고, 남은 자는 질병에 시달렸지만, 신상을 제조하고 새로운 제의를 시작하는데 앞장 선 아론은 처벌을 받지 않았다는 점이다.

케네트는 이 일화와 여로보암의 벧엘과 단에 제의 설치(왕상 12:26-33) 사이의 밀접한 연관성을 염두에 두면서, 현재 형태의 내러티브는 원래 벧엘 성소의 **거룩한 이야기**(hieros logos)를 서투르게 변형한 것이라는 결론을 내린다. 그와 같이 아론을 벧엘 제사장직의 시조로 기념하기 위해서 저작한 것이었다.

만약 그렇다면, 이 일화의 아론은 필연적으로 아론계일 수가 없다. 송아지 예배자를 살해한 열성분자들은 레위의 아들이었고(출 32:25-29), 분명히 보다시피 여로보암이 벧엘과 다른 '산당'에서 섬기라고 임명한 제사장들은 비레위계였다(왕상 12:31).[9] 케네트는 또한 이 내러티브의 원래 판본은 신

---

[9] 모세(출 2:1)와 아론(출 4:14)은 모두 레위계, 즉 레위의 세속 지파의 일원이다.

상 금지령 이전의 상황과 시간을 반영한다고 추정한다. 이 결론은 광야에서 모세가 만든 놋뱀 느후스단(민 21:4-9)이 히스기야 치세와 심지어 그 이후에 이르기까지 예루살렘 성전에서 숭상되었다(왕하 18:4)는 언급을 통해 강화되었다. 여로보암이 두 개의 송아지를 각각 벧엘과 단에 설치했다는 언급(왕상 12:2-29)에도 불구하고, 케네트(1905: 166-67)는 느후스단이 원래 모세의 후손 요나단이 세운 단 성소(삿 18:30)의 제의적 대상이었다고 보는 것 같다.

본질적인 논점을 제시한 후, 케네트는 벧엘 성소가 앗수르 정복을 극복하고(왕하 17:24-28), 사마리아 왕국에서 야웨 예배를 계속할 수 있게 되었다고 언급한다. 그는 므낫세 치하의 어둠의 시절(왕하 21장)에 억압받던 유대의 야웨 숭배자들이 예루살렘 북쪽 11마일 거리의 벧엘 성소에서 피난처를 찾았다고 본다. 그래서 케네트는 요시야의 벧엘 성소 훼파(왕하 23:15-20)의 역사성에 대해 진지하게 의문을 제기한다.

그 후 예루살렘과 성전 파괴 직후, 제사장과 레위인이 없는 무법적인 성무(聖務) 정지시기에 살던 유다(벨하우젠의 구절)에서, 벧엘의 제의 센터는 더욱 중요해졌을 것으로 보이고,[10] 실질석으로 벧엘의 제사장이 부재를 메꾸는 것은 불가피하였을 것이다. 그 후 벧엘 성소가 당분간 다시 한 번 '왕의 성소요 나라의 궁궐'(암 7:13)이 되었고, 아론계의 벧엘 제사장은 예루살렘에서 임시 숙소를 보장받았을 것이다.

에스라-느헤미야의 정보를 불신하고, 학개와 스가랴 1-8장에 주로 의존하면서, 케네트는 성전이 유다-바벨론 이민자들에 의해 재건되었다는 추론을 거부하였다. 또한 그는 여호사닥의 아들 여호수아는 사독계가 아니라 아

---

[10] 케네트는 삿 20-21장의 베냐민에 맞선 지파 연합이 일으킨 진멸 전쟁 기사에서 그 당시 벧엘 성소의 고취된 역할에 대한 확증을 찾아낼 수 있었다. 거기에서 미스바와 벧엘은 각각 베이스캠프와 제의 중심지였다. 유다와 베냐민은 주요 대적자(삿 20:18)였다. 제의적 행위(통곡, 금식, 참회 기도)는 포로 후기 초를 표상한다. 연합군들은 'ēdâ(회합, 삿 20:1; 21:10, 13, 16), 즉 동시대의 특징적 용어로 나타난다. 해설로 보이는 곳에서, 아론의 손자 비느하스가 그때 벧엘에서 법궤를 관장하였다고 보도한다(20:27b-28a).

론계였고, 바벨론이 아니라 벧엘 출신이었다고 주장하였다. 벧엘에서 기원한 아론계와 바벨론에서 기원한 사독계 사이의 필연적 긴장은 여호수아와 스룹바벨 사이의 일종의 협약 혹은 '평화 의논'(*ăṣat šālôm*, 슥 6:13)을 통해 적어도 임시적으로 해소되었다.

이에 따라, 여호수아는 '팔레스타인의 남은 자'의 지지를 받았고, 불안감은 있었지만,[11] 공식적으로 예루살렘에서 대제사장으로 인정을 받게 되었다. 케네트는 벧엘의 아론계와 바벨론의 사독계 사이의 최종적 화해에 대해서 다소 불분명하고 설득력이 떨어진다고 본다. 둘 다 아론계인 여호사닥과 여호수아가 사독계열에 끼어 든다. 그리고 이는 역대상의 표준 족보(5:40-41)에서 추론한 결론이다. 그러나 사독계 스스로 보다 포괄적인 레위-아론계 족보에 합병되는 것을 묵인해야만 했다(대상 5:27-41). 두 가문 간의 투쟁은 결국(물론 바벨론 출신이기 때문에) 더 잘 교육받고, 더 숫자가 많은 사독계에게 유리하게 판가름이 났다.

케네트가 이룩한 이 중요한 이스라엘 제사장직의 역사 재건은 학자들 사이에서 엇갈린 반응을 불러일으켰다.[12] 한 걸음 더 나아가, 노스(Francis S. North)는 케네트의 기본 추론 중 일부를 받아들이지만, 아론계가 예루살렘 함락 후 예루살렘을 위해 벧엘을 포기하였다는 개념을 거부한다. 그리고 그는 부계(父系) 이름을 볼 때, 여호사닥의 아들 여호수아는 케네트가 주장하는 바와 달리 아론계가 아니라 사독계였음을 지적한다. 바벨론 정복 후 벧엘이 그 지역의 종교 중심지로서 예루살렘을 대신하게 되었다고 보는 노스의 제안은 스가랴 7:1-3에 대한 논란이 된 해석에 주로 근거를 두고 있다. 이 구절은 야웨의 집(예루살렘보다는 벧엘에 있는)에 사절단을 보내서 참회 관습에 대해 자문을 구하는 내용을 기록하고 있다. 바벨론 출신의 사독계 제

---

11 이 불안은 그를 겨눈 사탄의 고소와 대제사장의 의복을 입기 전에 더러운 옷을 벗는 것에서 반영된다(슥 3.1-5).
12 예컨대, Meek, 1928/1929: 149-66에서 이를 수용한다. Judge, 1956: 70-4에서는 부분적으로 수용하고, Cody, 1969: 156-7에서는 이를 비판한다.

사장은 결국 예루살렘을 이전의 탁월한 수준으로 되돌려놓았고, 벧엘의 아론계와의 협상은 레위-아론계 족보 체계 내에 숫자상으로 더 많고, 중요한 집단인 자신들을 끼워 넣었다.[13]

우리는 케네트의 재구성과 노스의 수정과 첨가를 어떻게 이해할 수 있을까?

먼저, 역사 기록의 거의 완벽한 부재와 나란히 놓인 제사장 전승에 나타난 아론계의 역사 사이의 대조는 설명이 필요하다는 점은 분명하다. 출애굽기 32장의 금송아지 숭배에서 아론의 역할은 여로보암의 동일한 제의의 설치로부터 파생한 것이라는 점 역시 분명하다. 이는 열왕기상 12장의 벧엘과 단의 국가 성소에서 신이 짐승의 모습을 한 형태의 야웨를 숭배하는 것으로 이해된다. 동시에 주요 평행점은 분명하다. 즉, 동일한 제의 대상, 숭배자를 향한 동일한 환호, 새로운 절기와 희생 제사이다.[14]

아론계와 벧엘의 연관성은 아론의 큰 아들 엘르아살과 실로의 연결(수 19:51; 21:1)로 인해 강화된다. 후대에 아론으로부터 파생된 실로의 제사장식은 사무엘상 2:27-36에서 익명의 하나님의 아들의 비난을 받고, 사독과 그의 후계자로 대체된다. 엘르아살의 아들 비느하스에 관하여, 베냐민에 맞선 지파 전쟁 기사에 덧붙여진 언급(삿 20:28)은 그를 벧엘에 둔다.

출애굽기 32장은 원래 벧엘 성소에 대한 거룩한 이야기를 고의적으로 왜곡한 판본이라고 보는 추가 논점은 분명하지는 않지만, 내러티브 자체의 불연속성과 그릇된 결론을 통해 유출된 합리적이고 주장할 만한 추론이다. 송아지 제의를 세우는 데 앞장 선 아론은 다치지 않은 유일한 자이다. 제의 대상을 만든 것(32:24)과 그 후 기인한 결론에 대한 터무니없는 설명이 나온다("여호와께서 백성을 치시니 이는 그들이 아론이 만든 바 그 송아지를 만들었음이더

---

[13] North, 1954: 191-9. 사독계와 아론계 사이의 차이는 대상 24장에서 추론할 수 있다. 24개의 제사장 반차의 목록 중, 엘르아살의 후손 16명은 사독계이고, 이다말의 후손 8명은 아론계이다.
[14] Aberbach and Smolar(1967)는 전체에서 13개의 평행을 나열한다. 여로보암의 아들 나답(왕상 14:20)과 아비야(왕상 14:10)의 이름은 실제 아론의 첫 두 아들의 이름과 동일하다는 것과 네 명 모두 요절과 때 이른 죽음이라는 동일한 운명을 공유하였다(레 10장; 왕상 14:17; 15:25-28).

라."32:35).

벧엘 성소의 후대 역사에 대한 케네트의 설명과 관련하여, 역사가는 '그 땅의 신' 야웨 숭배는 앗수르 사람들에 의해 벧엘에 다시 세워졌고, 이는 피정복지에서 정치적 이유뿐만 아니라 종교적 이유로 법치를 고취하고자 시행되었음을 분명하게 언급한다(왕하 17:24-28). 벧엘 성소가 요시야의 개혁 열정(왕하 23:15-20)으로부터 살아 남았는지는 다소 불확실하지만 결코 믿기 어려운 일은 아니다. 요시야의 벧엘 훼파(실제 묘사된 대로 행해졌다고 하더라도)는 그의 개혁의 다른 측면만큼이나 영구적일 수 없었다.[15]

중요한 쟁점이 제1성전의 파괴와 제2성전의 건설 사이의 시기, 즉 기원전 586-516/515년 사이에 대두된다. 지역의 행정 중심지는 예루살렘 북쪽 8마일쯤에 위치한 미스바(Tell en-Nasbeh)로 옮겨졌다(왕하 25:23; 렘 40:6). 앗수르인들이 사마리아 정복 후에 벧엘 제의를 다시 설치(왕하 17:26-28)할 때 깨달았던 것처럼, 제의 중심지의 존재는 정치적 신중성의 문제였다. 벧엘 성소는 미스바와 인접한 지역에 있었기 때문에, 예루살렘 함락 얼마 후, 벧엘이 무너진 예루살렘 성소의 자리를 차지하였다. 그리고 아론계 제사장들이 처형되거나 추방되거나 흩어진 예루살렘계 제사장을 대신할 수 있었고, 그리하였을 가능성이 매우 높다. 노스가 지적하였던 것처럼, 아론계가 바벨론의 가혹한 정복 이후 여전히 폐허 상태였던 벧엘에서 예루살렘으로 옮겨갔다는 케네트의 제안은 가능성이 없다(1954: 192).

예루살렘과 성전은 우선 폐허 상태였다. 수비대 사령관 느부사라단은[16] 예루살렘이 함락된 지 수 주 후에 와서, 성전을 훼파하고, 반역에 종교적 합법성을 부여한 지도자급 제사장을 처형하였다(왕하 25:8-9, 18). 느부갓네살은 특별히 수용 가능한 대안이 수중에 있을 때 예루살렘 제의를 재개하는

---

[15] 그래서 예컨대, 그는 성전에서 여신상을 쫓아내버렸다(왕하 23:4, 6). 그러나 이는 그때 거기에 있었고(혹은 여전히 거기에 있었다), 예루살렘 함락 수년 전이었다(겔 8:3; 비교. 렘 7:18; 44:17-19).

[16] *rab-ṭabbāḥim*(왕하 25:8, 18), Cogan and Tadmor, 1988: 318–19에서, 확실히 70인역 *archimageiros* '주방장'이 아니다.

것을 허락하였을 가능성이 매우 높다.

노스는 스가랴 7:1-3을 비판적으로 분석하면서, 벧엘이 그 지역의 종교적 중심지로서 예루살렘을 대체하였다는 가설을 강화하였다. 그 구절은 다음과 같이 번역될 수 있다.

> 다리오 왕 제사년 아홉째 달 곧 기슬래월 사일에 여호와의 말씀이 스가랴에게 임하니라 그 때에 사레셀과 레겜멜렉과 그의 부하들이 벧엘로 보내어 여호와께 은혜를 구하고 만군의 여호와의 전에 있는 제사장들과 선지자들에게 물어 이르되 내가 여러 해 동안 행한 대로 오월 중에 울며 근신하리이까 하매(슥 7:1-3).

이런 식으로 읽는다면, 기원전 518년에, 혹은 그 이전 어떤 때에 알려지지 않은 지역의 사절단이 제물을 가지고, 금식에 관한 규율을 요청하고자 벧엘에 있는 야웨에게 바친 종교적 중심지에 도착했다는 이야기를 듣게 된다. 이것은 노스가 이 구절을 이해한 방식이다. 그러나 최근의 주석가와 영어 판본(NRSV, JPS, NEB)은 그 당시 벧엘의 야웨 성소의 존재를 수용하기를 꺼려하여서, 이 문장의 주어인 '벧엘'을 사절단을 보낸 자, 즉 '벧엘의 사람'을 의미하는 것으로 보거나 인명(人名)의 요소로 벧엘-사레셀로 보고자 한다.

하지만 70인역, 시리아어 판본, 탈굼은 노스의 독법을 지지한다. 벧엘과 합성된 이름으로 알려진 이름은 없고, 사레셀과 합성된 이름으로 알려진 이름도 없다(왕하 19:37). 다리오 제6년 이전에는 예루살렘에 '만군의 야웨의 집'이 없었기 때문에(스 6:15), 우리는 다소 다르게 묘사되는 목적지를 예상하게 된다. 예컨대, 야웨의 집의 위치나 폐허를 예상한다. 예레미야 41:4-8에서 언급된 유사한 사건은 성전 붕괴 수 년 후에 일어난 일로 아마도 동일하게 이해되어야만 한다.

세겜과 실로에서 온 80명의 참회자들은 '야웨의 성전'에 제물을 가지고 와서, 미스바에 접근할 때 이스마엘에 의해 학살당하였다(렘 41:4-8). 그리고 마침내, 학개 2:10-14은 또 다른 규율, 즉 정과 부정 율법을 요청하는 것으로써, 스가랴 사건보다 2년 먼저 일어난 일이다. 스가랴 7:4-7에서처럼, 그 구절은 이번에는 예루살렘 외 다른 장소에서 드리는 희생 제사에 대한 질책 형태로 된 예언자의 비판적 논평으로 끝이 난다.

> 그들이 거기에서 드리는 것도 부정하니라(학 2:14).

위에서 묘사된 사건의 경과를 받아들인다면, 여기에서 또한 아론계 제사장이 벧엘에서 제의를 진행하였을 가능성도 암시한다.[17]

페르시아 통치의 첫 이십 년 동안 그 지역에서 유대계 바벨론 이민자들의 예루살렘 회복을 위한 단호한 노력에 직면하여, 벧엘 성소가 얼마나 오랫동안 수위권(首位權)을 유지할 수 있었는지 알 수 없다. 벧엘의 마지막 단계에 대한 고고학적 증거는 결론을 내리지 못하고 있다.[18] 그리고 결론을 도출할 문학적 데이터도 없다.

케네트는 아론계 여호수아가 대중적 지위를 얻어서 예루살렘에서 대제사장이 된 이래 아론계가 정상에 오를 수 있었고, 바벨론 사람인 사독계가 지배적인 레위-아론계 족보 체계에 흡수되었다고 제안하는 듯하다. 그러나 여호수아는 거의 확실히 사독계였으며, 이들의 지위와 특권은 '성전의 율법' 내에서 정해졌고(겔 40-48장; 겔 40:46; 43:19; 44:15; 48:11), 그때부터 기원전 152년 요나단 마카베오가 대제사장직을 찬탈하는 운명의 순간까지(마카베오상 10:18-21), 사독계는 대제사장직을 지속적으로 유지하였던 것으로 보

---

17 필자는 이 쟁점을 보다 길게 다루었다(1998; 2003).

18 Albright, 1968: 166. Albright는 벧엘이 신바벨론 후기 혹은 페르시아 초기의 어느 쯤에서 '대화재'로 파괴되었다고 논증한다. Sinclair, 1968: 75-6. 그는 파괴층을 기원전 550년경으로 추정한다. 또한 Stern, 1982: 31, 254, 280 n. 71에서 그 파괴가 500-450년 혹은 조금 이후에 일어났다고 본 Wright and Lapp을 인용한다. 불행히, 그 장소의 발굴에 근거하여 어떤 안전한 결론도 끌어낼 수 없다. 어느 경우든, 성소는 정착지 바깥에 있었다.

인다.[19]

엘르아살의 사독계 후손은 총 16명이었고, '아론의 아들들'을 포함하는 나머지 제사장은 총 8명(대상 24:4)이었기에, 사독계 수위권 역시 제사장 반차 혹은 분과(*maḥlāqôt*)에 반영되었다. 케네트가 간과한 다른 논점은 역대상 5:27-41의 전체 족보에서 사독이 그의 이름 앞뒤로 12세대가 있는, 정확하게 중심 위치를 차지한다는 점이다.

제사장직의 역사는 아마도 이스라엘 종교사에서 가장 모호한 장일 것이다. 즉, 제사장직의 역사를 검토하고자 하는 자들에게는 많은 수수께끼를 푸는데 도움이 될 성서 본문 외의 비교 가능한 자료가 거의 없다는 또 다른 난점이 있다.[20] 피터 아크로이드에게 헌정하는 본 논문은 그의 인도를 쫓아, 앞선 간 자들의 연구를 진지하게 바라볼 때만이 진보할 수 있다는 명제를 보여주고자 한다.

19　하스몬 왕조가 요야립 제사장의 후손이라는 주장(대상 24:7-19; 비교. 마카베오상 2:1)에도 불구하고, 요나단은 분명히 사독계가 아니었다. 요나단의 대제사장직에 대해서는 가장 최근의 VanderKam, 2004: 251-70을 참조하라.
20　엘레판틴 파피루스는 부정적 증언만 제시한다(아론계, 사독계, 레위인 혹은 심지어 이스라엘 사람이 없다). 요세푸스는 제2성전 후대에 대해서만 미미하게 도움이 될 뿐이다.

참고 문헌

Aberbach, M. and L. Smolar
1967 "Aaron, Jeroboam, and the Golden Calves," *JBL* 86: 129-40.

Albright, W. F.
1968 *Archaeology and the Religion of Israel*(5th edn; Garden City, New York: Doubleday).

Bartlett, J. R.
1968 "Zadok and his Successors at Jerusalem," *JTS* 19: 1-18.
Blenkinsopp, J.
1998 "The Judaean Priesthood during the Neo-Babylonian and Achaemenid Periods: A Hypothetical Reconstruction," *CBQ* 60: 25-43.
2003 "Bethel in the Neo-Babylonian Period" in O. Lipschits and J. Blenkinsopp(eds), *Judah and the Judeans in the Neo-Babylonian Period*(Winona Lake, IN: Eisenbrauns): 93-107.

Cody, A.
1969 *A History of Old Testament Priesthood*(Rome: Biblical Institute Press).

Cogan, M., and H. Tadmor
1988 *II Kings: A New TRanslation with Introduction and Commentary*(New York: Doubleday).

Cowley, A. E.
1967 *Aramaic Papyri of the Fifth Century B.C.*(Osnabrück: Otto Zeller).

Driver S. R.
1895 *A Critical and Exegetical Commentary on Deuteronomy*(Edinburgh: T&T Clark).

Gray, J.
1967 *Jushua, Judges and Ruth*(London: Nelson).

Gunneweg, A. H.
1965 *Leviten und Priester*(Göttinge: Vandenhoeck & Ruprecht).

Judge, H. G.
1956 "Aaron, Zadok, and Abiathar," *JTS* 7: 70-4.

Kennett, R. H.
1905 "The Origin of the Aaronite Priesthood," *JTS* 6: 161-86.

Mayes, A. D.
1979 *Deuteronomy*(London: Oliphants).

Meek, T. J.

1936   *Hebrew Origins* (New York: Harper & Row).
1928/29 "Aaronites and Zadokites," *AJSL* 45: 149–66.

Moore, G. F.
1895   *A Critical and Exegetical Commentary on Judges* (Edinburgh: T&T Clark).

Nielsen, E.
1995   *Deuteronomium* (Tübingen: Mohr-Siebeck).

North, F. S.
1954   "Aaron's Rise in Prestige," *ZAW* 66: 191–9.

Noth, M.
1953   *Das Buch Josua* (Tübingen: Mohr-Siebeck).

Sinclair L. A.
1968   "Bethel Pottery of the Sixth Century B.C.," in J. L. Kelso (ed.), *The Excavation Bethel* (1934-1960) (Cambridge, MA: ASOR): 70–6.

Soggin, J. A.
1981   *Judges: A Commentary* (OTL; Philadelphia: Westerminster).

Spencer, J. R.
1992   'Levitical Cities,' in D. N. Friedman (ed.), *The Anchor Bible Dictionary* (6 vols; New York: Doubleday).

Stern, E.
1982   *The Material Culture of the Land of the Bible in the Persian Period 538-332 BC* (Warminster: Aris & Philips).

Valentin, H.
1978   *Aaron. Eine Studie zur vor-priesterschriftlichen Aaron-Überlieferung* (Fribourg: Universitätsverlag; Göttingen: Vandenhoeck & Ruprecht).

VanderKam, J.
2004   *From Joshua to Caiaphas* (Minneapolis: Fortress).

von Rad, G.
1966   *Deuteronomy: A Commentary* (London: SCM).

Weinfeld, M.
1991   *Deuteronomy 1-11: A New Translation with Introduction and Commentary* (New York: Doubleday).

Wellhausen, J.
1957   *Prolegomena to the History of ancient Israel* (New York: Meridian Books).

제4장

이스라엘의 포로와 회복으로부터 포로와 재건까지[1]

타마라 콘 에스케나지 | 히브리유니온대학교

  필자가 피터 R. 아크로이드를 책으로 처음 만났을 때, 마침내 신선한 공기를 호흡하는 것 같았다. 필자가 보기에, 아크로이드의 책은 포로 후기에 대한 성서학자들의 태도의 패러다임 전환을 대변한다. 이런 전환은 바로 아크로이드의 목적 중의 하나였던 것 같다. 이런 태도의 변화는 아크로이드가 포로기와 특히 포로 후기 공동체와 시대가 얼마나 창의적이었는지를 보여 주고자 하는 임무를 의식적으로 수행하는 방식에서 가장 분명하게 입증된다.

  다른 학자들 역시 포로 후기의 풍부한 역동성을 인정하기 시작하였지만, 필자가 보기에, 이 시대를 폄하하는 만연한(포로기 이전의 영광에서 쇠퇴한 시기 혹은 기독교의 배경으로만 가치가 있다) 편견에 맞서서 이 논점을 계속해서 반복적으로 명백하게 보여 주고자 한 이는 어느 누구도 없다.

  아크로이드가 『이스라엘의 포로와 회복』(1968)에서 제시한 몇 가지 추론은 그 후 논쟁의 대상이 되었다. 로버트 캐롤(Robert Carroll)은 1998년 "포로: 어떤 포로?"(Exile: What Exile?)를 질문하였다. 오늘의 발표에서 윌리엄슨(H. G. M. Williamson)은 "회복: 어떤 회복?"(Restoration: What Restoration?)[2]을 질문한다. 그

---

[1] 본 논문은 "'Exile and Restoration': 21st century Perspectives in Memory of Peter R. Ackroyd'(19 November 2006)"라는 제목으로 SBL 분과에서 발표한 것이다. Kent H. Richards가 좌장을 하였고, Joseph Blenkinsopp, Reinhard Kratz, Eric Meyers, H. G. M. Williamson이 다른 논문들을 발표하였다. 이 논문 대부분은 본서에 실렸다. 필자는 학회에서 발표한 원고를 대부분 다시 실었다.

[2] Ackroyd를 기념하는 동일 분과에서 H. G. M. Williamson이 발표한 논문을 언급하는 것이다.

러나 이 시기의 의의에 대한 관점의 근본적인 전환은 규범이 되었다.

『이스라엘의 포로와 회복』의 출판 이후, 페르시아 시대 연구는 주변부에서 중심이 되었다. 사실상 우리 모두가 알고 있듯, '최대주의자-최소주의자' 논쟁에서 페르시아 시대는 너무나 창의적이어서, 포로기 이전 전승 전부를 창작하였다는 비난을 받을 지경이라는 주장에 이르렀다. 페르시아 시대의 중요성에 대한 현재의 인식은 새로운 데이터 발견보다는 태도 변화를 더 많이 대변한다. 예컨대, 고고학 데이터의 엄청난 증가는 관심사 전환의 원인이라기보다는 결과이다. 아크로이드의 연구는 이런 전환의 방향과 영향에 기여한 많은 공적이 인정된다.

포로 후기에 대한 학자들의 연구의 지형을 감지하고자 필자는 지난 25년간 SBL 연례 모임의 자료집 세 권을 검토하였다. 필자는 1981년 자료집에서 포로 후기에 관련된 논문으로는 단지 두 개만 찾아볼 수 있었다. 하나는 알베르토 그린(Alberto Green)의 느헤미야의 연대에 관한 것이고,[3] 다른 하나는 데이비드 피터슨(David Petersen)의 스가랴 환상에 관한 것이다.[4] 오년 후인 1986년에 지형은 이미 극적으로 변화되었다. 제2이사야와[5] 다른 포로 후기 예언자,[6] 그리고 에스라-느헤미야[7]에 관한 논문, 아크로이드와 사라 야펫(Sarah Japhet)의 "역대기 저작의 통일성과 범위"에 관한 분과,[8] 랄프 클라인(Ralph Klein)이 좌장을 맡은 "역대기-에스라-느헤미야"에 관한 몇몇 분과,[9]

---

[3] Alberto R. Green, "The Date of Nehemiah: A Re-Examination"(AAR and SBL 1981: 31).
[4] David Petersen, "Zechariah's Visions: A Theological Perspective"(AAR and SBL 1981: 61).
[5] E. Cleve Want, "Zion and the Servant in Isaiah 40-55"(AAR, SBL and ASOR 1986: 67).
[6] Robert R. Wilson, "Prophet and Priest in the Postexilic Period"(AAR, SBL and ASOR 1986: 119); Julia M. O'Brien, "Malachi and the Priesthood"(AAR, SBL and ASOR 1986: 119).
[7] Tamara C. Eskenazi, "The Structure of Ezra-Nehemiah and the Integrity of the Book"(AAR, SBL and ASOR 1986: 69); Kenneth Hoglund, "'We are in Great Distress': Reconstructing the Social Context of Ezra-Nehemiah"(AAR, SBL and ASOR 1986: 69).
[8] "The Unity and Extent of the Chronicler's Work": Ralph W. Klein(chair), Peter R. Ackroyd, Baruch Halpern, Sara Japhet,(AAR, SBL and ASOR 1986: 85).
[9] "Chronicles, Ezra, Nehemiah Consultation": Ralph W. Klein(chair),(AAR, SBL and ASOR 1986: 69).

포로 후기 유다 역사에 관한 휴 윌리엄슨(Hugh Williamson)의 논문,[10] 아마 필자의 오늘 논문과 가장 관련이 있는 것으로는 피터 아크로이드와 사라 야펫의 두 시간에 걸친 "페르시아 시대의 역사와 문학" 특별 강연이 있었다.[11]

2006년의 경우, 페르시아 시대 문학과 역사에 관련된 너무 많은 분과가 있어서 다 헤아릴 수가 없을 지경이다. 놀라만한 '지나칠 정도의 풍요로움'이다. 이 분과들은 오경의 형성으로부터 에스라-느헤미야의 유산을 아파르트헤이트 정책에 비추어 연구하는 아프리카 성서해석학에 나타난 에스라-느헤미야의 역할에 이르기까지 다양한 주제를 반영한다.[12]

이 주제에 대한 아크로이드의 글은 잘 알려져 있기 때문에, 그의 연구를 검토하는 것은 필자의 목표가 아니다.[13] 또한 필자는 그의 『이스라엘의 포로와 회복』 출간 이후 이 분야의 발전을 검토하지도 않을 것이다.[14] 오히려 필자는 페르시아 시대에 대한 21세기 관점의 일부 측면을 개요하고자 한다. 아크로이드를 추모하면서 부분적으로 이 분과의 주제에 대한 다른 발표들을 맥락적으로 설명하고, 또 부분적으로 일부 쟁점 사항과 가능성을 강조하고자 한다. 주어진 상황과 공간적 제약을 고려할 때, 필자는 에스라-느헤미야를 특별히 언급함으로써, 소위 '회복기'에 집중하고자 한다.

21세기에 학자들은 페르시아 시대 유다에서 일어난 중요한 사건을 재구성하고자 역사적 쟁점을 계속해서 조사하고 있다. '텅 빈 땅 신화'와 성전의 건축 연도, 그리고 귀환자의 인구 통계학적 유형은 토라 형성에 관한 이론의 확장과 함께, 연구의 전면에 등장한지 이제 좀 되었다. 이것은 전폭적

---

[10] H. G. M. Williamson, "Early Post-Exilic Judean History"(AAR, SBL and ASOR 1986: 57).

[11] "The Interpretation of Hebrew Literature: The History and Literature of the Persian Period": H. G. M. Williamson(chair), Peter Ackroyd and Sara Japhet(AAR, SBL and ASOR 1986: 111).

[12] 예컨대, "The Quest for Survival: The Implications of the Reconstruction Theology of Ezra-Nehemiah" by Robert Wafawanaka(18 November) and "Collective Memory as a Hermeneutical Framework: A Partialized Reading of Ezra-Nehemiah' by Gerrie Snyman(18 November).

[13] 그의 저작에 대한 정교한 숙고는 다음을 참조하라. Carroll, 1997. 14.

[14] 이미 존재하는 학술적 저작에 대한 몇몇 검토는 예컨대 다음을 참조하라. Klein, 1976; Eskenazi, 1993. 그리고 몇몇 새 출판물의 서론을 참조하라.

으로 계속되고 있다. 다음에서 필자는 특히 중요한 발전이라고 보는 다섯 영역에 한정하고자 한다.

1. 고고학

필자가 보기에, 페르시아 시대 연구에서 가장 극적이고 영향력 있는 발전 중에 하나는 고고학과 연관된 연구라는 것은 질문의 여지가 없다. 페르시아 시대 고고학과 연결된 새로운 자료는 그 자체로 아크로이드가 진작한 변화된 관점의 산물이라고, 우리는 단언컨대 주장할 수 있다. 이를 조금 더 직접적으로 말하자면, 새로운 자료의 유효성은 관심사의 변화의 결과이지, 그런 관심사의 원인이 아니다.

페르시아 시대 고고학에 관한 중요한 변화는 스턴(E. Stern)에서 시작한다. 그의 책 『물질문화』(*Material Culture*, 1982)는 광범위하게 흩어져 있던, 때때로 접근 불가한 중요한 자료를 수집하였다. 스턴의 획기적인 연구는 다른 학자들로 하여금 활용 가능한 고고학적 데이터를 기반으로 삼을 수 있도록 하였다. 그러나 이것은 그 데이터로부터 스턴 자신이 도출한 결론에 도전장을 내밀 수도 있게 하였다. 필자는 21세기 고고학적 공헌 중에서 최근의 오데드 리프쉬츠(Oded Lipschits)의 저작 『예루살렘의 흥망성쇠』(*The Fall and Rise of Jerusalem*, 2005)를 강조하고자 한다. 리프쉬츠와 같은 저작은 거의 추론적 재구성이었던 연구에 몇 가지 중요한 빠진 자료를 제시해 준다.

예컨대, 리프쉬츠는 유다 지역과 비교하여 베냐민 지역의 고고학적 유물을 통해 '들려 주는' 다른 역사를 드러내고, 유다 전승과 대조적인 성서의 베냐민 전승을 검토한다. 그의 발굴은 유다 자체 내의 두 개의 문화와 정치 중심지 사이에서 있었을 경쟁을 제시한다.[15] 리프쉬츠는 또한 예루살렘 함

---

15 필자는 이와 관련하여 Joseph Blenkinsopp의 초기 저작에 감사를 표한다. 벧엘 전승에 대한 그의

락 이후 시기를 포함하여 바벨론 시대의 고고학 자료를 통해, 베냐민 지역의 상대적 안정감을 증거 자료로 제시한다. 그는 특히 이 시기 동안 미스바(Tel en-Nasbeh)의 도장과 인장에 주목한다. 예루살렘이 권한을 주장(혹은 재주장?)하기 시작할 때, 그런 변화는 페르시아 시대 동안 예후드 인장의 급격한 증가에 반영되었다. 그는 두 지역의 인구 통계학 연구를 통해 바벨론 시대 내내 베냐민 지역의 안정감을 제시한다.

그러나 성전 붕괴 시기 즈음 예루살렘 주변부 지역의 인구는 급감하였음을 제시한다. 덧붙여 성서 기사, 특히 예레미야와 열왕기하를 볼 때, 리프쉬츠는 두 지역을 대변하는 것 같은 바벨론과 관련한 정책의 차이점을 강조한다. 분명히 베냐민은 기원전 5세기에 쇠퇴하기 시작하였고, 유다와 예루살렘은 회복하기 시작하였다. 더구나 바벨론 시대와 페르시아 시대 동안 유다와 베냐민 사이에는 의미 있는 정치적 차이뿐만 아니라 물질적 차이가 있었음을 리프쉬츠의 발굴을 통해 볼 수 있다.

따라서 예루살렘 재건은 베냐민 사람들에게 전적으로 환영을 받은 것이 아니었다고 결론을 내릴 수 있다. '그 땅의 사람들'과의 긴장은 이제 또 다른 방식으로 이해할 수 있다. 즉, 구체적으로 베냐민 지역 거주자와의 긴장일 수 있다. 리프쉬츠 자신이 이런 논점을 만들어 내지 않았지만(그리고 동의하지 않을지도 모르지만), 우리는 그의 연구의 결과로 에스라-느헤미야, 특히 첫 장의 베냐민에 대한 강한 언급(스 1:5에서 시작하는 유다와 베냐민에 대한 강조 참조)에 대한 새로운 관점을 얻을 수 있다. 에스라-느헤미야의 저자(들)는 경쟁하는 전승을 화해시키거나 베냐민의 정치적, 제의적 중심지로부터 유다의 예루살렘의 정치적, 제의적 중심지로 전환에는 긴장이 없었음을 암시하고자 하였을 것이다.

유다뿐만 아니라 사마리아 고고학 자료의 새로운 연구와 종합은 특히 중

연구는 예루살렘의 지위와 관련하여 유다와 베냐민 사이의 긴장을 탐구하였다(예. Blenkinsopp 2006).

요하다. 잉그리드 옐름(Ingrid Hjelm, 2000)과 개리 크노퍼스(Gary Knoppers, 2006)의 연구에서 이 연구들의 일부가 통합되는 것에 주목하기 바란다. 크노퍼스가 사마리아 연구 논문에서 지적하였듯이, 물질문화 분석은 기원전 7세기와 6세기의 사마리아의 안정적인 경제적, 인구 통계학적 유형을 제시한다.

또한 페르시아 시대에 사마리아는 유다와 언어학적 특징과 다른 문화적 특징을 공유하였음을 보여 준다. 사마리아는 안정적으로 남아 있었고, 반면 유다는 폐허가 되었다. 두 지역의 불균형은 페르시아 시대 동안 유다와 사마리아 사이의 정치적 영역의 긴장을 설명할 수 있다. 크노퍼스의 연구는 페르시아 시대의 쟁점 사항으로 사마리아와의 갈등 가능성을 전면에 제시하고, 재평가를 지지하는 강력한 증거를 제시한다. 강력하고 잘 엄호된 사마리아의 존재는 에스라-느헤미야가 표명하는 사마리아와의 연합에 대한 저항을 설명할 수 있다.

2. 성서 본문 세밀하게 분석하기

21세기의 중요한 공헌은 이미 구체적인 성서 본문에 대한 세밀한 주석적 분석과 함께 이루어졌다. 에스라-느헤미야를 중점적으로 사용할 때, 필자는 두 권의 책을 강조하고자 한다. 하나는 마이클 더건(Michael W. Duggan)의 『에스라-느헤미야의 계약 갱신』(*The Covenant Renewal in Ezra Nehemiah*, 2001)이다. 더건은 다섯 개의 방법론적 렌즈를 통해 어떻게 자료가 펼쳐지는지를 보여 주고자 느헤미야 8-10장을 분석한다.

또한 그는 이 자료를 다른 저작들과 상호 텍스트적으로 연결한다. 더건의 번역, 본문 비평, 문학적 분석, 어휘 검토, 주제 요약은 텍스트의 최종 형태를 빈틈없이 탐구한다. 이 책은 기대해도 좋을 만큼 철저하고, 포괄적이다. 각 구절의 미묘한 차이와 더 큰 단위와의 관계는 매우 완벽하게 잘 제시되어서 미래의 연구는 이제 이 쟁점과 관련하여 토대로 삼을 수 있는 확실한 근거를 갖게 되었다.

다른 한 권은 제이콥 라이트(Jacob L. Wright)의 『정체성 재건하기: 느헤미야 비망록과 초기 독자들』(*Rebuilding Identity: The Nehemiah Memoir and its Earliest Readers*, 2004)이다. 느헤미야 비망록을 세밀하게 주석적으로 읽는 이 책은 다른 무엇보다도 에스라-느헤미야가 등장하게 된 과정을 유추하여, 성서의 다른 책들이 어떻게 나타나게 되었는지를 재평가한다. 이 책은 어떻게 텍스트 형성이 공동체 정체성을 다시 세우는지를 예시한다. 이 두 개의 세밀한 주석적 읽기 유형은 서로 매우 다르며, 다른 텍스트에 초점을 맞추고, 다른 결과를 갖고 질문을 한다. 그러나 새로운 세대의 학자들의 미래 연구를 위하여, 둘 다 중요한 공헌과 방향을 제시한다. 그들은 또한 그런 분석을 다른 텍스트에 확장할 방식을 만들어 낸다.

3. 소위 '회복' 시기 연구 자료[16]

필자는 학자들이 페르시아 시대를 '암흑기'라고 자주 언급하는 것에 진심으로 당황스러움을 느낀다. 사실 고대 이스라엘과 관련해서, 초기 시대보다 페르시아 시대에 대해서 더 많은 정보를 갖고 있다고 본다. 무엇보다도 성서에는 페르시아 시대 혹은 더 늦은 헬라 시대에 해당하는 많은 부분이 있다. 이 자료를 비평적으로 읽어볼 때, 이들은 그 시대의 이데올로기와 때로는 역사에 대해 매우 귀중한 빛을 비추어 준다.

나아가, 우리는 더 넓은 지역에서 나온, 시기를 추정할 수 있는 광범위한 고고학적, 문학적 데이터를 갖고 있다. 고대 근동 자료 외에도 우리는 레반

---

16 본 논문에서 필자는 계속해서 '회복'이라는 용어를 사용한다. Ackroyd가 그의 제목에 사용하였기 때문이다. 그러나 필자는 포로 후기를 회복의 시기로 보지 않고, 회복이라는 미명 아래 급진적 재건을 한 시기로 본다는 점을 말하고 싶다(그래서 이 용어에 인용 부호를 붙인다). 물론 Ackroyd 자신은 포로 후기 유다의 급진적 변화를 잘 알고 있었다.

트와 그리스, 그리고 시기를 추정할 수 있을 뿐만 아니라 직접적으로 관련된 엘레판틴 문서를 포함한 이집트 자료도 갖고 있다. 보다 중요한 것은 페르시아 시대와 관련해서, 어떤 한 학자나 학자 집단이 평가하고 통합할 수 있는 것보다 더 많은 자료를 갖고 있다.

아크로이드는 『이스라엘의 포로와 회복』에서 이 시대 연구를 위해 필요한 세 가지 자료를 확인하였다. 즉, 성서 본문, 고고학, 그리고 풍부한 그리스, 페르시아, 바벨론, 이집트 자료이다. 그러나 이 책에서 그는 다른 자료와 상호 작용을 하지만, 주로 성서 본문에 집중한다. 보다 최근의 레스터 그래브(Lester Grabbe)의 『고레스로부터 하드리안 시대의 유대교』(*Judaism from Cyrus to Hadrian*, 1992)와 같은 저작은 그리스, 이집트, 그리고 더 넓은 페르시아 제국과 같은 다른 지역에서 나온 다양한 자료를 검토하지 않고서는 페르시아 시대에 대해 이야기를 시작조차 할 수 없음을 보여 준다.

다행히 이런 인식은 사라지지 않고, 그래브의 저작과 같은 책은 학자들의 관심을 끌 수 있는 이용 가능하고 관련 있는 자료 모음을 쉽게 제공하게 되었다. 감사하게도 이제 우리는 이런 풍부함으로 우리를 도와 줄 새롭게 출판된 1차 자료뿐만 아니라 2차 자료도 많이 갖게 되었다. 예컨대, 필자는 없어서는 안 될 책으로 피에르 브리앙(Pierre Briant)의 『페르시아 제국』(*Persian Empire*, 2002)뿐만 아니라, 그의 후속 자료들을 떠올린다. 이중 일부는 인터넷에서 볼 수도 있다. 또한 앙드레 르매르(André Lemaire)의 "에돔족 연구"(1996)와 요세트 엘라이(Josette Elayi)의 "레반트 양상에 대한 연구"(1987)를 언급할 수 있다.

엘레판틴 문서는 포튼과 야르데니(Bezalel Porten and Ada Yardeni)의 완전 비평 연구판(critical edition, *TADAE*, 1)을 통해 전체를 볼 수 있게 되었다. 새로운 세대의 학자들 중에서 리스벳 프리드(Lisbeth Fried, 2004)는 제사장직의 역할을 이해하고자 광범위한 영역의 자료를 한 곳에 모았다. 그녀가 쟁점이 되고 있는 관련 자료를 한 곳에 모은 것은 대단히 도움이 된다.

한마디로 정보의 과다라고 묘사할 수 있는 상황을 맞아서, 새로운 도전은 어떻게 고대 메소포타미아와 지중해 지역 연구를 성서학 연구에 책임 있고 효과적으로 영향을 미치게 하는지를 아는 것이다. 이 점에서 필자는 새로운 발전 사항에 대한 네 번째 논점을 언급하고자 한다.

4. 협동 연구

21세기 발전사에서 흥미진진한 것 중의 하나는 협동 연구이다. 이것은 한 사람이 평가하고 통합하기에는 너무 많은 자료를 갖게 되었다는 사실을 맞이하여, 창의적 대응이다. 이미 우리는 헬렌 산시시-위르덴버그(Heleen Sancisi-Weerdenburg)가 조직한 "아메케니드 역사 워크숍"과 같은 21세기의 워크숍에서 다양한 분야의 학자들의 효과적인 모임을 갖고 있다 (예, Sancisi-Weerdenburg, 1987; Sancisi-Weerdenburg and Kuhrt, 1987; Kuhrt and SancisiWeerdenburg, 1988). 그리고 이들은 「트랜스유프라테네」(*Transeuphratène*) 저널의 편집을 위해 모였다. 이제 21세기에 이런 구성 방식이 얼마나 귀중한지를 이미 보여 주는 사례들에 보다 더 집중하고자 한다. 필자는 세 가지 사례를 들어보고자 한다.

첫째, 2000년에 있었던 SBL의 "페르시아의 토라 승인에 관한 심포지엄"은 앗수르학, 이집트학, 성서학을 포함하는 다양한 분야를 대표하는 학자들이 다양한 관점으로부터 하나의 쟁점 사항을 평가하기 위해서 함께 모였다.
이들의 심사숙고의 중요한 결과가 『페르시아와 토라: 제국 오경 승인에 관한 이론』(*Persia and Torah: The Theory of Imperial Authorization of the Pentateuch* [Watts, 2001])이다.

둘째, 오데드 리프쉬츠, 맨프레드 외밍(Manfred Oeming), 라이너 알베르츠(Rainer Albertz), 개리 크노퍼스가 조직한 세 개의 심포지엄이 있다.

이 역시 다른 단계에 있는 유다의 문학과 역사의 다른 측면을 탐구하고자 다른 분야의 학자들을 모았다. 이런 모임의 결과는 『신바벨론 시대의 유다와 유다 사람들』(*Judah and the Judeans in the Neo-Babylonian Period* [Lipschits and Blenkinsopp, 2003])과 『기원전 4세기의 유다와 유다 사람들』(*Judah and the Judeans in the Fourth Century BCE* [Lipschits, Knoppers and Albertz, 2007])라는 제목의 책으로 출간되었다. 이 심포지엄들에서 나온 논문들은 진행 중인 대화의 일부이다. 이 대화는 직접적인 피드백을 받을 수 있는 면대면 대화로 시작되었다. 그래서 그들의 결론이 출판되기 전에 통찰력은 상당히 풍부하게 함양될 수 있었다.

셋째, 협동 연구는 에스라-느헤미야의 통일성과 분열 문제를 검토하는 젊은 학자들 사이에서 다른 형태를 갖추게 만들었다. 필자는 이 주제에 대하여 마크 보다(Mark Boda)가 제안하고 공동 편집한 책을 언급하고자 한다. 이 책에서 새로운 세대의 학자들이 중심 문제에 응답을 하였다. 이 경우에 기고자들은 최종 원고를 제출하기 전에 컴퓨터로 서로의 논문을 논평하였다(Boda and Redditt, 2008).

그 후 이 논문들은 원로 학자들로부터 공식적인 응답을 받았고, 이는 집중적인 세대 간 대화를 창출하였다. 이런 유형의 협동과 이를 통해 발생하는 대화는 도움이 될 뿐 아니라 필요하다. 이는 우리가 미래에 이루어 낼 발전에 좋은 징조를 보여 준다.

5. 토라

오경 형성의 모든 측면에 대한 과열된 학자들의 논쟁은 지속되고 있다. 필자는 근본주의자 친구들이 이런 결과에 매우 기뻐할 것 같다는 생각을 하곤 한다. 왜냐하면 비평주의 학자들은 서로의 가설을 매우 단호하게 거부하고,

상충된 입장을 뒷받침할 강력한 증거를 제시하여서, 어떤 시대라도 조만간 토라/오경 형성의 가능한 배경이 될 만한 자격을 엄격하게 상실할 것 같다.

학자들은 토라/오경이 포로기 이전 시대의 산물일 수가 없고, 페르시아 시대의 문서가 될 수 없고('유다는 너무 가난하였다'), 헬라 시대의 산물일 수도 없다는 것을 '입증'할 증거를 정리하는 데 성공하였다. 이런 거듭되는 부정을 통해, 학자들은 어떤 후대 시대도 이처럼 복잡한 문서를 생산해 낼 수 없다는 결론을 내리게 되었다. 이런 결론은 토라의 기원을 포로기 이전의 초자연적 자료로 돌리고자 하는 자들에게 가장 환영을 받았다.

그러나 보다 심각하게 페르시아 시대는 이제 과거보다 오경 형성의 보다 더 결정적인 배경으로 고려되지만(비록 최종 형태를 헬라 시대로 본다고 할지라도), 오경의 연대, 형성, 구성 과정 혹은 목적과 관련해서 의견의 일치가 없다. 예컨대, 레위기에 대한 새롭게 전개되는 이해와 같은 핵심 발전은 간단하게 언급하기조차 힘들다. 그러나 필자는 이런 논쟁에 대한 한 가지 의미 깊은 공헌을 강조하고자 한다. 그것은 『토라로서 오경: 선포와 수용 이해를 위한 새로운 모델』(*The Pentateuch as Torah: New Models for Understanding Its Promulgation and Acceptance*, edited by Gary N. Knoppers and Bernard M. Levinson, 2007])이다.[17]

제목이 시사하는 바처럼, 이(2006년 국제성서학회에서 나온) 논문집은 "오경은 어떻게, 언제, 어디에서, 왜 토라가 되었나?"(How, When, Where, and Why Did the Pentateuch Become the Torah [Knoppers and Levinson, 2007: 1-22])에 대한 최신 생각을 검토한다. 이는 고대의 법전화, 고대 지중해 배경, 글쓰기의 커져 가는 중요성, 번역의 문제뿐만 아니라 해석과 그 이상의 관련 주제를 언급한다.

토라와 관련한 현재의 주요 쟁점 사항은 기원전 5세기를 오경의 중요한 정점으로 볼 것인지 아니면 그 구성의 시작점으로 볼 것인지에 관한 것이

---

[17] Ackroyd를 기념하는 분과가 열리고, 본 논문이 편집자에게 넘어 간 후인 2007년 11월에 이 책이 출간되었지만, 문제가 되고 있는 주제에 대한 이 책의 중요성 때문에 이 책을 언급하지 않을 수 없다. 아쉽게도 구체적으로 논문에 대해 논평을 하기에는 너무 늦었다.

다. 그러므로 필자는 이 질문의 한 가지 측면에 집중하고자 한다. 페르시아 정부와 유다의 문학 발전 사이의 관계이다. 피터 프라이(Peter Frei)의 "제국의 토라 승인"(Imperial Authorization of the Torah, 1995) 이론은 특히 토라/오경 형성 논의를 위해 가치가 있다. 이 이론은 분명히 초기 논쟁을 형성하였고, 암묵적으로 포로 후기와 소위 귀환의 의미에 대한 수많은 해석을 계속해서 형성해 왔다.

이 논문을 인용하지 않는 저작조차도 그의 이론에 부합해서 이 시대의 역사를 구성한다(예. Berquist 1995). 그러나 2000년에 중요한 "페르시아의 토라 승인" 심포지엄에서 앗수르학, 이집트학, 성서학을 포함하여 다양한 분야를 대표하는 학자들은 조직적으로 프라이의 이론을 해체하였다. 마지막 발표자인 스카(J. L. Ska, 2001)가 그의 날카로운 비평을 끝낼 무렵에는 이 특별한 이론에는 별로 남아 있는 것이 없었다.

프라이의 영향력 있는 이론이 본질적으로, 그리고 효과적으로 해체되었지만, 페르시아 당국과 유다에서 벌어진 사건 사이의 관계에 대한 질문 자체는 여전히 유효하게 남아 있다. 식민지 연구와 포스트콜로니얼 연구 혹은 문화 정체성 연구와 같은 새로운 세기의 새로운 접근법은 기여하는 바가 상당히 크다. 결국 어떻게 오경/토라의 자료의 연대를 추정하는지와 상관없이, 주로 포로기 이전, 포로기, 포로 후기, 헬라 시대이든지 간에, 오경/토라의 중요한 측면은 페르시아 시대에 형성되었다는 사실이다. 어떤 저작의 내용이 배경에 상당히 영향을 받는 한, 페르시아 시대의 본질에 대한 결론은 계속해서 중대하고, 또 학술적 담론을 형성한다.

에스라-느헤미야에 묘사된 오경과 개혁 사이의 관계를 평가하는 몇 가지 흥미로운 시각이 제안되어 왔다. 각각은 페르시아 정부의 역할에 대해서 뚜렷한 관점을 보여 준다. 마크 브레트(Mark Brett)는 흥미로운 책 『창세기: 정체성의 생산과 정치학』(Genesis: Procreation and the Politics of Identity, 2000)에서 창세기를 해석하는 렌즈로써 민족성(ethnicity)의 문제를 제기한다. 그는 중요한 요인으로 에스라-느헤미야의 통혼 주제에 집중한다. 버퀴스트(1995),

케네스 호글런드(Kenneth Hoglund, 1992)와 다니엘 스미스(Daniel Smith, 1989)처럼, 브레트는 에스라와 느헤미야의 개혁을 검토한다.

그러나 이 학자들의 결론은 매우 다르다. 버퀴스트는 토라를 페르시아 제국의 강력한 힘의 확장으로써, 이제 에스라와 느헤미야를 통해 그에 저항하는 토착민에게 부과된 것이라고 본다. 그에 따르면, 토라는 페르시아 제국의 당국자들에 의해 시작되었고, 지방의 세세한 운영의 결정적 측면을 구성하였다. 그러나 필자가 보기에, 버퀴스트의 결론은 몇 가지 심각한 문제에 부딪힌다.

스카(2001)가 토라를 페르시아 시대의 도구로 보는 문제를 검토할 때 지적한 것처럼, 왜 토라는 페르시아의 관심사를 반영하지 않고, 심지어 그들과 충돌하는가?(예. 하나님이 그 땅을 제국이 아니라 이스라엘에게 주었다는 주장)

그리고 왜 유다만이 토라와 같은 책을 갖게 되었는가?

이런 조치가 보편적이었거나 전형적인 페르시아의 정책이었다면, 예컨대 왜 모압은 갖지 못하였는가?

호글런드는 에스라-느헤미야의 이방 결혼 금지는 제국의 사회 통제와 관련한 연관된 관심사를 위한 것이라고 제안한다. 그는 토지 보유권의 합법성을 수립하고, 그렇게 함으로써 땅과 재산을 통제하기 위한 조치로서 족보상의 순혈성에 집중한 것이라고 본다. 호글런드 연구의 유익한 점은 신학 혹은 이데올로기와 유다 회복의 사회경제학적 고려 사이의 연관성을 보다 충분하게 검토해야 할 필요성을 분명히 밝혔다는 점이다. 스미스 역시 행정적이며 제국적인 이데올로기에 집중하지만, 반대의 결론을 내린다. 그는 피정복민의 제국의 통제에 저항하는 한 가지 형태를 구성하는 것이 소위 통혼 금지라고 논증한다. 브레트가 그의 책에서 성취한 바에 대한 맥락을 제시하고자 필자는 이런 21세기 저작들을 언급한다.

브레트는 페르시아 당국과 식민 세력에 대한 저항을 규명할 때, 이런 초기의 견해를 취한다. 그런데 그는 그 저항을 창세기에 둔다. 스미스와 대조적으로 브레트는 창세기가 사실상 "페르시아가 후원한 총독이 선포하는 정책에 반대하는 반응"이고 그래서 "국가가 부과한 인종 중심주의에 대한 저항의 한 경우"라고 본다(Brett, 2000: 142). 브레트의 논지에 대해서 다음과 같이 질문할 수 있다.

만약 에스라-느헤미야의 핵심 책 중의 하나인 창세기가 에스라 개혁에 저항하는 형태라면, 왜 에스라-느헤미야에서 토라를 권위 있는 책으로 만든 자가 에스라라고 묘사하는가?[18]

우리는 조금 더 어려운 질문을 제기해야만 한다. 페르시아 제국이 국가가 부과한 인종 중심주의를 실행한 징후가 다른 곳에 나타난 적이 있었는가?

이 질문에 대한 대답은 '없다'이다.

호글런드의 논문에도 불구하고, 그러한 증거는 단순히 부족한 것이 아니라 사실 우리가 알고 있는 것과 모순된다. 유사한 인종 중심주의는 유다와 고대 아테네의 문서 기록에는 있지만, 다른 집단에는 없다. 에스라-느헤미야의 조치의 원인이 무엇이든지 간에, 아테네와의 유사성, 그것도 아테네에만 있는 유사성은 페르시아의 제국주의적 정책으로 기원을 돌릴 수 없게 한다.

이것과 다른 몇 가지 이유로, 페르시아 시대의 사마리아에 대한 크노퍼스의 결론은 유다의 인종 중심적 조치의 자극제로써 더 흥미롭다. 크노퍼스가 그 지역의 보다 안정적이고 지배적인 문화로서 사마리아의 지위를 묘사하는 것은 귀환자(혹은 새로운 정착자)의 정책을 설명해 줄 수 있다. 에스라-느헤미야의 인종 중심주의는 귀환자 자신들이 속한 지배 문화에 저항하는 것으로 볼 수 있다(또한 Smith 참조).

어떤 생각이 학자들에게 설득력이 있든지 간에, 확신을 갖고 말할 수 있는 것은 에스라-느헤미야가 스스로를 저항의 문화로 묘사한다는 것이다. 이와 관련하여 문화적 특수성 같은 것은 없다는 다니엘 보야린(Daniel Boyarin)의 관찰을 회상하는 것은 가치가 있다. 에스라-느헤미야에서 묘사하는 공동체와 같은 비주류의 경우, 경계의 부재는 지배 문화에 합병되는 것

---

[18] 물론 에스라의 토라는 창세기를 포함하지 않는다고 추정함으로써, 그 질문에 대답을 할 수 있다.

을 의미한다(Boyarin, 1994: 8).¹⁹

그 문화는 더 광범위한 페르시아 제국 혹은 이웃하는 사마리아일 수 있다. 에스라-느헤미야의 인종 중심주의적 의제는 보다 강력한 국가들 가운데 정체성을 위한 투쟁으로 이해할 수 있다. 서둘러 덧붙이고 싶은 것은 필자가 동일한 방법론, 전제, 데이터로부터 동일하거나 부가적인 합법적 결론을 도출할 수 있다고 생각할 때조차, 필자는 브레트의 탐구 방법과 그의 논리적 결론에 감명을 받았다.

나아가, 브레트의 접근법에서 스스로에게 질문하는 것을 포함하여 그가 질문하는 문제를 필자는 매우 귀하게 본다. 그는 백인, 남성, 오스트레일리아 개신교라는 자신의 주체성이 어느 정도까지 텍스트를 읽는 방식에 영향을 미치는지를 분명히 고려한다(Brett, 2000: 3-5). 그는 문제에 대하여 미묘한 대답을 제시하기 전에 이런 요소들 각각을 질문하고 검토함으로써 대답하고자 노력을 한다.²⁰ 브레트는 자신의 '사회적 위치'를 평가할 때, 포스트모던 현실에서 우리 모두가 물어야 할 질문을 조명하고, 비평적 학자로서 관련 쟁점 사항에 영향을 줄 수 있는 몇 가지 방식을 만들어 낸다.

6. 새로운 강조와 접근

필자는 문화인류학과 사회학, 특히 민족성과 정체성 연구와 같은 사회과학적 접근법의 사용은 특히 중요하다고 본다. 불행히도 자주 바벨론, 헬라, 이집트 자료의 경우처럼, 성서학자들은 때로 최상의 것만 취하고, 유행하는 모델을 부여 잡고, 이를 다소 단순하게 수중에 있는 자료에 적용한다. 자기

---

[19] 필자는 이 진술에 관습을 환기시킨 Mark Brett(2000: 141-2)에게 감사를 표한다.
[20] 이런 학자의 자기 성찰은 이 주제에 대해 대단히 정치화된 저자의 대답과 대조를 이룬다. 국적, 종교, 젠더 또는 계급이 텍스트를 읽는 방식에 어떤 영향을 미쳤는지 묻는 질문에 이 학자는 주저 없이 강하게 '아니오'라고 대답하였다.

베르리너블라우(Jacques Berlinerblau, 1999)는 사회과학 방법론의 악용에 대하여 단호하고 정당한 비판을 제시하였고, 그의 비판은 페르시아 시대를 다루는 많은 연구에 적용된다. 그러나 예컨대, 필자가 보기에, 그중에서도 세심한 포스트콜로니얼 연구는 관련이 있다. 그래서 브레트의 연구는 의미 있는 공헌일 뿐만 아니라 전도 유망한 새로운 방향성을 제시한다고 본다.

버퀴스트(Berquist)의 논문 "포스트콜로니얼 예후드에서 정체성 구성"(Constructions of Identity in Postcolonial Yehud, 2006)은 민족성 문제에 대한 흥미로운 시도이다. 인상적인 사회과학 연구 결과에 기대어, 버퀴스트는 민족성을 비평적으로 논의하는 다양한 시도를 검토한다. 그는 이 용어가 얼마나 애매한지를 제대로 언급한다. 또한 버퀴스트는 카오스 이론을 가능한 접근법으로 탐구한다. 복잡한 모델 분석의 경우에 종종 그런 것처럼, 버퀴스트는 각각의 모델과 연구를 통해, 이들로부터 발생하는 문제를 성공적으로 제시하였다. 그러나 그는 대안을 제시하는 데 성공하지 못하였다. 즉, 해체는 효과적이지만, 건설은 문제가 있다.

예후드 주민에 대한 용어를 논의할 때, 버퀴스트는 학자들이 "그런 문제를 무시하는 경향이 있고, 그래서 유다 사람이 된다는 것이 의미하는 바에 대한 중요한 추론에 주목하지 않은 채, 이 용어를 사용한다"라고 말한다(2006: 53-4). 그는 모든 유다 사람들 역시 불가피하게 페르시아 사람이었다는 것을 깨달아야만 하고, 그래서 이런 이중적 정체성을 조사해야 한다고 주장한다.

그러나 우리가 에믹/에틱(emic/etic) 구분을 제쳐둔다고 하더라도(즉, 우리가 이해할 수 있는 '유다인 됨' 혹은 유다 사람 스스로가 이해할 수 있는 '유다인 됨'의 기준을 다루는 문제), 버퀴스트가 개념을 발전시킨 것 같은 '정체성'에 대한 학자들의 어법에는 여전히 몇 가지 지속되는 문제가 있다. 필자가 버퀴스트의 분석의 구체적 사항에서 보게 되는 문제점 중의 하나는 출발점에서 이 시대 자료가 제공하는 정체성 표지를 무시한다는 점이다.

예컨대, 성서 본문와 엘레판틴 문서는 이런 표지를 쫓아갈 때, 이 주제에 대해 많은 것을 말해 준다. 마세야(Mahseiah)라는 동일 인물이 스스로를 한 문서에서는 **예후드 사람**이라고 말하고(AP 6.3), 다른 문서에서는 **아람 사람**이라고 말하지만(AP 5.2), 결코 페르시아 사람이나 혹은 그런 문제에 대해서 이집트 사람이라고 말하지 않는다. 물론 우리는 단순하게 이런 자칭(自稱)을 결정적인 것이라고 볼 필요는 없다. 그러나 이런 자칭의 의미와 그들이 드러내는 입장 변화는 페르시아 시대 논의의 일부일 필요가 있다. 증거를 분석하기 전에, 과거의 목소리가 이 주제에 대해서 말하는 바를 '듣기' 전에, 특정한 이론적 모델을 부과하는 것은 또 다시(그럼에도 불구하고, 그 반대를 입증하는 수사) 에드워드 사이드(Edward Said)의 비판과 같은 식으로 일종의 텍스트의 식민지화를 재생산하는 위험이 있다.

7. 결론

아크로이드는 『이스라엘의 포로와 회복』의 결론에서 다음과 같이 말한다(1968: 256).

> 구약성서 연구(필자가 런던에서 행한 취임 연설에서 제시하고자 한 바처럼)를 통해, 필자는 점차 구약성서 사상의 풍부함과 양식의 다양성을 깨닫게 되었다.… 필자는 중요하다고 본 사상 양식의 일부를 추적하고자 하였고, 유사점과 차이점을 더 잘 보여 주는 정확한 선을 긋지 않으려고 노력하였다. 필자는 이것이 단지 시작일 뿐이라는 점을 알고 있다. 그러나 사상의 풍부함과 위대한 시대의 중요성을 도출해 내고자 하였다.

다른 방법과 질문을 통하여 비판적이고 공정하지만 열정적 태도를 갖고 이런 다양성을 계속해서 탐구하는 것이 우리가 아크로이드를 기억하는 최고의 헌사가 되리라고 본다.

참고 문헌

AAR and SBL
1981   *Joint Annual Meeting, 19-22 December 1981* [programme](San Francisco, CA; Decatur, GA: Scholars Press).

AAR, SBL and ASOR
1986   *Joint Annual Meeting, 22-25 November 1986* [programme](Atlanta, GA; Decatur, GA: Scholars Press).

Ackroyd, Peter R.
1968   *Exile and Restoration*(OTL; Philadelphia: Westminster; London: SCM Press).

Berlinerblau, Jacques
1999   "The Present Crisis and Uneven Triumphs of Biblical Sociology: Responses to N. K. Gottwald, S. Mandell, P. Davies, M. Sneed, R. Rimkins and N. Lemche," in mark R. sneed(ed.), *Concepts of Class in Ancient Israel*(Atlanta: Scholars Press): 99-120.

Berquist, Jon L.
1995   *Judaism in Persia's Shadow: A Social and Historical Approach*(Minneapolis: Fortress).
2006   "Constructions of Identity in Postcolonial Yehud," in Oded Lipschits and Manfred Oeming(eds), *Judah and the Judeans in the Persian Period*(Winona Lake, IN: Eisenbrauns): 53-66.

Blenkinsopp, Joseph
2006   "Benjamin Traditions Read in the Early Persian Period," in Oded Lipschits and Manfred Oeming(eds), *Judah and the Judeans in the Persian Period*(Winona lake, IN: Eisenbrauns): 629-45.

Boda, Mark J., and Paul L. Redditt(eds)
2008   *Unity and disunity in Ezra-Nehemiah: Redaction, Rhetoric, and Reader*(Hebrew Bible Monographs, 17; Sheffield: sheffield Phoenix Press).

Boyarin, Daniel
1994   *A Radical Jew: Paul and the Politics of Identity*(Berkeley: University of California Press).

Brett, Mark
2000   *Genesis: Procreation and the Politics of Identity*(London: Routledge).

Briant, Pierre
2002   *From Cyrus to Alexander: A History of the Persian Empire*(trans. Peter T. Daniels; Winona Lake, IN: Eisenbrauns; ET of *Histoire de l'Empire perse de Cyrus à Alexandre*, vols Ⅰ-Ⅱ(Achaemenid History, 10; Leiden: Nederlands Instituut voor het Nabije Oosten, 1996 [originally published by Libraire Arthème Fayard, Paris]).

Carroll, Robert P.
1997 "Razed Temple and Shattered Vessels: Continuities and Discontinuities in the Discourses of Exile in the Hebrew bible. An Appreciation of the Work of Peter R. Ackroyd," *JSOT* 75: 93-106.
1998 "Exile? What Exile? Deportation and the Discourses of Diaspora," in L. L. Grabbe(ed.), *Leading Captivity Captive: 'The Exile' as History and Ideology*(JSOTSup, 278; Sheffield: Sheffield Academic Press): 62-79.

Duggan, Michael W.
2001 *The Covenant Renewal in Ezra-Nehemiah(Neh 7.72b-10.40): An Exegetical, Literary, and Theological Study*(SBLDS, 164; Atlanta: SBL).

Elayi, Josette
1987 *Recherches sur les cités phéniciennes à l'époque perse*(Supplemento 51 agli Annali 47/2; Naples: Instituto Universitario Orientale).

Eskenazi, Tamara Cohn
1993 "Current Perspectives on Ezra-Nehemian and the Persian Period," *Currents in Research: Biblical Studies* 1: 59-86.

Frei, Peter
1995 "Die persische Reichsautorisation: Ein Überblick," ZABR 1: 1035 [ET: "Persian Imperial Authorization: A Summary," in J. W. Watts(ed.), *Persia and Torah: The Theory of Imperial Authorization of the Pentateuch*(SBLSymS, 17; Atlanta: SBL, 2001): 5-40].

Fried, Lisbeth S.
2004 *The Priest and the Great King: Temple-Palace Relations in the Persian Empire*(Winona Lake, IN: eisenbrauns).

Grabbe, Lester L.
1992 *Judaism from Cyrus to Hadrian. I. The Persian and Greek Periods*(Minneapolis: Fortress).

Hjelm, Ingrid
2000 *The Samaritans and Early Judaism*(JSOTSup, 303; Sheffield: Sheffield Academic Press).

Hoglund, Kenneth G.
1992 *Achaemenid Imperial Administration in Syria-Palestine and the Missions of Ezra and Nehemiah*(SBLDs, 125; Atlanta: Scholars Press).

Klein, Ralph W.
1976 "Ezra and Nehemiah in Recent Studies," in F. M. Cross, W. E. Lemke and P. D. Miller, Jr.(eds), *Magnalia Dei, the Mighty Acts of God: Essays on the Bible and Archaeology in Memory of G. Ernest Wright*(Garden City, NY: Doubleday): 361-76.

Knoppers, Gary N.
2006   "Revisiting the Samarian Question in the Persian Period," in O. Lipschits, and M. Oeming(eds), *Judah and the Judeans in the Persian Period*(Winona Lake, In: Eisenbrauns): 265–90.

Knoppers, Gary N., and Bernard M. Levinson
2007   "How, When, Where, and Why Did the Pentateuch Become the Torah?," in *The Pentateuch as Torah: New Models for Understanding Its Promulgation and Acceptance*(Winona Lake, IN: Eisenbrauns): 1–22.

Knoppers, Gary N., and Bernard M. Levinson(eds)
2007   *The Pentateuch as Torah: New Models for Understanding Its Promulgation and Acceptance*(Winona Lake, IN: Eisenbrauns).

Kuhrt, Amélie, and Heleen Sancisi-Weerdenburg(eds)
1988   *Method and Theory: Proceedings of the London 1985 Achaemenid History Workshop*(Achaemenid History, 3; Leiden: Nederlands Instituut Voor Het Nabije Oosten).

Lemaire, A.
1996   *Nouvelles Inscriptions Araméennes d'Idumée au Musée d'Israël*(Supplément 3 à TRanseuphratène; Paris: Gabalda).

Lipschits, Oded
2005   *The Fall and Rise of Jerusalem: Judah under Babylonian Rule*(Winona Lake, IN: Eisenbrauns).

Lipschits, Oded, and Joseph Blenkinsopp(eds)
2003   *Judah and the Judeans in the Neo-Babylonian Period*(Winona Lake, IN: Eisenbrauns).

Lipschits, Oded, Gary N. Knoppers and Rainer Albertz(eds)
2007   *Judah and the Judeans in the Fourth Century BCE*(Winona Lake, IN: Eisenbrauns).

Lipschits, Oded, and Manfred Oeming(eds)
2006   *Judah and the Judeans in the Persian Period*(Winona Lake, IN: Eisenbrauns).

Said, Edward
1979   *Orientalism*(New York: Vintage Books).

Sancisi-Weerdenburg, Heleen(ed.)
1987   *Sources, Structures and Synthesis: Proceedings of the Groningen 1983 Achaemenid History Workshop*(Achaemenid History, 1; Leiden: Nederlands Instituut Voor Het Nabije Oosten).

Sancisi-Weerdenburg, Heleen, and Amélie Kuhrt(eds)
1987   *The Greek Sources: Proceedings of the Groningen 1984 Achaemenid History Workshop*(Achaemenid History, 2; Leiden Nederlands Instituut Voor Het Nabije Oosten).

ska, Jean Louis
2001 "'Persian Imperial Authorization': Some Question Marks," in *Persia and Torah: The Theory of Imperial Authorization of the Pentateuch* (SBLSymS, 17; Atlanta: SBL): 161-82.

Smith, Daniel
1989 *The Religion of the Landless: The Social Context of the Babylonian Exile* (Bloomington, IN: Meyer Stone Books).

Stern, Ephraim
1982 *Material Culture of the Land of the Bible in the Persian Period 538-332 B.C.* (Jerusalem: Israel Exploration Society; Warminster: Aris & Phillips).

Watts, James W. (ed.)
2001 *Persia and Torah: The Theory of Imperial Authorization of the Pentateuch* (SBLSyms, 17; Atlanta: SBL).

Wright, Jacob L.
2004 *Rebuilding Identity: The Nehemiah Memoir and Its Earliest Readers* (BZAW, 348; Berlin: de Gruyter).

제5장

예수아의 '대제사장' 계보? 느헤미야 12:10-11 재평가

데이르드레 N. 풀턴 | 펜실베이니아주립대학교

1. 서론

    페르시아 시대 유다의 정착과 점령에 대한 성서 기사 중에서 느헤미야 11-12장은 예루살렘 정착자 목록, 유다 지역 주변부 정착 목록, 예루살렘 성전 인원 목록, 예루살렘 성벽 봉헌과 관련된 자 일람표 등을 담고 있다. 느헤미야 12:1-11은 특히 중요하다. 이 단락은 다리오 1세 치세 기간에 바벨론의 유다 포로 공동체로부터 스룹바벨과 함께 온 제사장과 레위인에 집중하고 있기 때문이다.[1]

    이 제사장과 레위 자료에서 느헤미야 12:10-11은 순차적 족보 형태의 목록에서 예수아로부터 얏두아까지 여섯 명의 이름을 제시한다. 이 족보는 보통 페르시아 시대의 대제사장 목록으로 해석된다. 이처럼 목록은 포로후기 연대를 구성하는 주요 구성 요소 중 하나로 간주된다. 그러나 특히 요세푸스의 제사장 연대를 따르자면, 이 족보는 특히 대략 이백 년에 걸친 기간과 관련하여 몇 가지 쟁점 사항이 있다.[2] 느헤미야 12:10-11에서 얏두아까지

---

[1] 제1에스드라 5:5-6은 스룹바벨의 귀환을 다리오 1세 제2년, 즉 기원전 520년경으로 본다.

[2] 예수아는 스룹바벨과 함께 귀환한 것으로 언급된다. 요세푸스에 따르면, 족보의 마지막 이름인 얏두아는 알렉산더 대왕 시절인 기원전 333년경 대제사장으로 섬겼다(*Ant.* 11.317).

확장되는 예수아의 족보는 느헤미야 12:22의 엘리아십에서 얏두아까지의 더 짧은 족보와 비교해 보면 다른 점이 있다. 게다가, 느헤미야 12:23과 에스라 10:6은 요하난을 엘리아십의 아들로 열거한다. 이런 불일치는 많은 학자들이 페르시아 시대 예후드의 역사를 재구성할 때 느헤미야 12:10-11과 12:22의 계보에 부여하는 중요성을 고려하면 의미가 있다.

예수아의 계보는 최근의 성서학에서 많은 관심을 끌었다. 예컨대, 크로스(F. M. Cross, 1975; 1998), 코흐(Klaus Koch, 2001), 윌리엄슨(H. G. M. Williamson, 1977; 1985), 블렌킨소프(Joseph Blenkinsopp, 1988), 밴더캠(VanderKam, 2004)이 있다. 이런 학자들은 대제사장의 연대를 재구성하고, 느헤미야 자료의 구성 과정을 이해하고자 다양한 고려를 통해, 제안된 '대제사장'의 긴 임기의 문제를 해결하고자 하였다. 느헤미야 12장(12:10-11과 12:22-23)의 족보 해석을 다룰 때 주요 쟁점 사항 중 하나는 제사장의 계승을 다루는 두 단락의 불일치이다. 이 주요 쟁점 사항을 다루는 몇 가지 해결책이 제안되었다.

크로스(1975), 코흐(2001), 윌리엄슨(1985; 1977), 블렌킨소프(1988)는 모두 이 목록을 불완전하다고 논증하고, 연대기적 쟁점 사항을 해결하고자 각각 다른 가설을 제시한다. 즉, 부계를 따른 작명과 본문의 중자 탈락(haplography; Cross, 1975), 목록의 초기 판본에서 이름의 의도적 삭제(Koch, 2001), 목록의 미완성 가능성(Williamson, 1985; 1977; Blenkinsopp, 1988) 등을 제시한다. 다른 극단으로, 밴더캠은 이 목록이 근본적으로 정확하다고 논증한다(1991; 2004). 이 모든 해석은 어려운 연대기적 쟁점을 해결하려고 존경스러울 정도의 노력을 보여 주지만, 모두 족보의 옷을 입은 대제사장 목록을 전제로 삼고 있다.

이 중요한 전제는 더 철저한 검토가 필요하다. 느헤미야 12:10-11의 형태와 구조를 검토하는 자는 누구나 도전에 바로 직면하게 된다. 느헤미야 12:10-11의 계보에는 문제가 많다. 제시하는 이름 중 어떤 이름에도 호칭을 붙이지 않기 때문이다.³ 이 텍스트가 족보 형태의 대제사장 승계라는 것을 제시하는 맥락이 없다. 따라서 이 계보가 대제사장 목록을 구성한다는, 광범위하게 받아들여진 이론은 도전을 받고 있다.

전통적인 학자들의 견해는 많이 논의된 이 구절에 내재된 문제에 관해 매끄러운 해결책을 제시하지 못하였다. 그 대신 필자는 느헤미야 12:10-11을 대제사장 승계 목록이 아니라, 제사장 계보임을 논증하고자 한다. 제사장과 대제사장의 직위는 이 족보에서 결코 언급되지 않는다. 이 계보에 나타나는 이름 중 몇몇은 다른 성서 맥락에서는 대제사장으로 언급된 적이 결코 없다.

두 족보(느 12:10-11과 12:22)를 검토할 때, 계보가 등장하는 추가 사항들을 고려해야 할 필요가 있다. 예컨대, 더 큰 문학적 맥락(느 11-12장), 다른 곳에 등장하는 이 이름들 중의 어떤 이름들, 고대의 계보적 족보의 다양한 사용, 요세푸스의 증언, 인접한 느헤미야 12:1-9의 문학적 맥락과 같은 사항들이다. 또한 족보가 분명하게 제목, 호칭, 결론적 논평 등으로 이루어졌는지를 검토하는 것도 중요하다.

족보가 단순히 '~를 낳았다'로 이름을 순차적으로 연결하고 있는가 아니면 족보가 서두, 일화, 그리고 족보 자체를 맥락적으로 설명하는 역사적 상세 사항을 포함하고 있는가?

계보는 분명하고 잘 정의된 방식으로 독자를 위한 설명적 주석으로 구성되어 있는가 아니면 족보는 간결하고 다소 모호한 방식으로 구성되어서 해석할 여지를 남겨두고 있는가?

마지막으로, 왕조가 끝난 후에 구성된 족보 연구에서 제기된 주요 문제 중의 하나는 이 족보가 다루고 있는 더 큰 저작에 어울리는가(혹은 어울리지 않는가)이다.⁴

---

3 또한 Japhet(1982: 82-3)도 이런 현상을 알지만, 예수아의 경우 "대제사장의 지위는 그가 첫 번째 대제사장으로 언급되는 제사장 목록에서 분명해진다(느 12:10)"라고 덧붙인다. 그래서 Japhet은 이 자료의 전통적 해석을 지지한다.

4 특히 에스라, 느헤미야, 역대기 구성에서 이 목록이 어떻게 더 큰 문제에 영향을 미치는지와 관련해서, 문제시되는 목록을 다루는 몇몇 학자들이 있다. 몇 명만 예를 들자면 다음과 같다.

2. 예수아의 족보: 논쟁사

느헤미야 12:10-11의 해석과 관련된 흔히 있는 논쟁 중 하나는 제사장 족보의 기간에 관한 것이다. 즉, 이 족보는 단지 여섯 명의 이름밖에 없지만, 그 기간은(성서 자료와 요세푸스의 제시의 표준적 조화를 따른다면) 거의 200년에 걸쳐 있다. 느헤미야 12:10-11의 마소라 텍스트는 다음과 같다.

"예수아는 요야김을 낳고, 요야김은 엘리아십을 낳고, 엘리아십은 요야다를 **낳고**, 요야다는 요나단을 낳고, 요나단은 얏두아를 낳았느니라."[5]

또 다른 쟁점은 느헤미야 12:10-11과 12:22의(종종 제안되는 바) 두 번째 '대제사장' 족보 사이의 대조이다(가장 최근의 VanderKam, 2004 참조). 느헤미야 12:10-11은 예수아, 요야김, 엘리아십, 요야다, 요나단, 얏두아를 열거한다. 그러나 느헤미야 12:22은 12:10의 세 번째 이름인 엘리아십으로 시작하고, 그 다음으로 요야다, 요하난, 얏두아를 열거한다. 요하난은 느헤미야 12:11에 나타나지 않지만, 12:22에서는 요야다의 아들로 나타난다. 요하난은 느헤미야 12:23과 에스라 10:6에서 엘리아십의 아들로 언급된다.[6] 느헤미야 12:10-11이 대제사장 계승이라고 논증하는 자들에게, 느헤미야 12:10-11과 12:22-23의 불일치는 페르시아 시대의 정확한 대제사장 순서를 불확실하게 만든다.

느헤미야 12:10-11에 나타난(흔히 대제사장으로 이해되는) 인물의 임기의

Williamson(1982); Eskenazi(1988); Japhet(1993); Knoppers(2003; 2004).

5   12:10-11에서, 일반적 유형은 'x는 y의 아버지이고, y는 z의 아버지'이다. 그러나 엘리아십의 경우, הוליד('~의 아버지')가 마소라 텍스트와 70인역에서 소실되었다. 이것은 중자 탈락의 사례일 수 있다. 여기에서 동사의 히필 완료형(3인칭 남성 단수)은 단지 건너뛰었거나 텍스트 전수 과정에서 소실되었을 수 있다. 동사는 일부 히브리어 사본, 시리아, 불가타에 나타난다. 이런 본문 비평적 고찰에서 제기되는 한 가지 문제는 얼마나 많은 자료가 소실되었는가이다. 이 경우, 70인역이 마소라 텍스트와 일치한다는 점이 중요하다. 마소라 텍스트와 70인역이 느헤미야 11:13-12:9에서 상당한 불일치를 드러내기 때문이다.

6   느 12:22의 순서(요하난은 엘리아십의 손자)의 우선권을 주장하는 학자들은 특정 사람들 사이를 연결하고자 특정 세대를 얼버무리는 성서 족보 몇몇을 제시한다. Johnson(1988)과 Wilson(1977) 참조.

문제를 해결하기 위해 몇몇 중요한 해석이 제시되어 왔다. 크로스와 코흐는 모두 느헤미야 12:10-11의 자료에 수정을 제안한다.

느헤미야 12:10-11의 수정과 첨가 제언

마소라 텍스트와 70인역 느헤미야 12:10-11 계보	크로스의 대제사장 족보 제안[7]	코흐의 대제사장 족보 제안[8]
예수아	예수아(기원전 570)	예수아
요야김	요야김(기원전 545)	요야김
엘리아십	[엘리아십 I(기원전 545)][9]	[므레못]
요야다	[요하난 I(기원전 520)]	[에스라]
요나단	엘리아십 II(기원전 495)	엘리아십
얏두아	요야다(기원전 470)	요야다
	요하난 II(기원전 445)	요나단
	얏두아 II(기원전 420)[10]	얏두아
	[요하난 III(기원전 395)]	[셀레먀]
	[얏두아 III(기원전 370)]	

우선 크로스의 가설을 보면, 대제사장의 연대, 그들의 출생과 그들의 (정치적) 동시대인을 제시한다. 이런 식으로 그는 조직적으로 각 대제사장의 임기를 밝히고자 한다(Cross, 1975: 17). 크로스가 열거된 첫 번째 대제사장 예수아의 출생 연도로 제안한 것은 유다 총독 스룹바벨의 출생 연대와 동일하다(기원전 570년경). 그는 순서상 마지막 이름인 얏두아의 출생을 대략 기

---

[7] 괄호에 든 이름은 Cross가 족보에 추정해서 덧붙인 것이다(1975: 17).
[8] 괄호에 든 이름은 Koch가 대제사장 편집에 덧붙인 것을 보여 준다.
[9] Cross는 요야김과 엘리아십 1세가 아버지와 아들이라기보다 형제라고 본다. 이런 재구성은 표준적인 대제사장 해석에 또 다른 문제를 강조하는 것이다. 6세기 말과 5세기 초의 경우, 이름이 거의 나타나지 않는 5세기 말과 4세기와 비교하면, 몇몇 이름이 나타난다(그래서 Cross는 계승자라기보다는 형제 한 쌍으로 본다). 아래 참조.
[10] Cross는 얏두아 2세로 시작하고, 겉보기에 얏두아 1세가 없는 이유는 "yaddūa'는 qattūl 축약형, 즉 Yôyādā'의 애칭"이기 때문이다(1975: 6 n. 12). 따라서 Cross의 부계명 이론 역시 얏두아에 적용된다.

원전 420년으로 잡는다. 각 제사장의 세대 간 기간을 예상보다 길게 잡는 것으로 볼 때(각 세대별로 34.5년), 크로스는 엘리아십과 요하난(텍스트 전수 과정에서 소실)을 추가로 삽입하고, 그 결과 평균 세대의 기한은 27.5년으로 축소된다.

그러나 이런 기한은(크로스가 보기에) 여전히 너무 길다. 그래서 그는 목록의 끝에 또 다른 요하난과 얏두아를 삽입하고, 전체 제사장의 숫자는 10명(각 세대는 25년)이 된다. 크로스는 특정 이름이 족보에 더 이상 나타나지 않는다고 가설을 세운다. 왜냐하면 이름의 중복으로 인해 일련의 우연한 중자 탈락이 발생하였기 때문이라고 본다. 할아버지의 이름을 따라 자녀의 이름을 지을 때 나타나는 부계명 현상 때문에 이름을 빠뜨리게 되는 이런 목록에, 특히 필사가는 취약하다.[11] 그래서 크로스는 제사장의 매우 긴 임기는 그 자체로(특히 기원전 4세기와 관련된 이름에서) 텍스트 손실의 증거라고 믿고, 특정 이름을 복원한다.

간단히 말해서, 크로스는 느헤미야 12:10-11과 22절의 현재 텍스트가 바른 세대 수를 보여 준다고 생각하지 않는다. 그의 재구성은 평균적인 제사장 수명과 각 대제사장의 평균 임기 모두를 보다 합리적인 숫자로 축소한다. 요나단/요하난 논쟁에 관해서, 크로스는 느헤미야 12:11보다 12:22의 정확성을 주장한다. 요컨대, 요하난이 더 정확한 독법이고, 요나단은 서기관의 오류라고 본다.

크로스의 재구성의 한 가지 강점은 그가 느헤미야 12:10-11과 12:22-23의 차이점을 다룬 것이다. 크로스는 느헤미야 12:10의 첫 세 이름(예수아, 요야김, 엘리아십)과 느헤미야 12:22의 마지막 세 이름(요야다, 요하난, 얏두아)은 옳다고 본다. 그러나 일부 이름이 중간과 마지막에서 소실되었다고 본다. 또한 크로스는 느헤미야 12:22과 12:23 사이의 불일치, 즉 요하난이 엘리아십

---

11 사마리아 파피루스와 특정 암몬족 명문(銘文)을 인용함으로써, Cross는 부계명이 페르시아 시대의 많은 엘리트 지배 가문에 등장한다고 논증한다(1974: 21; 1975: 5).

의 아들인지 손자인지를, 두 경우 모두를 추정함으로써 설명하고자 한다. 그의 재구성의 또 다른 장점은 대제사장의 긴 임기의 문제를 다룬다는 점이다.

높이 살만한 것은, 그가 기원전 6세기와 5세기의 이름의 압축 문제와 기원전 4세기의 것으로 보이는 이름이 매우 적다는 사실을 해결하고자 하였다는 점이다. 크로스의 논지는 이름이 매우 적게 나타나는 것과 그 목록에 언급된 제사장의 긴 임기에 대한 매력적인 해결책이지만, 이는 그 자료가 원래 훨씬 더 긴 족보에서 반복적으로 떨어져 나온 것이라는 가정을 전제로 한다. 페르시아 시대 문서로부터 입증된 부계명의 사례가 일부 있지만,[12] 느헤미야 12:10-11, 22, 23에 근거하여 족보가 전수 과정에서 한 번이 아니라 반복적으로 중자 탈락을 겪었다고 보기는 힘들다.

크로스처럼, 코흐는 특정 제사장의 긴 임기의 문제에 부딪힌다. 그는 느헤미야 12:10-11의 제사장 칭호의 부재에 주목한다. 그러나 그는 10절이 아마도 족보의 원래 형태에서는 הכהן הגדול('대제사장') 호칭을 포함하였다고 본다. 그럼에도 불구하고, 후대 편집자는 호칭을 숨긴다(Koch, 2001: 109). 코흐에 따르면, 이런 은폐는 제2성전 시기 대제사장직을 둘러싼 갈등 때문이다. 즉, 예수아의 후손이 먼저 므레못에 의해 '퇴위' 당하고, 그 후 예루살렘에서 에스라가 도착하자 그에 의해 퇴위된다.[13]

코흐는 에스라뿐만 아니라 므레못(스 8:33)이 그냥 כהן('제사장')이라고 불리는 대신, הכהן('그 제사장,' 스 10:10, 16-18)으로 불렸기 때문에, 이 호칭(הכהן)은 역대기, 에스라, 느헤미야에서 대제사장에 해당하는 호칭으로 해석되어야만 한다고 주장한다.[14] 에스라가 더 이상 있지 못하자, 대제사장직은 예수

---

[12] 부계명의 또 다른 예시는 다음을 참조하라. Mazar(1957)와 Porten(2001: 332-61).

[13] 므레못은 스 8:33에서 הכהן('그 제사장')으로 언급된다. 동일 호칭(정관사를 지닌)은 다음을 참조하라. 대하 22:11; 23:8, 9, 14; 24:2, 20, 25; 34:14, 18; 스 10:39; 13:4. Koch에 따르면(2001: 106-8), 느 12:3에 언급된 므레못은 스 8:33에 언급된 므레못과 다르다.

[14] Koch는 에스라서에서 서기관이자 제사장인 에스라의 중요한 역할에 주목한다. 또한 Koch는 에스라의 족보에 언급된 모든 자들이(스 7:1-5) 대제사장의 역할을 한다고 논증한다. 따라서 הכהן는 "거룩한 도성에 체류하는 동안 대제사장의 지위를 그에게 부여한다"(2001: 107).

아 가문으로 되돌아가게 된다(Koch, 2001: 100).

느헤미야 12:10-11(대제사장) 족보와 므레못과 에스라의 소위 대제사장직을 조화롭게 하고자, 코흐는 므레못과 에스라의 이름을 더 큰 목록에 삽입한다. 이렇게 함으로써, 코흐는 의도적 중자 탈락이 이 족보에 일어났다고 추정한다. 그는 הכהן('그 제사장')을 대제사장의 호칭으로 보았기 때문에, 느헤미야 13:13에 단 한 번 언급되는 상대적으로 모호한 인물인 셀레먀도 그 목록에 넣는다. 그러나 셀레먀가 언제 대제사장직을 수행했다고, 코흐가 보았는지는 결코 분명하지 않다.

윌리엄슨(Williamson, 1985: 363; 또한 1977: 60-4)은 이 논쟁의 세 번째 입장을 대변한다. 즉, 그는 느헤미야 12:10-11의 목록을 완벽한 것으로 보아서는 안 된다고 주장한다. 또한 그는 요나단과 요하난의 불일치를 단순한 오류로 추정하지 않도록 주의를 기울인다. 그는 모빙켈(1964: 152-3)을 쫓아, 느헤미야 12:11의 요나단과 12:22과 23의 요하난 사이에는 단순한 철자 차이 이상의 것이 있다고 주장한다. 즉, 그들의 지위에도 차이가 있다. 요나단은 느헤미야 12:11에서는 엘리아십의 손자이고, 느헤미야 12:22에서는 요하난의 손자이다.

그러나 느헤미야 12:23에서 요하난은 엘리아십의 아들이다(Williamson, 1985: 363). 윌리엄슨은 느헤미야 12:10-11의 목록이 불완전하기 때문에 이런 차이를 조화롭게 만들 필요가 없다고 보고, 사실상 요하난은 엘리아십의 손자가 아니라, 아들로 보아야 한다고 논증한다(1985: 152).

블렌킨소프(1988)의 입장은 윌리엄슨의 입장과 닮은 점도 있고, 다른 점도 있다. 블렌킨소프는 느헤미야 12:10-11이 예수아로부터 시작하여 얏두아까지 계속되는 대제사장 계승을 대변한다고 본다. 느헤미야 12:10-11에서 이름이 소실된 것이라기보다, "간단한 해결책은 그 목록이 불완전하고, 편집자는 그에게 알려진 이름들을 단선형 족보라는 일상적 형태로 배열하였다고 보는 것이다"(1988: 338)라고 언급한다.

또한 블렌킨소프(1988: 338)는 페르시아 시대 동안 대제사장직이 비어있을 때 정치적 위기의 시대에 놓였다고 논증한다. 윌리엄슨처럼, 블렌킨소프는 목록을 불완전한 것으로 본다. 그러나 그는 목록을 족보상의 계승이 아니라고 주장한다. 오히려 목록의 중요성은 족보적 형태로 구성된 대제사장 목록이라는 점에 있다.

밴더캠은 크로스, 코흐, 윌리엄슨, 블렌킨소프의 이론에 반대하면서, 이 족보는 완벽한 대제사장 목록이라고 주장한다. 그러나 그는 느헤미야 12:11에 열거된 요나단은 요세푸스에서 볼 수 있는 인물이 아니라 요하난이라고 지적한다. 밴더캠(2004: 54)은 요세푸스의 『고대사』(11.7)를 포함한 몇 가지 증거에 근거하여 느헤미야 12:22의 독법을 따르고자 한다. 또한 그는 요나단보다는 요하난의 우월성을 논증한다. 엘레판틴 파피루스에서 요하난의 이름이 입증되고, 그는 대제사장으로 열거되기 때문이다(Porten, 1996: 140; *TADAE* A4.7).

요하난(יוחנן)과 요나단(יונתן)은 매우 유사한 이름이라는 점이 의미심장하다. 밴더캠에 따르면, 두 번째 독법은 단순히 서기관의 오류이다. 결국, 밴더캠의 논증은 성서와 성서 밖 자료 모두에서 페르시아 시대에 대제사장으로 섬겼던 요나단에 대한 증거가 부족하다는 점을 강조한다. 그러므로 느헤미야 12:10-11은 원래는 요하난이었던 요나단의 이름을 제외하고는 대제사장직에 대한 현실적 목록이라고 논증한다(VanderKam, 2004: 55). 그는 다음과 같이 결론을 내린다.

> 느헤미야와 유대 고대사에 나타난 대제사장 목록이 이백 년 조금 넘는 시기에 비해서는 짧지만, 재임한 것으로 언급되는 여섯 명이 두 세기 동안 섬길 수가 있다(2004: 99).

밴더캠은 이 목록과 관련한 크로스, 윌리엄슨, 코흐의 논쟁의 한계에 주목하였지만, 그의 논증의 가장 큰 난점 중의 하나는 바벨론 포로 첫 귀환으로부터 알렉산더 대왕 시기까지 걸친 긴 시간 동안 단지 여섯 명의 대제사장이 재임하였다는 논증에 있다. 특정 제사장이 특히 긴 임기 동안 재직할 수 있지만, 어떤 제사장들은 짧은 임기 동안 재직할 수도 있다.[15] 6대째 연속해서 평균 34.5년의 기간 동안 재임할 가능성은 대단히 낮다.

페르시아 시대에 대제사장 임기를 판단하는 몇 가지 관점은 이스라엘과 유다 왕의 재임 기간을 간략하게 검토함으로써 얻을 수 있다. 열왕기를 보면, 이스라엘 북왕국에는 19명의 왕이 있었고, 유다에는 20명의 왕이 있었다. 열왕기상하의 내적 연대기에 따르면, 여로보암에서 호세아에 이르는 이스라엘 왕국은 235.6년 지속되었고, 르호보암에서 시드기야에 이르는 유다 왕국은 392.5년 지속되었다. 따라서 이스라엘 왕국의 평균 즉위 기간은 12.4년이었고, 유다 왕국의 평균 즉위 기간은 19.6년이었다.[16]

다른 각도에서 쟁점에 접근할 수 있다. 열왕기상하의 연대기를 사용하여, 6대째 연속하는 유다 왕의 통치가 있다. 이는 예수아의 족보에 나타난 여섯 명의 이름과 거의 동일한 기간이다.[17]

인접한 유다 왕 여섯 명의 장기 치세

기간: 182년(평균=30년)	기간: 197년(평균=32.8년)	기간: 170년(평균=28.3년)
요아스(40년)	아마샤(29년)	아사랴(52년)
아마샤(29년)	아사랴(52년)	요담(16년)
아사랴(52년)	요담(16년)	아하시야(16년)
요담(16년)	아하시야(16년)	히스기야(29년)
아하시야(16년)	히스기야(29년)	므낫세(55년)
히스기야(29년)	므낫세(55년)	아몬(2년)

---

15 흔히 인류학자들은 고대 사람들의 평균 수명을 대략 35세에서 40세로 본다.
16 열왕기상하에 따르자면, 이런 평균은 이스라엘과 유다 왕 전체 연수에 근거를 둔다. 평균은 이스라엘과 유다에 있었던 선행, 후행 연대 표기 체계를 고려하지 않고, 마소라 텍스트와 70인역 사이의 차이도 고려하지 않는다. 이 비교를 위해, 필자는 마소라 텍스트를 따른다.
17 이스라엘 왕의 경우, 여섯 왕의 최장 재임 기간은 116년에 이른다. 아사랴(2년), 여호람(12년), 예후(28년), 여호아하스(17년), 요아스(16년), 여로보암 2세(41년)이다.

여섯 왕이 거의 이백 년 동안 다스릴 수 있었던 때가 있었다는 것은 분명하지만, 가장 긴 시기 동안 통치한 세 왕은 모두 어린 나이에 즉위하였다는 점에 주목하는 것이 중요하다. 즉, 요아스(7세), 아사랴(16세), 므낫세(12세)이다.[18] 대제사장의 임기가 어릴 때 시작하지 않았다면, 혹은 평균 수명이 이스라엘이나 유다 왕보다 더 길지 않았다면, 예수아의 족보에 제시된 여섯 이름이 거의 이백 년에 걸쳐 있다는 것은 개연성이 대단히 낮다.

어릴 때나 청소년 때(요아스나 므낫세처럼) 직위에 오른 대제사장에 대한 확실한 사례는 없다. 대제사장이 유다의 왕들보다 수명이 더 길었다고 볼 근거 역시 없다. 그러므로 위에서 살펴본 세 가지 사례 연구는 족보 형태로 된 대제사장 승계를 구성하는 느헤미야 12:10-11의 현실에 대한 주장을 강화할 수 없는 것으로 보인다. 오히려, 사례 연구는 그렇게 긴 대제사장의 임기에 대하여 반대 의견을 보여 준다.

게다가, 마소라 텍스트 열왕기의 내적 즉위 연대는 지나치게 긴 것처럼 보인다. 밀러와 헤이스의 이스라엘과 유다 왕 연대 재구성에 근거하면(Miller and Hayes, 1986: 220-1; 또한 Miller, 1967: 13 참조), 이스라엘 왕국은 전체 202년(여로보암부터 호세아)이고, 유다 왕국은 전체 338년(르호보암부터 시드기야)이다. 따라서 이스라엘의 평균 즉위 기간은 16.9년이고, 유다의 평균 즉위 기간은 11.2년이 된다. 이는 이스라엘 왕의 평균 즉위 기간을 12.4년에서 11.2년으로, 유다 왕의 평균 즉위 기간을 19.6년에서 16.9년으로 축소시킨다. 수정된 연대를 고려할 때, 여섯 명의 대제사장이 합쳐서 이백 년 이상 동안 재임하였다는 제안을 지지하기는 더 힘들다.

요세푸스의 대제사장 족보 구성은 느헤미야 12:10-11의 정확성을 논증하는 데 사용되어서는 안 된다. 레스터 그래브(2004: 234)가 주목하듯이, 거의 모든 경우에 요세푸스는 성서에서 찾아볼 수 있는 것 외에 어떤 족보적

---

[18] VanderKam(2004: 98)은 예수아 족보의 마지막 이름인 얏두아가 "매우 긴 기간이지만, 일부 성서의 왕들만큼은 길지 않다"라고 부언하면서, 그가 대략 47년 동안 대제사장이었을 수 있다고 주장한다.

정보도 없다. 따라서 요세푸스는 느헤미야의 자료에 접근했던 것 같다. 느헤미야 12:10-11과 22의 몇몇 이름이 이 맥락에서 단지 나타나기 때문이다.[19] 이것은 특히 요야김, 요야다, 요나단, 얏두아의 경우에 분명하다. 이들은 느헤미야 12장의 맥락에 단지 등장한다.[20]

그러나 이런 해석 모두는 이 족보가 대제사장으로 구성되어 있다는 추정에 근거한다. 대안적 해석은 이 자료를 예수아 가문의 족보로 보는 것이다. 느헤미야 12:10-11을 엄격한 대제사장 승계가 아니라 예수아의 후손의 계보로 간주한다면, 이 모든 해석이 제시하는 긴장 중의 일부를 제거하게 된다. 또한 그래브(1998: 61-2)와 윌리엄슨(1985: 363)과 같은 학자들이 수정에 주의를 기울이라고 경고하는 느헤미야 12:11에 대한 보다 올바른 독법이 요하난인지 요나단인지를 결정하는 문제를 해결하게 된다. 확실히, 이것은 서기관의 오류일 수 있다(Cross, 1975; Rooke, 2000; VanderKam, 2004).

그러나 우리는 이것이 어떻게 가능한지 탐구해야만 한다. 이런 서기관의 오류는 두 단계에 걸쳐 일어날 수 있다. 첫 번째 변형은 두 글자가 뒤바뀔 때 일어날 수 있다(נ과 ח자리가 뒤바뀐다. 다음으로 서기관은 두 글자(ח/ה)를 실수할 수 있다. 두 개의 중요한 오류가 일어났기 때문에, 이것을 서기관의 단순한 부주의로 볼 수 없을 것 같다. 즉, 한 가지 실수는 물론 가능하지만, 사실상 이름의 변형에는 개별적인 두 단계가 있었음에 틀림없다.

---

19 요세푸스 저작의 구성사를 이해하는 것은 중요하다. 그는 제사장직에 대한 자료를 편집할 때 제1에스드라 외에 더 많은 자료를 갖고 있었기 때문이다. 느 12:10-11과 22-23절과 평행하는 자료가 제1에스드라에는 없다.

20 Talshir(1999: 51-2)는 제1에스드라 5:5에서 스룹바벨의 아들로 나타나는 요야김을 입증하고자 하지만, 예수아의 아들로 수정해야만 한다고 논증한다. 그러나 대상 3:17-24은 복잡하다. 대상 3장에 대해서 Knoppers(2004) 참조.

3. 느헤미야의 예수아 족보 구성

느헤미야 12:10-11은 족보 형태의 대제사장 승계가 아니라는 것을 논증하기 위해, 느헤미야 11-12장의 더 큰 구성 틀에서 느헤미야 12:10-11의 기능을 탐구할 필요가 있다.[21] 느헤미야 11장은 예루살렘과 주변에 정착하였던 제사장, 레위인, 유다 지파, 베냐민 지파에 집중하고 있다. 느헤미야 12장은 제사장과 레위인의 구체적 행위로 초점을 바꾼다. 느헤미야 12:1-26의 개요는 다음과 같다.

12:1-11 　 스룹바벨, 예수아, 다른 중요 귀환자들
　　12:1a 　 　 스룹바벨과 예수아와 함께 한 귀환 소개
　　12:1b-7 　 　 제사장의 지도자
　　12:8-9 　 　 레위인의 지도자
　　12:10-11 　 　 예수아의 족보
12:12-26 여호야김 시대 제사장과 레위인의 지도자
　　12:12-21 　 　 제사장의 지도자
　　12:22-23 　 　 엘리아십의 족보[22]
　　12:24-25 　 　 레위인의 지도자
　　12:26 　 　 　 결어

느헤미야 12:10-11의 형태와 문체는 이 족보 전후의 자료와 매끄럽게 어울리지 않지만, 이전 자료와 일부 겹치는 것처럼 보인다. 느헤미야 12:1-9

21　Ackroyd(1970: 162)는 에스라와 느헤미야가 "백성의 삶의 세 가지 위대한 순간을 다루고 있다. 즉, 회복, 재건, 그리고 위대한 두 지도자 에스라와 느헤미야의 사역"이라고 고찰한다. 느 11-12장은 분명히 출발점으로 회복과 재건에 집중한다. 그러나 이 장의 일부 계보는 에스라, 느헤미야, 그 이후 시대까지 확장된다.
22　아마도 엘리아십의 족보는 요야김 이후 세대로 나아가고, 그래서 요야김과 엘리아십 시대 사이에 긴장을 초래한다.

은 바벨론 귀환 동안 스룹바벨과 예수아와 함께 온 제사장과 레위인의 목록을 제시한다. 느헤미야 12:1-9은 특정 사건(스룹바벨과 예수아 지휘하의 귀환)에 기반을 둔 족장의 족보 목록을 제시한다. 하지만 느헤미야 12:10-11은 예수아에서 시작하여 얏두아까지 계속되는, 적어도 6세대에 걸친 한 가문의 단선형 족보로 초점을 바꾼다.

그 후 느헤미야 12:12-26은 요야김 시대(기원전 5세기 초)의 제사장과 레위인의 두 번째 세대 목록을 제시한다. 이 요야김은 느헤미야 12:10-11의 족보에서 언급된 예수아의 아들과 동일한 요야김이다. 따라서 느헤미야 12:1-9은 몇 가지 방식에서 느헤미야 12:12-26과 일치한다. 그러나 느헤미야 12:10-11은 동일한 이름 중의 몇몇을 언급하는 또 다른 짧은 족보를 제시하는 12:22과 강력한 유사성을 지니고 있다. 느헤미야 12:1-9의 내용은 느헤미야 12:10-11에서 볼 수 있는 계보의 내용과 다르지만, 뒤 구절은 느헤미야 12:10-11의 계보가 예수아에서 시작하는 것을 보아, 느헤미야 12:1-9에 언급된 제사장과 레위 귀환자를 다루는 자료의 절정으로 간주할 수 있다.

느헤미야 12:10-11의 소수의 사람들의 호칭, 특히 예수아와 엘리아십의 호칭을 언급하는 다른 성서 구절을 모른다면, 어느 누구도 이것이 대제사장의 족보라고 일반적인 가설을 세울 수가 없을 것이다. 자료에는 호칭, 기능 혹은 연표가 없다. 사실상 이 족보의 기능을 조명하기 위해서 학자들은 요세푸스를 살펴본다. 그는 이 사람들이 연속되는 대제사장이라고 언급한다. 요세푸스의 제사장 연대표는 대개 느헤미야 12:10-11의 순서와 부합하지만(요나단이 아닌) 요하난을 열거한다.[23] 그러나 이전에 언급했던 것처럼, 이것은 분명히 요세푸스가 자신만의 족보를 창출하기 위한 자료로 느헤미야의(일부) 판본을 사용하고 있는 경우이다.

---

[23] 요세푸스의 유대 고대사는 족보에서 다섯 이름을 언급한다. 예수아(11.73), 요야김(11.120-121), 엘리아십(11.158), 요야다(11.297), 얏두아(11.317-318)이다. 앞에서 논의한 것처럼, 12:10-11의 목록의 다섯 번째 이름인 요나단은 나타나지 않는다. 그러나 오히려 요하난(11.297)이 언급된다. 요하난에 대해서는 느 12:22 참조.

사태를 더 복잡하게 만드는 것은 계보에 거명된 여섯 명의 인물 모두가 대제사장으로 섬겼다는 것을 성서가 확정하지 않는다는 점이다. 예수아와 엘리아십만 대제사장으로 열거된다.[24] 요야김, 요야다,[25] 요하난/요나단, 그리고 얏두아는 히브리 성서에서 대제사장으로 전혀 열거되지 않는다.[26]

다른 맥락에서 예수아의 호칭을 언급하지 않는다면, 느헤미야 12:10-11의 족보는 단순하게 귀환한 종교 공동체 내에서 중요한 인물의 가계도로 보인다. 나아가, 예수아의 이름은 느헤미야 12:1-10에서 네 번 열거되기 때문에, 텍스트 내에서 어떤 모호성이 있다. 첫 번째 예수아는 12:1a에서 스룹바벨과 함께 열거되고, 다음으로 제사장 목록을 '예수아 시대'(느 12:7)라고 결론짓는 예수아이다. 그러므로 후자의 언급은 연대기적 표지가 된다.

두 예수아가 동일 인물이 아니라고 추정할 이유는 없을 것 같다. 예수아는 느헤미야 12:8에서 귀환한 레위인의 목록에 나타난 첫 번째 이름이다. 물론 예수아의 이름은 느헤미야 2:10의 계보에서 첫 번째로 열거된다.[27] 느헤미야 12:10-11은 귀환자 중 레위인 목록(느 12:8-9)에 이어지기 때문에, 한눈에 보기에 이 계보는 레위인의 족보로 해석될 수 있다. 사실상 자료가 귀환자 중 레위인 목록(느 12:8-9)이라기보다는 귀환자 중 제사장 목록(느 12:1b-7)에 이어지는 것이라면(느 12:10에서), 예수아가 누구인지에 대한 혼란을 덜어주는 것 같다.

그렇다면 느헤미야 12:10의 예수아는 어떤 예수아인가?

주요 인물의 특정 호칭을 피하려는 느헤미야의 일반적 유형을 쫓아서,

---

24 예수아는 학 1:1, 12, 14; 2:2, 4; 슥 3:1, 8; 6:11에서 대제사장으로 불린다. 대제사장 엘리아십은 느 3:1, 20과 13:28에서 찾아볼 수 있다.

25 요야다는 느 13:28에서 '대제사장 엘리아십의 아들'이라고 불린다. 이 경우에 '대제사장'이라는 호칭이 요야다에게 적용되는지, 엘리아십에게 적용되는지 확실하지 않다.

26 얏두아(ידוע)라는 이름이 아티카(Attic) 모조 동전에서 발견되었다. Lemaire(1990: 66)는 이 동전이 산발랏의 아들에게 속한 것이라고 설득력 있게 주장한다. Meshorer and Qedar(1999: 23)도 이 동전이 사마리아에서 주조되었다고 주장한다.

27 12:24에 '갓미엘의 아들 예수아'라는 언급이 있다. 이것은 아마도 느 12:8에 레위인 중에 언급된 예수아와 동일 인물일 것이다. 이 특정 레위 가문에 대해서는 스 2:40//느 7:43 참조.

이 족보는 예수아나 그의 후손 중 어느 누구의 지위나 호칭도 제시하지 않는다. 실상 예수아는 에스라나 느헤미야에서 결코 대제사장(הכהן הגדול)으로 언급되지 않는다.[28] 이는 예수아가 대제사장(הכהן הגדול)으로 여덟 번 언급되는 학개와 스가랴와 대조를 이룬다.[29] 예수아를 위한 호칭이나 부계명이 느헤미야 12:1a에 나타나지 않는다는 점이 가장 눈에 띈다.

여기에서 예수아는 스알디엘의 아들로 열거된 스룹바벨을 쫓는다.[30] 구체적으로 예수아와 관련하여 부계명의 현존이나 부재는 에스라와 느헤미야에서 눈에 띈다. 에스라에서 부계명인 요사닥의 아들 예수아는 세 번 나타난다(스 3:2, 8; 10:18). 그러나 느헤미야 12:26은 느헤미야에서 유일하게 나타나는 예수아의 부계명이다.[31] 그러나 결국 느헤미야 12:10에 언급된 예수아는 12:1a에 언급된 예수아와 동일 인물을 지칭하는 것으로 보인다.

느헤미야 12:10-11에 열거된 사람들의 정확한 지위는 모호하지만, 저자는 내림차순 족보를 사용함으로써 사람들 사이를 연결한다. 이런 족보의 범위가 완벽하게 포괄적일 필요는 없다. 비포괄적인 제사장 계보의 포로 후기 사례는 에스라 7:1-5에서 찾아볼 수 있다. 이 텍스트의 저자는 에스라의 족보를 아론까지 거슬러 올라가서 연대기순으로 기록하는데, 에스라를 포함

---

[28] 예수아는 스 2:2, 36; 3:9; 4:3; 5:2; 느 7:7, 39; 12:1, 7에서 지위 없이 열거된다. Japhet(1968: 343-4)은 הכהן הגדול('대제사장')이 에스라-느헤미야에서 대제사장 직책에 사용된다는 점을 유용하게 시사한다(느 3:1, 20; 13:28). 이는 대제사장의 호칭으로 הכהן הראש('으뜸 제사장')의 사용을 선호하는 역대기와 대조를 이룬다. הכהן הגדול 호칭은 역대기에만 나타난다(대하 34:9).

[29] 대제사장에 대한 이런 특별한 용어는 레 21:10에서 찾아볼 수 있다. 여기에서 על־ראשו שמן המשחה 와 והכהן הגדול מאחיו אשר יוצק('자기의 형제 중 관유로 부음을 받고 위임되어 그 예복을 입은 대제사장은')라고 언급된다. 이 구절에 대한 논의는 Bailey(1951: 217-27) 참조.

[30] 느헤미야에서 이것은 부계명으로 열거된 스룹바벨의 유일한 예이다. 스알디엘의 아들 스룹바벨에 대한 다른 언급은 스 3:2, 8; 학 1:1, 12, 14; 2:2, 23에서 찾아볼 수 있다. 또한 느 12:1에서 스룹바벨이나 예수아에게 공식 호칭이 부여되지 않는다는 점도 주목할 만하다.

[31] 그 구절은 다음과 같이 진술한다. "이상의 모든 사람들은 요사닥의 손자 예수아의 아들 요야김과 총독 느헤미야와 제사장 겸 학사 에스라 때에 있었느니라." Williamson은 에스라와 느헤미야를 요야김 대제사장 시절로 추정하는 것에는 기본적으로 연대기적 문제가 있다고 본다. 오히려 그는 "그들의 행위를 예루살렘, 성전, 예배의 회복을 위한 연합 사역으로 제시"하기를 원한다(Williamson, 1985: 365-6). 또한 예수아의 부계명에 대한 유일한 언급은 에스라는 인물과 연관해서라는 점이 중요하다.

하여 17명의 이름을 열거한다.

분명히 에스라 7:1-5은 불완전한 목록이고, 족보의 편집자는 의도적으로 덜 중요한 인물들을 얼버무리고 넘어간다. 이 족보의 기능은 에스라에 대한 흠 잡을 데 없는 계보를 확립하는 것이어서, 그를 시내산 시대의 관련된 권위 있는 제사장적 인물과 연결시킨다.[32]

문맥 안에서 느헤미야 12:10-11의 족보의 위치에 대한 질문으로 돌아가서, 이 족보에 어떤 호칭도 눈에 띄지 않는 것은 분명히 의도적이다. 후대 저자가 고의적으로 호칭을 삭제한 것(Koch, 2001)이라기보다, 원래 구성으로 보는 것이 더 가능성이 있다. 나아가, 느헤미야 12:10-11은 공동의 유대, 즉 단선형 족보에 제시된 친족에 대한 구체적 진술로 서로 연결된 여섯 이름을 담고 있다. 구조적으로, 구성적으로, 예수아의 중요성은 확연하다. 그는 족보의 중심점 역할을 한다. 왜냐하면 그의 이름은 첫 번째로 등장하기 때문이다. 얏두아 역시 이 족보에서 중요하다. 그의 위치는 마지막 이름이기 때문이다. 로버트 윌슨(1977: 72)은 전체 족보를 제시하지 않고 한 사람을 앞 세대에 삽입하거나 연결하는 것은 고대 근동 세계, 특히 한 왕이 자신을 '왕조의 창시자'와 연결하고자 할 때 흔히 있는 일이었다고 논증한다.[33] 느헤미야 12:10-11은 예수아로 시작하는 제사장 족보이지만, 이는 대제사장 계승을 나타내는 것은 아니다. 다시 말하지만, 대제사장으로서 목록에 나타나는 여러 이름에 대한 다른 성서의 언급이 없기 때문에, 이 결론의 타당성은 강화된다.

그렇다면 느헤미야 12:10-11의 목적은 무엇인가?

정당성과 따라서 특정 직책에 대한 어떤 집단의 사람들의 배타적 권리가

---

[32] 또한 Knoppers(출간예정) 역시 에스라의 족보에서 그를 '대제사장' 혹은 '첫 번째 제사장' (הכהן הראש)으로 언급되는 아론을 통해 내려오는 대제사장직과 연결하는 점을 시사한다. 마소라 텍스트는 결코 에스라를 대제사장으로 분명히 언급하지 않는다. 그러나 제1에스드라 9:39, 40, 49에서 에스라는 분명히 *ho archiereus*, '대제사장'으로 불린다.

[33] 앗수르 왕 엣살핫돈은 그의 명문(銘文) 중 하나에서 족보를 제시한다. 그는 자신을 산헤립(아버지), 사르곤(할아버지), 벨루바니(Belubani)와 연결한다. 벨루바니는 앗수르 왕조의 창시자 중 한 명이기 때문에, 계보는 62명의(벨루바니로부터 사르곤까지) 왕을 건너뛰는 것이다. Wilson(1977: 65-7)은 이런 삽입 현상의 다른 사례를 제시한다. 또한 Johnson, 1988 참조.

'대제사장' 족보 구성의 핵심이었다면, 왜 느헤미야 12:10-11에서 제사장 호칭이 보이지 않고, 대제사장 호칭은 더욱 더 보이지 않는가?

또 다른 질문은 다음과 같다.

이름에 호칭을 붙이지 않은 현재 문맥에서 이 목록의 목적은 무엇인가?

이것은 얏두아와 그의 후손의 정체성을 더 모호하게 하는가?

학개, 스가랴, 요세푸스 고대사와 같은 여타 자료는 느헤미야 12:10-11의 단선형 족보에 열거된 몇몇 사람을 대제사장으로 지칭한다.[34] 그러나 이런 언급이 없다면, 느헤미야 12:10-11에 나타난 모든 이름을 대제사장으로 해석하기는 힘들 것이다. 앞에서 언급하였듯이, 제목의 부재가 족보의 중요성을 완전히 부인하는 것이 아니다. 오히려 족보의 한 가지 기능은 계보의 첫 번째 이름을 참조하여 열거된 집단을 합법화하는 것이다.

그 가문은 너무 유명해서 자료에 제목을 붙일 필요가 없지는 않았을까?

호칭이나 제목의 부재는 성서의 더 넓은 맥락, 특히 학개와 스가랴의 호칭 사용에 비추어 보면 드문 경우이다. 그러나 아마도 이것은 느헤미야의 저작에서는 이상하지 않았을 것이다. 에스라-느헤미야의 저자들은 특정 호칭, 특히 예수아(그리고 또한 스룹바벨과 연관해서)와 연관된 특정 호칭을 회피하려는 경향이 있다. 이것은 의도적일 수 있고, 많은 요인들 때문일 수 있다. 그러나 직무의 명성은 느헤미야 텍스트와 그 청중에게는 중요한 것이 아니었을 수도 있다.[35]

---

34 예수아는 학 1:1, 12, 14; 2:2, 4; 스가랴 3:1, 8; 6:11에서 הכהן הגדול(대제사장')라고 불린 첫 번째 인물이다. 이 용어는 포로 후기까지 나타나지 않는다. VanderKam(2004: 21)은 이 호칭과 레 21:10의 מאחיו הכהן הגדול('그의 형제 중에 높임을 받은 제사장')를 연결한다. 한 가지 질문은 이것이 왕하 19:1-7과 렘 19:1의 הכהנים זקני('장로 제사장')과 같은가에 대한 것이다. Dommershausen(1995: 71) 참조. 예수아는 또한 이 구절들에서 스룹바벨과 연결해서 열거된다(학 1:1, 12, 14; 2:2, 4; 스 2:2; 3:2; 4:3; 5:2; 느 7:7; 12:1; 제1에스드라서 5:5, 8, 48, 56, 68; 6:2). 왕정 시대에 대제사장은 종종 הכהן('그 제사장,' 왕상 4:2), כהן הראש('으뜸 제사장,' 왕하 25:18)으로 지칭되었다. 이 동일 호칭이 또한 스 7:5에서는 아론을 지칭한다. 그러나 포로기 이전 말까지 과연 대제사장이 있었는지 여부에 대한 논쟁이 있다.

35 Rooke(2000: 172)은 페르시아 시대에 이 직책이 권력을 지니지 않았기 때문이라고 논증한다. Rooke은 또한 다음과 같이 언급한다. "놀라운 것은 대제사장이 언급되지 않는 곳이다. 즉, 느

4. 역대상 5:27-41, 소위 또 다른 '대제사장' 족보

느헤미야 12:10-11에서 찾아볼 수 있는 양상과 중요한 유사점을 지닌 족보의 예는 역대상 5:27-41이다. 역대상 5:27-41의 경우에, 제사장 자료는 느헤미야 12장의 예수아 족보보다 범위 면에서 훨씬 넓다. 게다가, 역대상 5장에는 몇몇 이름이 더 있는데, 이는 느헤미야의 족보보다 시간상 훨씬 더 긴 기간에 걸쳐 있다. 역대상 5:27-41에서 족보는 '레위의 아들'이라는 구절로 시작하고, 계속해서 그의 세 아들을 열거한다. 다음 세대는 레위의 둘째 아들 고핫과 그의 네 아들을 열거한다. 4대에 걸친 것으로 보이는 기간 동안, 족보는 아버지와 아들의 아들을 목록으로 보여 주는 식으로 세분화되거나 수평적 족보를 따른다.[36] 아론과 그의 네 아들 나답, 아비후, 엘르아살, 이다말을 언급한 후에, 족보는 단선형 패턴으로 바뀐다. 즉, 아버지와 표면적으로 장자 혹은 적어도 가문의 주요 지위를 승계할 사람만을 쫓아간다.

이런 단선형 족보는 엘르아살로부터 여호사닥까지 22대를 기재한다. 느헤미야 12:10-11에서 친족 관계는 동사 ילד의 히필 완료 형태의 사용을 통해 분명히 언급된다.[37] 느헤미야 12:10-11처럼, 단선형 족보에서 친족관계는 ילד('낳다')의 히필 완료형으로 언급된다. 그러나 느헤미야 12:10-11과 달리, 세대는 27절의 '레위의 아들'이라는 제목 아래 함께 연결된다. 그러므로 역대상 5:27-41의 족보는 지파(레위)의 선조의 이름 아래 이 모든 세대를 성공적으로 묶는다.

헤미야에서 예루살렘 성벽 봉헌 때에, 대제사장은 이름으로나 직책으로나 언급되지 않는다 (느 12:27-43). 또한 공중 낭독과 고백 이후 율법을 지키는 계약의 인봉자로도 나타나지 않는다 (느 10:2-28)."

36 아므람의 경우 그의 후손으로 아론, 모세, 미리암이 열거되는 것(대상 5:29)에 주목할 만하다. 대상 5:27-29의 세분화된 목록에서 미리암은 그 집단에서 언급된 유일한 여성이다.

37 ילד는 마소라 텍스트에서 칼형과 히필형으로 가장 자주 나타난다. 또한 창세기와 역대상에서 가장 자주 볼 수 있다. 종종 히필형은 아버지, 아들 등으로 따라가는 수직형 족보에 사용된다. 반면 칼형은 수평형 족보에서 선호된다(Schreiner, 1990: 76-80). 이것은 분명히 느 12:10-11과 대상 5:30-40에서 나타나는데, 이는 엄격하게 수직형 족보이며, 히필 완료형을 사용한다.

역대상 5:27-6:34에서 레위와 그의 후손에게 할당된 일반적 자료는 광범위하여, 레위 계열과 연결된 다른 세 족보(소위 '대제사장' 족보 5:27-41, 레위계 족보 6:1-15, 레위계 노래하는 자 6:16-34)를 열거한다. 역대상 5:27-41은 다른 제사장 목록, 특히 에스라의 족보(스 7:1-5)와 비교되어왔다.[38] 사라 야펫은 제1성전 함락 이후, 제2성전 건설 이전에, 한 계열의 순수성에 집중하고, 제사장은 아론계로부터 나와야만 한다는 근자에 생겨난 감정에 부응하기 위해 조상의 합법성을 확립해 줄 목록의 필요성이 대두하였다고 본다(1993: 151). 역대상 5:29-41과 또한 에스라 7:1-5의 경우에, 그 목록은 분명히 제사장 계보와 아론을 연결한다. 에스라의 경우, 그는 궁극적으로 아론에 연결시킴으로써, 계보를 정당화하고자 한다(Knoppers [출간예정]).

그러나 느헤미야의 경우, 아론에 대한 언급은 두 번밖에 없다. 아론의 후손인 제사장에 대한 일반적 언급(느 10:39)과 '아론 자손을 위한 것과 구분된'(느 12:47) 레위 계열에 대한 언급이다. 그러나 느헤미야 12:10-11의 제사장 족보에는 아론이나 사독에 대한 언급이 없다. 느헤미야 12:10-11의 계보는 귀환을 출발점으로 삼고, 포로기 이전 사건보다는 후속 사건을 다룬다.

나아가 느헤미야 12:10-11과 다른 성서 족보, 특히 역대상 5장과 비교해 보면, 완벽하거나 실제 계승 순서를 재구성하는 것이 반드시 족보 작성의 주요 동기가 아니라는 점을 보여 준다. 주요 관심사는 특정 가문의 합법성이다. 느헤미야 12:10-11처럼, 역대상 5:27-41은 보통 대제사장의 족보를 구성하는 것으로 간주된다. 특히 이 두 족보에서 주목할 만한 것은 두 족보 모두 왕조 몰락 이후에 작성되었고, 다른 방식이지만 특정 제사장 계보를 합법화하는 것에 집중한다는 점이다. 역대상 5:27-41의 계보는 뿌리를 고대와 연결시키는 반면, 느헤미야 12:10-11의 계보는 뿌리를 엄격하게 귀환 초기와 연결시킨다.

---

38 대상 5:27-41의 제사장 족보에 나타난 이름 중 일부는 스 7:1-5(16명 중복), 대상 6:35-38(12명 중복), 대상 9:11(5명 중복), 느 11:11(6명 중복, 순서는 다름)에서도 찾아볼 수 있다.

역대상 5:27-41의 경우, 족보 생성의 목적은 고핫족 제사장 계열을 이스라엘의 시작으로 거슬러 올라가서 연결시킨다.[39] 이 텍스트가 엄격하게 대제사장의 족보로 기능한다고 추정하는 것은 문제가 많다. 다른 맥락에서 찾아볼 수 있는 핵심 이름이 빠져 있기 때문이다.[40] 게다가, '대제사장' 혹은 '으뜸 제사장'이라는 호칭은 결코 등장하지 않는다. 사실상 역대상 5:27-41에 제시된 유일한 호칭은 '제사장'(대상 5:36)이다. 포로 후기 유다의 상황에서 저자는 특정 제사장 계열을 합법화하고자 한다. 그 계열은 고핫족 제사장 가문 계승에 집중하지만, 다른 제사장 계열의 존재를 부인하지 않는다. 아론계 유산에는 다른 부속 계열이 있다.

그래서 이 텍스트는 일련의 승계를 제시하는데, 여기에서 일부 후손이 대제사장이 될 수 있었고, 다른 문맥에서 그와 같이 언급된다. 그러나 같은 이유로 이는 전체 계승의 각 인물이 대제사장으로 섬겼다는 것을 의미하지 않는다. 동일한 방식으로 예수아 후손의 일부는 대제사장이(되었고) 될 수 있었지만, 모두가 그랬던 것은 아닌 것 같다. 레위(그리고 아론)로부터 여호사닥까지 계속되는 한 계열을 만듦으로써, 역대상 5:27-41의 족보는 포로 후기에서 제사장(혹은 대제사장)의 지위에 특정 가문의 권리를 주장한다. 추가적으로 여호사닥으로 끝나는 이 특정 계열을 합법화함으로써, 이 목록은 또한 암암리에 예수아와 그의 계열을 합법화한다. 따라서 이 족보는 포로기 이전(그리고 이후)에 특정 제사장 계열을 승인한다.

궁극적으로 역대상 5:27-41과 느헤미야 12:10-11의 두 저작 모두 족보에서 열거된 사람들에 대한 호칭을 제시할 필요가 없다. 역대상 5:27-41의

---

39 Knoppers(2003: 412)는 이 목록에 관한 일반적인 입장은 "역대기나 후대 편집자는 이스라엘의 기원 시점까지 거슬러 올라가서 추적한다. 이런 셈법에서 아론은 긴 대제사장 계보의 맨 첫 인물이다"라고 지적한다. 그러나 Knoppers는 대제사장직을 그 이상으로 복잡한 문제라고 본다. 대상 5:27-41은 고핫족 제사장직의 계승을 대변한다. 이 목록의 일부는 대제사장이었다. 그러나 모든 자들이 대제사장직에 있었다는 것은 아니다. 고핫족은 제사장 가문 중의 하나였다.

40 Knoppers(2003: 412)는 신명기역사서와 역대기의 유다 왕조 기사의 핵심적인 제사장 중 일부는 대상 5:29-41에 나타나지 않는다고 주장한다. 특히, 여호야다(대하 22:11-24. 160), 우리야(왕하 16:10-16), 아사랴(대하 26:20, 웃시야 재임 당시)가 그러하다.

경우, 여호사닥의 선조를 아론으로, 궁극적으로는 레위까지 연결하는 것은 레위로부터 여호사닥까지 연속체로 계속 존재했음을 분명히 주장한다. 편집자가 보기에 몇몇 핵심 이름들이 있다. 첫 번째 이름은 레위, 세분화된 족보의 마지막 이름은 아론, 단선형 족보의 첫 번째와 마지막 이름은 각각 엘르아살과 여호사닥이다. 느헤미야 12장의 계보는 역대상 5:27-41만큼 복잡하지는 않지만, 이 목록의 목적은 유사하다. 즉, 특정 가문 계열을 합법화해야 할 필요성이다.

그러나 역대상의 계보와는 달리, 느헤미야 12:10-11은 고대와 연결되지 않고, 오히려 성전 재건과 관련된 귀환자의 세대와 연결된다. 사실상 예수아의 아버지의 이름을(학개와 스가랴에서처럼) 제시한다면, 대제사장의 포로기 이전 직무와 친족의 관련성은 더 강력해진다고 논증할 수 있다. 그러나 느헤미야 12:10-11의 저자의 경우, 가계도의 합법은 예수아의 아버지나 할아버지가 아니라, 예수아에게 달려 있다. 그의 합법성은 느헤미야 12:1에 언급된 것처럼 그가 스룹바벨과 함께 귀환하였다는 사실에 달려 있다.

5. 결론

예수아의 계보를 입증하는 것의 중요성은 느헤미야 11-12장의 더 넓은 틀 안에서 12:10-11을 포함한 이유의 이면으로 보인다. 여호사닥과 몇몇 핵심 조상과 왕조 인물을 연결하는 역대상 5:27-41처럼, 느헤미야 12:10-11은 얏두아를 그의 유명한 조상인 포로 후기 초의 권위 있는 제사장 예수아와 연결한다. 이 목록에 열거된 이름 중 일부는 대제사장으로 복무를 하였고, 아닌 이들도 있다. 보다 중요한 것은 이 족보가 예수아로부터 얏두아에 이르는 단일 가문의 계승을 수립하고자 구성되었다는 점이다. 이 연관성을 통해 얏두아의 선조는 분명 합법성을 지닌 것으로 확립된다. 느헤미야 12:10-11과 12:22을 제사장의 계보로 접근하면 얻는 것이 많다.

우선, 느헤미야 12:10-11과 22의 불일치 문제를 해결한다. 요하난과 요나단 사이에서 대제사장을 선택할 필요가 없기 때문이다. 게다가 기원전 6세기와 5세기에는 이름이 너무 많고, 4세기에는 이름이 너무 적은 문제를 해결한다. 즉, 이 목록은 대제사장의 정확한 승계를 반영하는 것이 아니기 때문에, 비일상적으로 긴 임기라는 문제를 해결할 필요가 없다.

이 해석과 함께 제기된 또 다른 중요한 문제는 가능성 있는 에스라의 대제사장직에 관한 것이다.[41] 일부 학자들은 에스라가 대제사장이었을 가능성에 반대하는 증거로 느헤미야 12:10-11과 22을 든다. 그러나 느헤미야 12:10-11, 22이 엄격한 대제사장 계승 목록이 아니라면, 에스라의 대제사장 역할과의 충돌은 줄어든다. 사실상 에스라는 그가 행한 많은 역할로 보아, 대제사장의 역할을 하였던 것으로 보인다(Grabbe, 1994; Scolnic, 1999). 여기에 전개된 논증이 그 시대에 에스라가 대제사장의 역할을 하였다는 견해를 긍정적으로 뒷받침하지 못하지만, 그런 견해의 장애물 중 하나를 제거할 수는 있다.

나아가, 성서 밖 자료와 성서 증거물 중 일부(즉, 느 12:10-11)가 일치하지 않는 점은 더 이상 핵심 쟁점 사항이 아니다. 이런 불일치에 대한 분명한 한 가지 사례는 '요하난'이다. 그는 기원전 408년으로 연대 추정이 되는 엘레판틴 파피루스에서 예루살렘의 대제사장으로 언급된다(Porten, 1996: 140). 느헤미야 12:10-11과 12:22-23의 추정되는 연대 내에 위치시키기 어려운 또 다른 증거는 יוחנן הכהן('제사장 요하난')이라는 명문을 지닌 기원전 4세기 아티카(Attic) 동전이다. 사실 이것은 느헤미야 12:22, 23에 언급된(대제사장) 요하난을 언급하는 것이라고 논증되어 왔다(Barag, 1985: 167). 실상 이것은 요하난과 얏두아 사이의 80년이 넘는 시기에 근거를 둔 것이다 그래서 두 자료 모두 이 계보에 나타난 이름(각각을 대제사장으로 이해)과 활용 가능한 금석학적 증거를 상호 연결하는 연대기적 쟁점을 시사한다.

마지막으로, 요세푸스의 목록은 족보 형태의 대제사장 계보로서 느헤미

---

41 De Vaux는 에스라가 대제사장직에 취임하였다고 논증한다(1997: 397). 또한 Koch(2001) 참조.

야 12:10-11과 12:22의 합법성을 시사하는 데 사용되어 왔다. 요세푸스는 단일 가문 내에서 지속적 승계가 있었다고 주장하기 때문에, 이 해석은 지배적 견해가 되어 왔다. 그러나 느헤미야 자료를 제외하고, 성서에서 대제사장 승계에 대한 다른 증거는 찾아볼 수 없다. 그래서 요세푸스의 내러티브는 느헤미야에 대한 해석이라는 점이 분명하고, 엄격하게 말해서 느헤미야 12:10-11과 22을 대제사장 족보로 간주하는 데 신빙성을 부여하지 못한다.

이 모든 논점은 느헤미야 12:10-11, 22을 예수아 가문의 계보 이상의 것으로 해석하는 것의 문제점을 강조한다. 물론 이 계보에 언급된 모든 사람들이 대제사장이었다는 것은 이론적으로 가능하다. 그러나 그렇다 할지라도, 이 개인들이 페르시아 시대의 유일한 대제사장이라고 가정해서는 안 된다. 오히려 이 자료의 주된 기능은 예수아의 중요성을 환기하는 것이며, 그의 후손들 중에서 계승을 도식화하는 것이다.

필자가 해석하기에는, 예수아 계열이 아닌 자가 페르시아 시대에 대제사장이 될 수도 있었다. 또한 이 자료가 더 이상 느헤미야 12:10-11과 12:22에 나타나는 이름의 계승에 부합하거나 일치해야만 할 필요가 없다는 점을 고려할 때, 이런 해석은 성서 밖 자료에 접근하는 다른 방식도 용납하게 된다. 마지막으로, 필자의 가설은 목록의 중자 탈락의 가능성을 배제하지 않지만 이것을 필요로 하지도 않는다.

제사장 족보, 특히 느헤미야 12:10-11을 문학적 틀 안에서 연구하는 것은 왕조 몰락 이후 시대의 친족 관계의 중요성을 시사한다. 이 족보를 생산함으로써, 느헤미야 12:10-11과 22의 저자들은 예수아와 후대 사이의 연관성에 대해 구체적으로 주장하게 된다. 페르시아와 헬라 시대의 더 큰 맥락 속에서 족보는 예후드 공동체의 특정 엘리트 가문의 중요성에 주목한다. 예수아의 계보는 분명히 포로 후기 공동체의 귀환자 후손들 사이에서 주요 지위에 자신의 가문을 두려는 시도이다.[42]

---

[42] 필자는 본 논문을 위한 Gary Knoppers의 유익한 논평과 제안에 감사를 표하는 바이다.

참고 문헌

Ackroyd, P. R.
1970   *Israel under Babylon and Persia*(Oxford: Clarendon)

Bailey, J.
1951   "The Usage in the Post Restoration Period of Terms Descriptive of the Priest and High Priest," *JBL* 70: 217-27.

Barag, D.
1985   "Guide to Artifacts: Some Notes on a Silver Coin of Johanan the High Priest," *BA* 48/3: 166-8.

Bartlett. J.
1968   "Zadok and his Successors at Jerusalem" *JTS* 19: 1-18.

Blenkinsopp, J.
1988   *Ezra-Nehemiah*(OTL; Philadelphia: Westminster Press).

Cross, F. M.
1974   "The Papyri and their Historical Implications" in P. Lapp and N. Lapp(eds), *Discoveries in the Wâdi Ed-Dâliyeh*(ASOR, 41: Cambridge, MA: ASOR): 17-29.
1975   "A Reconstruction of the Judean Restoration," *JBL* 94: 4-18.
1998   *From Epic To Canon: History and Literature in Ancient Israel*(Baltimore: The Johns Hopkins University Press).

De Vaux, R.
1977   *Ancient Israel*(trans. J. McHugh; Grand Rapids: Eerdmans).

Dommershausen, W.
1995   "כהן," *TDOT*, 7: 66-75.

Edelman, D.
2005   *The Origins of the 'Second' Temple*(London: Equinox).

Eskenazi, T.C.
1988   *In An Age of Prose*(Atlanta: Scholars Press).

Grabbe, L. L.
1994   "what was Ezra's Mission?," in T. C. Eskenazi and K. H. Richards(eds), *Second Temple Studies, 2: Temple Community in the Persian Period*(JSOTSup, 175; Sheffield: Sheffield Academic Press): 286-99.
1998   *Ezra-Nehemiah*(London: Routledge).

2004   *A History of the Jews and Judaism in the Second Temple Period*, vol. 1(LSTS, 47; London: T&T Clark).

Japhet, S.
1968   "The Supposed Common Authorship of Chronicles and Ezra-Nehemiah Investigated Anew," *VT* 18: 330-71.
1982   "Sheshbazzar and Zerubbabel. Against the Background of the Historical and Religious Tendencies of Ezra-Nehemiah," *ZAW* 94/1: 66-98.
1993   *I and II Chronicles: A Commentary*(OTL; Louisville: Westerminster John Knox).

Johnson, M.
1988   *The Purpose of Biblical Genealogies*(2nd edn; SNTSMS, 8; Cambridge: Cambridge University Press).

Knoppers, G. N.
2003   "The Relationship of the Priestly Genealogies to the History of the High Priesthood in Jerusalem," in O. Lipschits and J. Blenkinsopp(eds), *Judah and the Judeans in the Neo-Babylonian Period*(Winona Lake, IN: Eisenbrauns): 109-33.
2004   *I Chronicles 1-9*(AB, 12; New York: Doubleday).(forthcoming)'Identity, Ethnicity, Geography, and Change: The Judean Communities of Babylon and Jerusalem in the Story of Ezra,' in G. N. Knoppers and K. A. Ristau(eds), *Community Identity in Judean Historiography: Biblical and Comparative Perspectives*(Winona Lake, IN: Eisenbrauns).

Koch, K.
2001   "Ezra and Meremoth: Remarks on the History of the High Priesthood," in M. Fishbane and E. Tov(eds), *Sha'arei Talmon*(Winona Lake, IN: Eisenbrauns): 105-10.

Lemaire, A.
1990   "Populations et territoires de la Palestine à l'époque perse," *Trans* 3:31-74.

Mazar, B.
1957   "The Tobiads," *IEJ* 7: 288-35.

Meshorer, Y. and S. Qedar
1999   *Samaritan Coinage*(Numismatic Studies and Researches, 9; Jerusalem: Israel Numismatic Society).

Miller, J. M.
1967   "Another Look at the Chronology of the Early Divided Monarchy," *JBL* 86: 276-88.

Miller, J. M., and J. Hayes
1986   *A History of Ancient Israel and Judah*(London: SCM Press).

Mowinckel, S.
1964   *Studien zu dem Buche Ezra-Nehemia; Die Nachchronische Redaktion des Buches: Die Listen: 2*(Oslo: Universitets-forlaget).

Porten, B.
1996   *The Elephantine Papyri in English*(Documenta et monumenta Orientis Antiqui, 22; Leiden: Brill).
2001   "Paponymy among Elephantine Jews"(Hebrew), in Z. Talshir, S. Yona and D. Sivan(eds), *Homage to Shmuel: Studies in the World of the Bible*(Jerusalem: Bialik Institute, Ben-Gurion University Press): 332-61.

Porten, B., and A. Yardeni
1986-99   *Textbook of Aramaic Documents from Ancient Egypt*(4 vols; Jerusalem: Hebrew University).

Rooke, D.
2000   *Zadok's Heirs: The Role and Development of the High Priesthood in Ancient Israel*(Oxford: Oxford University Press).

Schreiner, J.
1990   "ילל," *TDOT*, 6: 76-8, 79-80.

Scolnic, B. E.
1999   *Chronology and Papponymy: A List of the Judean High Priests of the Persian Period*(Atlanta: Scholars Press).

Talshir, Z.
1999   *I Esdras: From Origin to Translation*(Atlanta: Society of Biblical Literature).

VanderKam, J. C.
1991   "Jewish High Priests of the Persian Period: Is the List Complete?," in G. A. Anderson and S. M. Olyan(eds), *Priesthood and Cult and Ancient Israel*(JSOTSup, 125; Sheffield: Sheffield Academic): 67-91.
2004   *From Joshua to Caiaphas: High Priests after the Exile*(Minneapolis: Fortress Press).

Williamson, H. G. M.
1977   "The Historical Value of Josephus' *Jewish Antiquities* xi. 297-301," *JTS* 28:49-66.
1982   *1 and 2 Chronicles*(NCB; Grand Rapids: Eerdmans).
1985   *Ezra, Nehemiah*(WBC, 16; Waco: Word).

Wilson, R.
1977   *Genealogy and History in the Biblical World*(Yale Near Eastern Researches, 7; Yale: Yale University Press).

제6장

"그들은 시온에 기쁨으로 오리라" 아니면 그들은 왔는가? 초기 페르시아 예후드 정착

레스터 L. 그래브 | 훌대학교

페르시아 시대의 유다에 대해 저술한 자들은 텍스트(혹은 과거의 해석)를 종종 단순하게 반복하여 왔다. 하지만 최근에는 많은 질문과 의혹이 제기되고 있다. 구체적인 의혹이나 궤변에 동의하지 않지만, 이는 전부 환영할 만한 일이다. 아케메니드 통치하의 유대인 이해의 진전을 이루려면, 새로운 생각이 필요하며 새로운 이론을 기꺼이 받아들여야 한다. 그러나 새로운 논지는 모두 타당한 비판적 검토를 거쳐야만 하며, 무언가가 새롭다고 해서 그것이 옳은 것은 아니다.

새로운 사상 영역 중의 하나는 바벨론에서 온 유대인의 팔레스타인과 예후드 지역의 정착에 관한 것이다. 에스라 1-6장의 텍스트는 정착이 이미 고레스 치세 초기에 바로 일어났음을 시사한다. 에스라 2장은 그 당시 귀환자를 4만 명 이상으로 추정한다. 에스라 2장의 표면적 상황에 대하여 오랫동안 의문이 제기되어 왔다.[1] 즉, 정착자 목록(두 개의 구분된 목록으로 작성된 것으로 보인다)과 그들의 숫자, 그리고 여호수아와 스룹바벨의 예후드 등장이다. 에스라 1장에도 불구하고, 여호수아와 스룹바벨의 등장은 고레스가 바

---

1 본 장에 대한 상이한 견해의 좋은 요약을 위해서는 다음의 주석을 참조하라. A. H. J. Gunneweg(1985), H. G. M. Williamson(1985), 그리고 J. Blenkinsopp(1989). 자료가 훨씬 후대에서 온 것이라고 논증하는 아마도 가장 최근의 연구로 Finkelstein(2008a) 참조.

제6장 " 그들은 시온에 기쁨으로 오리라" 아니면 그들은 왔는가? 초기 페르시아 예후드 정착   169

벨론을 정복한지 거의 20년이 지난 다리오 치세까지 이루어지지 않았던 것 같다. 의심에도 불구하고, 페르시아 시대 초기에 메소포타미아로부터 온 유대인의 새로운 정착에 대한 일반적 상황은 광범위하게 수용되어 왔다. 그러나 이제 다이애나 에델만(Diana Edelman, 2005)은 여호수아와 스룹바벨의 사역을 기원전 6세기 후반보다 5세기 중반으로 연대 추정을 해야만 한다고 논증한다.

필자의 연구 목적은 바벨론에서 예후드로 온 유대인 귀환의 배경과 연대에 대하여 다시 질문을 하는 것이다. 이것은 구체적으로 에델만의 논지를 검토하는 것이 아니라, 몇몇 논지에서 그녀의 특정 논증에 대하여 응답을 할 필요가 있다. 그러나 필자의 주된 관심사는 데이터를 이해할 가장 합당한 방식이라는 더욱 광범위한 질문을 하려고 한다. 따라서 필자가 보기에 강력한 연대 변경에 대한 에델만의 논증을 포함하려고 노력하지만, 후대 연대를 위한 논증 형성은 구체적으로 에델만의 것이 아니라, 필자의 것이다.[2]

1. 연대 재평가에 대한 믿을 만한 근거가 있는가?

성서 본문은 페르시아 시대 초기, 즉 고레스나 다리오 치세 혹은 두 왕 모두의 치세에서 유대인의 대대적 귀환이 있었다는 것을 분명히 밝힌다.

우리는 이를 받아들이지 말아야만 하는가?

많은 이들은 텍스트가 분명하기 때문에 다른 곳을 살펴보는 것은 어리석다고 논증한다. 그래서 우리는 대단히 타당한 이유가 없다면, 텍스트에 동의해야만 한다. 그러나 고려해야만 할 몇 가지 사항이 있다.

---

[2] 물론 그녀의 논증 중 일부는 단순히 그녀의 논지에 대한 이의 제기에 답하는 방식을 취할 뿐이다. 따라서 그녀의 주장은 이의에 기초를 두지도 않고, 그에 대한 반증이 그녀의 논증을 실패로 돌리지도 않는다. 그러나 이런 뒷받침하는 논증의 강점이나 약점이 그녀의 전반적인 논지의 설득력에 영향을 분명히 미친다.

① 페르시아 시대 초기에 새 정착자의 급작스러운 유입에 대한 고고학적 증거가 없다. 반면 페르시아 시대에 급격한 인구 팽창의 증거를 보여 주는 시기는 없다(Lipschits, 2005: 267-71). 또한 핑켈슈타인(I. Finkelstein, 2008a)은 이제 에스라 2장//느헤미야 7장의 귀환자 목록이 페르시아 시대보다는 하스몬 시대의 고고학에 가장 잘 맞는다고 논증한다.
② 필자는 에스라 1-6장을 포함하여 에스라가 많은 문제를 지니고 있다는 것을 여러 출판물에서 논증하였다(Grabbe, 1991; 1994; 1998; 2004; 2006). 바벨론 정복 직후 귀환에 대한 묘사가 당연히 정확할 것이라고 받아들여서는 안 된다.
③ 페르시아 시대 초반, 중반, 후반에 다리오라는 이름을 지닌 세 명의 왕이 있다. 이것은 광범위한 사건의 연대를 잠재적으로 다리오 통치로 할당하도록 한다.

그래서 귀환에 대한 재평가는 분명 정당하다. 문제는 우리가 언제 이를 찾아보아야만 하는가이다.

2. 첫 번째 정착의 연대에 대한 암시

페르시아 시대의 유대인에 관한 마력을 지닌 새로운 정보는 없다. 아무리 문제가 많더라도 우리가 종종 다루고 있는 친숙한 문서와 자료에 의존할 수밖에 없다. 특히 필자처럼, 에스라 내러티브에 문제가 많다고 논증한다면, 페르시아 예후드에 대한 자료의 성격상, 어떤 논증이라도 잠정적일 수밖에 없다는 점을 인정해야만 한다. 반면 필자는 에스라서 이곳저곳에서 정보를 도출할 수 있다고 본다. 또한 학개와 스가랴는 유용하며, 느헤미야 비망록을 제외하고는 아마도 가장 문제가 없는 자료일 것이다.

필자가 보기에, 느헤미야의 관점은 무비판적으로 받아들이고 싶은 자료

제6장 "그들은 시온에 기쁨으로 오리라" 아니면 그들은 왔는가? 초기 페르시아 예후드 정착   171

는 결코 아니지만, 분명히 느헤미야 비망록은 합리적인 동시대의 문서기록이다. 마지막으로, 최근의 연구는 이 시대의 고고학을 훨씬 더 잘 알려주고 있다. 다음은 메소포타미아 출신의 유대인들이 유다에서 다시 정착했을 때의 암시이다.

1) 고레스 칙령

이것은 에스라 1:2-4에서 주장된 칙령이 아니며, 이를 변호하고자 하는 이들도 있지만, 필자가 보기에 진정성 있는 칙령이 아니다(비교. Grabbe, 2004: 271-6). 에스라 1장과 반대로, 고레스가 바벨론 왕이 되었을 때, 그의 첫 번째 관심사는 유다, 예루살렘, 유대인이 아니었다. 그가 치세 첫 해에 유대인의 귀환이라는 특별한 칙령(사실상 관대한 시혜와 신명기 신학으로 완비된 명령)을 선포하였을 가능성은 거의 없다. 그러나 치세를 시작하였을 때, 고레스는 일반적인 방식으로 추방된 민족의 귀환을 허락하는 칙령을 후원하였다. 즉, 고레스 원통형 비문(Schaudig, 2001; CoS, 2.314-16; ANET, 315-16)이다.

구체적 진술은 간결하고, 신들을 그들의 거처로 되돌리는 상황에서 나온 것이지만(Cyrus Cylinder, lines 30-33), 추방된 민족이 고향으로 돌아가는 것을 승인하는 일반적 정책을 시사하는 것으로 보인다(Grabbe, 2004: 271-6의 논의 참조). 정확하게 어떻게 그 민족들이 귀환하였는지, 어떤 추가 승인이 요구되었는지, 귀환을 위해서 어떤 절차가 있었는지 등등에 대해서 알려진 바는 없다. 페르시아 시대에 대해 우리가 알지 못하는 바는 여전히 많다. 그러나 고레스 치세 초반부터 유대인들은 예후드로 귀환하는 것을 승인받았던 것으로 보인다.

2) 스가랴 1-8장의 연대

학개와 스가랴의 연대 공식은 상당히 정확한 것으로 광범위하게 수용되어 왔지만, 오랫동안 논의되어 왔다. 그러나 스가랴 1-8장에는 처벌이나 고통의 해에 대한 두 번의 언급이 있다. 스가랴 2:12에서 예루살렘과 유다의 성읍들은 70년의 저주 아래 있다. 그러나 이제 용서가 선포된다(슥 2:13-17). 스가랴 7:1-7은 분명히 바벨론의 예루살렘 함락 이후 70년 간 지속된 제5월의 금식과 관련된다.

이 70년은 무엇인가?

첫째, 분명히 70년은 어림수이다.

아마도 처벌 기간에 대한 정형화된 숫자일 것이다. 이사야 23:15-18에서 두로는 70년 동안 처벌을 받는다. 비슷한 종류의 숫자가 예레미야 25:11-12과 역대하 36:21에서 유다에 대한 처벌 기간으로 언급되는 것 같다. 그러나 스가랴가 예레미야나 이사야로부터 차용했다는 분명한 증거는 없다. 오히려 이것은 관습적인 숫자인 듯하다. 바벨론에 대한 70년의 처벌 기간은 엣살핫돈 명문(銘文)에서 찾아볼 수 있다. 그러나 예언된 70년은 설형 문자의 기술로 읽어 보면 11년으로 줄어든다. 후에 예레미야의 70년은 다니엘 9장에서 70이레(70 weeks of years)로 재해석된다(비교. Grabbe, 1997). 이것이 정형화된 숫자라는 점을 추가적으로 보여 주는 것이다.

스가랴의 저자가 이를 어림수로 보았는지는 논쟁의 여지가 있다. 그러나 그는 기원전 6세기 혹은 그 이전의 사건과 연대에 대한 정확한 지식이 없었던 것 같다. 유대인 저자들이 신바벨론과 페르시아 시대의 기간에 대하여 모호하였다는 많은 사례가 있다(Grabbe, 1979 참조).

둘째, 두 구절의 목적이 70년을 설명하는 것이 아니라는 점에 주목하는 것은 중요하다.

반면 70년은 오래전에 일어났던 어떤 일을 나타내는 방식으로써 지나가는 말로 그저 언급될 뿐이다. 70년이라는 숫자는 요점에 부수적인 것으로, 이는 오랫동안 지속되어 왔던 것이다. 학개/스가랴 1-8장 혹은 에스라-느

제6장 " 그들은 시온에 기쁨으로 오리라" 아니면 그들은 왔는가? 초기 페르시아 예후드 정착   173

헤미야의 어떤 지점에서도 70년의 완성을 성취하는 것으로 사건을 해석한 사항이 없고, 70년에 대한 성서적 예언을 암시한 적도 없다.[3]

셋째, 이 숫자는 정형화된 것이지만, 완전히 상상적인 것만은 아니다. 즉, 70년은 150년이 아니다.

우리는 거의 70년의 두 배의 기간이 아니라, 대략 70년의 기간을 다루고 있다. 스가랴의 저자는 예루살렘 함락 이래 정확하게 얼마나 지났는지를 알고 있지 않았다. 그러나 그가 70년을 대략의 시기로 받아들일 수 있었던 반면, 그는 140년을 70년으로 축소한 것 같지 않다. 우리는 시간을 어림수로 종종 이야기한다.

그러나 우리는 어림수와 어림수가 아닌 것의 차이점을 알고 있다. 누군가가 여호수아와 스룹바벨을 5세기 중반으로 연대 추정을 하고 싶다면, 그들은 70년에 대한 언급을 제거할 필요가 있다. 필자는 그들이 그런 후대 연대에 부응할 수 있는 방법이 없다고 본다. 원하는 어떤 시기에라도 70년이 해당되는 완전히 융통성 있는 기간이라면, 다니엘이 '이레'로 재해석할 필요는 없었을 것이다.

3) 세스바살 전승

필자는 이 전승이 에스라의 저자에게는 문젯거리였다고 논증한다. 이는 너무 강력하여 무시할 수 없다. 그러나 이는 그의 구도에 맞지 않는다. 세스바살 전승은 또 다른 창건 이야기일 것이다. 즉, 어떻게 예후드가 바벨론 포로 이후 창건되고, 정착되었는지에 관한 것이다(Grabbe, 2004: 75-6, 276-7). 그러나 에스라의 저자는 세스바살이 단지 성전 기구를 되돌리는 일을 한 것

---

3 이 사실은 학개와 슥 1-8장에 나타나는 날짜가 70년을 성취하기 위해 만들어진 것이라는 Edelman의 주장을 심각하게 약화시킨다(2005: 124, 142, 144, 332). 저자가 슥 2:12과 7:5에서 70년을 언급할 때, 예언적인 70년에 특별한 관심을 지녔다는 미미한 징후조차 없다.

으로 본다.

에스라 1-6장에서 인용된 일부 자료를 제외하고, 이것이 우리가 알고 있는 전부이다(Williamson, 1983).[4] 이 중의 하나는 소위 페르시아 서신으로 구성되어 있다. 진정성 문제와 상관없이, 이 서신은 저자가 인계받은 별개의 자료 묶음을 구성하는 것 같다. 그는 자료를 통합하는 과정에서 편집을 하지만, 서신 내용이 아니라 이를 둘러싼 주변 내러티브를 만들어냈다.

서신 중의 하나는 세스바살에 대한 언급(스 5:14-16)인데, 에스라 1장의 세스바살과 차이가 난다. 에스라 1장에서 그는 몇몇 기구를 갖고 오는 임무를 지닌 조연이었고, 무대에서 사라진다. 에스라 5:14-16에서 그는 그 지역 총독이고, 성전의 기초를 마련한다. 이는 중단되기 전에 스룹바벨이 성전의 기초를 마련하였다고 보는 에스라의 견해(스 3:10)와 충돌한다.

필자는 모든 추정되는 페르시아 문서들이 후대 편집이나 저작의 징후를 보여 준다고 논증한다. 어떤 문서가 진정성이 있는지를 논의할 수 있다. 그러나 개연성의 범주에서 보자면, 에스라 5:7-17이 선두에 있다(Grabbe, 2006; 2004: 76-8). 에스라 1장과 5장에서 고레스 시대로 추정되는 세스바살을 어떻게 페르시아 시대 초기로부터 삭제할 수 있을지 필자는 모르겠다.

4) 세펠라와 네겝

이 지역은 분명히 스가랴 7:7의 시대에 거주하지 않았거나 인구 밀도가 매우 낮은 곳이었다. 8세기에 상당한 성장을 한 후에, 세펠라는 산헤립 치세 동안 심한 타격을 입었고 기원전 7세기와 6세기에 걸쳐 계속해서 쇠퇴

---

[4] 필자는 스 1-6장의 모든 정보가 성서의 다른 부분에서 차용한 것이라는 Edelman의 주장(2005: 162-201)을 수용하지 않는다. 성서 본문의 다른 곳에서 올 수 없었던 상당량의 자료가 있었던 것으로 보인다. 이는 진정성을 의미하지 않지만, 그럼에도 불구하고 저자가 자료를 갖고 있었다는 것이다. 특히, 이는 스 4-6장(그리고 7장)의 서신에 적용된다. Edelman은 이를 완전히 문학적 소설로 보지만, 필자는 적어도 일부 서신 이면에는 페르시아 시대 문서라는 증거가 있다고 논증한다(Grabbe, 2006).

하였으며, 6세기의 주요 정착지가 텅 비게 되었다(Lipschits, 2005: 218-23). 페르시아 시대에 새로운 정착 유형이 개발되었으며, 철기 제2기 말에 70퍼센트 이상의 지역은 주거지가 아니었다. 네겝은 7세기에 상당히 성장하였지만, 철기 시대 끝 무렵에 성장이 멈췄다(Lipschits, 2005: 224-32). 일부의 경우에 지역이 파괴되었다.

다른 경우에는 분명히 쇠퇴와 유기(遺棄)를 맞이하게 된다. 페르시아 시대는 거주 지역에서 75%가 하락(단지 30두남)했지만, 5세기에 더 작은 정착촌이 새롭게 시작되었다. 에델만이 주장한 것처럼(2005: 326-30), 이러한 다양한 사건이 발생한 정확한 시기를 결정하는 것은 고고학만으로는 어렵다. 그럼에도 불구하고, 스가랴 7:7은 5세기 중반이나 그 후보다는 6세기 후반이나 심지어 5세기 초에 진술되었다고 보는 것이 더 잘 이해되는 것으로 보인다.

5) 느헤미야 비망록

우리가 느헤미야에 대해 어떻게 생각하든(필자는 느헤미야를 문제로 본다), 느헤미야가 어떻게 자신의 시대를 보았는지를 반영하는 진술을 찾아보아야만 한다. 관례상 비망록에서 취한 것으로 보이는 구절을 읽을 때, 그가 무엇을 말하고, 무엇을 말하지 않는지를 살펴보는 것은 흥미롭다.

첫째, 느헤미야가 예루살렘에 도착했을 때, 유다와 예루살렘에는 이미 거주민이 있었다.

거주민 중 일부는 포로로 잡혀간 적이 없는 자들의 후손일 수 있었지만, 느헤미야에서 언급된 제사장, 레위인 및 성전의 종(느 2:16; 3; 5:12; 7; 8:2, 9, 13; 9:32, 34, 38; 10:8, 28, 34, 36-39; 11:3, 10, 20; 12-13)은 바벨론에서 귀환한 자들의 후손이었던 것 같다.

둘째, 이미 성전과 제사장직이 자리 잡고 있었다.

제사장들은 집 맞은편에 건축되는 성벽 공사를 한다(느 3:20-22, 28). 성전을 스쳐가면서 언급한다(느 2:8; 6:10-11). 모든 느헤미야 비망록에는 성전 건축에 대한 언급이 하나도 없다. 느헤미야가 도착했을 때 성전은 이미 존재했다. 그렇지 않았다면, 이것은 느헤미야의 주요 관심사였을 것이다. 성전이 존재하지 않았다면, 성벽 수리는 성전의 건설과 비교하면 중요하지 않았을 것이다. 황폐한 성전이 있는 예루살렘은 진정 수치였을 것이다.

셋째, 느헤미야는 방어를 위해 예루살렘의 성벽을 건축하지 않았다.

언급된 유일한 공격 위협은 소위 산발랏과 그의 동료들이 계획한 것이다(느 4:1-2). 그리고 이것은 성벽 건설의 원인이 아니라 결과였다.[5] 성벽 건축의 목적은 예루살렘에 대한 수치를 제거하는 것이었다(느 1:3; 2.17). 또한 이것은 도성의 주민들에 대한 사회적 통제의 강력한 도구가 된다. 이것은 느헤미야가 성문을 닫고 수비함으로써, 매매를 방지할 수 있었음을 보여 준 안식일 위기 당시에 매우 분명해진다(느 13:15-22). 예루살렘의 정착자들은 외부인들로부터 위험에 처하지 않았다. 오히려 느헤미야는 자신이 건축한 성벽을 그들에게 자신의 의지를 그들에게 강요하기 위해 사용하였다. 예루살렘의 성벽이 왜 그런 상태로 있어야만 했는지는 불분명하다. 느부갓네살이 587/586년에 파괴한 이래 그처럼 남아 있었을 수 있지만, 기원전 6세기 후반 또는 5세기 초반에 어떤 일이 일어날 수도 있었다.[6]

---

[5] 필자는 이것이 결코 느헤미야의 열광적인 상상력의 산물이 아니었는지 의심이 든다(Grabbe, 2004: 299).

[6] Finkelstein의 최근 연구(2008b)는 느헤미야 시대의 성벽에 대한 증거가 없다고 논증하면서, 느헤미야와 그의 사역에 대한 관점을 재고하도록 한다. 그러나 이것은 여전히 논의되어야 되는 쟁점 사항이다. 어느 경우이든, 일반적으로 추정하는 견고한 방어 성벽보다는 부실한 구조물에 불과하다고 제안할 수도 있다.

넷째, 느헤미야가 유다에 온 것과 새 정착지가 어떤 관련이 있다는 징후는 없다.

느헤미야와 함께 온 정착민에 대한 언급은 없다. 느헤미야는 성벽을 건축하였고, 그는 예루살렘에 살도록 시골에서 사람들을 데려온다. 그러나 이미 인구의 움직임이 있었다. 느헤미야 시대에 새로운 정착지가 있었다면, 느헤미야 비망록에 그것을 언급할 수 있는 많은 기회가 있었지만 전혀 나타나지 않는다. 느헤미야의 문서는 여호수아와 스룹바벨(스 2장//느 7장; 12:1-25)과 에스라(스 8:1-20)와 달리 새로운 이민자에 대해서 완전히 침묵하고 있다. 따라서 느헤미야 자신의 설명을 보면, 그의 시대에 새로운 정착지나 성전 재건축을 제시는 어떤 것도 찾아볼 수 없다.

6) 세대

여기에는 두 가지 측면이 있다. 에스라-느헤미야와 학개-스가랴 1-8장의 성서 기사 내의 족보와 다양한 세대에 관한 문제이다.

첫째, 족보. 역사적 목적을 위한 성서의 족보 자료의 사용은 종종 문제가 많다.

이런 방식에서 에스라와 느헤미야의 족보의 대부분 또는 전부는 역사적 가치가 의심스럽다. 느헤미야 10:2-28//느헤미야 12:1-26의 족보는 다양한 자료에서 급조한 것 같다(Grabbe, 1998: 56-62; 2004: 80-3). 에스라 2장과 느헤미야 7장의 자료는 광범위하게 논의되었지만, 가장 최근의 연구는 그들이 훨씬 늦은 시기에 나온 것으로 제안한다(Finkelstein, 2008a). 느헤미야 12:10, 22의 대제사장 명단처럼 보이는 것도 광범위하게 논의되어 왔다(비교. Grabbe [2004 : 230-4]의 요약; 또한 본서의 D. Fulton의 논문).

둘째, 이 일반적인 시기에 유대인들 사이에서 흔한 것처럼 보이는 긴 이름 목록이 있고, 그래서 완전히 다른 개인들이 동일한 이름으로 계속해서 등장한다는 것이다.

소수의 사람들만이 부계명으로 호명된다. 대부분의 경우, 족보가 쓸모가 있을 만큼 충분히 신뢰할 수 있는 데이터를 제공할 것이라는 확신은 거의 없다.[7] 그러나 소수의 개인은 부계명을 보여 주거나 동명이인과 구분할 수 있을 만큼 충분한 특징이 있다.

여호수아는 '여호사닥의 아들'(יהוצדק: 학 1:1, 12, 14; 2:2, 4; 슥 6:11; 대상 5:40-41; יוצדק: 스 3:2, 8; 5:2; 10:18; 느 12:26)로, 스룹바벨은 '스알디엘의 아들'(שאלתיאל: 학 1:1, 12, 14; 2:2, 23; 스 3:2, 8; 5:2; 느 12:1; 대상 3:17; שלתיאל: 학 1:12, 14; 2:2)로 불린다. 스룹바벨과의 연결 외에도 '스알디엘'이라는 이름은 다른 한 곳인 역대상 3:17에서만 나타나는데, 여기에서 그 개인은 여고니야 혹은 여호야긴의 아들이다. 마찬가지로 대제사장 여호수아와의 연관성을 제외하고, '여호사닥'이라는 이름은 예루살렘의 몰락 때 포로로 끌려간 대제사장의 아들과 관련해서만 나타난다(대상 6:40-41).

따라서 텍스트는 느부갓네살에 의한 예루살렘 정복과 관련된 개인들과 스룹바벨과 여호수아 둘 다를 연결하는 것으로 보인다. 대부분의 경우 '스알디엘의 아들'은 뼈대가 되는 구절에 나타난다. 그러나 학개 2:23에는 텍스트의 일부로 나타난다. 마찬가지로 '여호사닥의 아들'은 학개 2:4의 텍스트의 일부이다.

따라서 본문 전승은 스룹바벨과 여호수아를 예루살렘 함락 이후 세대로 연대 추정을 한다는 것에는 의심의 여지가 없어 보인다. 문제는 이 두 사람

---

7   Edelman의 세대에 관한 장에서, 여러 개인이 공통 이름을 사용하는 것이 가장 큰 문제이다(2005: 13-79). 그녀는 5대 정도를 재구성하려고 시도하지만, 스룹바벨의 세대와 느헤미야의 세대를 연결시키기 위해 하나냐, 므술람, 스마야, 스가랴, 베레갸와 같은 공통의 이름을 사용해야 한다. 예를 들어, 아라의 아들은 스룹바벨과 함께 세대 2에 배치되지만(2005: 20), 그들과 관련된 유일한 증거는 부계명이 없이 스가냐를 열거하는 느 12:3이다.

이 실제 기원전 5세기 중반으로 연대가 추정된다면(에델만), 왜 그래야만 하는가에 관한 것이다. 이 문제는 다음 사항을 고려하도록 한다. 즉, 텍스트에 따라서 보는 세대이다.

학개/스가랴 1-8장과 에스라-느헤미야를 읽는다면, 세대별로 구분되는 상당히 분명한 역사적 순서를 찾아볼 수 있을 것이다. 에스라 1:8-11과 5:14-16에서 유대 지도력의 첫 번째 임명자인 세스바살은 고레스 치세와 연관된다. 스룹바벨과 여호수아는 다른 세대이다(스 2-6장; 학개; 슥 1-8장). 그들은 세스바살과 상호 작용이 없었고, 그들의 사역은 모두 다리오 통치 시대로 보인다.[8] 그들의 임무는 성전을 건축하는 것이었다. 그리고 텍스트는 다른 건축 사업에 대해서는 침묵한다.

세 번째 세대는 에스라(스 7-10장; 느 8장)이고, 그는 아닥사스다와 연관된다. 그는 스룹바벨과 여호수아 세대나, 그들이나 그들과 연관된 어떤 자들과도 상호 작용이 없다. 성전은 이미 서 있다(스 8:25, 33, 35-36; 9:9; 10:1, 6, 9). 느헤미야는 별개의 전승을 지니고 있지만, 그도 아닥사스다 치세 때로 추정된다(느 1-7장; 10:2; 12:27 13:31). 느헤미야의 임무는 예루살렘 성벽을 건축하는 것이었다. 성전과 관련한 건축은 성벽과 성문에서만 언급된다(예. 느 2:8; 6:10, 11).

느헤미야는 스룹바벨 세대 중의 어떤 이와도 상호 작용을 하지 않고, 그는 광범위하게 추가로 간주되는 몇몇 구절(느 8:9; 12:36)을 제외하고, 에스라와도 연관이 되지 않는 것으로 보인다. 어떤 경우에나 에스라와 느헤미야 모두 아닥사스다의 통치와 연결된다. 어느 아닥사스다인지는 불분명하다. 에스라-느헤미야는 분명 세 명은 아니지만, 두 명의 아닥사스다를 알고 있는 것 같다. 논의에서 에스라를 느헤미야와 마찬가지로 종종 아닥사스다 2

---

[8] 고레스에 대한 언급(스 4:3)은 있지만, 스룹바벨은 고레스 시대로 볼 수 없다. 이것은 단지 건축 명령이 고레스로부터 나온 것이라는 진술에 불과하다. 스 4:6의 아하수에로에 대한 언급과 4:7의 아닥사스다에 대한 언급은 스룹바벨이나 여호수아를 분명하게 언급하지 않는다. 이 통신문이 성전 건축 맥락에 들어와 있지만(스 4:12, 16, 21), 내용은 도성 재건축을 언급하고 있다. 스룹바벨과 여호수아를 거명할 때(스 5:2), 왕은 다리오이다(스 5:5, 6, 7; 6:1, 12, 13).

세와 연결한다(Grabbe, 1992: 88-93; Saley, 1978). 그러나 어느 경우이든, 에스라와 느헤미야의 시대는 기원전 5세기 중반 혹은 4세기 초이다.

모든 것이 5세기 중반에 끼워 넣어졌다고 본다면, 그 책을 저술한 자들이 여러 세대를 완전히 구분할 수 있었다는 것이 이상해 보인다. 텍스트의 관점에서 볼 때, 아마도 에스라와 느헤미야를 제외하고는 이들은 별개의 세대였다. 문제는 이 개인들이 모두 동시대인이었다면, 왜 텍스트의 편집자는 그들 전부를 구분하고자 하였는가라는 것이다.

예레미야의 70년 예언이 성취되었다는 것을 보여 주기 위한 것이 목적이라면(렘 25:11-12), 다리오(1세) 시대에 일부 배우만 등장시키는 이유는 무엇인가?

편집자가 자신만의 시나리오를 만들었다면, 왜 느헤미야를 다리오 시대로 옮겨 놓지는 않는가?

여호수아와 스룹바벨만 갈라놓는 것보다 페르시아 초기 시대로 모든 것을 옮기는 것이 훨씬 쉬웠을 것이다. 동시대인을 인위적으로 나누었고 그 중 일부가 약 75년 이전으로 옮겨졌다고 주장하고자 한다면, 이 모든 것은 다소 기이해 보인다.

3. 결론

필자가 페르시아 시대의 일반 역사를 연구하는 동안 뼈저리게 느끼게 된 그 시대의 양상 중 하나는 우리가 얼마나 모르는지와 현존 자료가 얼마나 문제가 많은지에 관한 것이다. 우리가 원하는 바는 아니지만, 아는 것보다 더 많이 아는 척함으로써 얻을 수 있는 것은 아무 것도 없다. 비판적 분석과 비판적 논증은 이 시대의 모든 작업에 필수적이다. 하지만 우리는 포기하지 말고, 뒷문 옆 쓰레기 더미에다 자료들을 버려두어서는 안 된다. 때로는 데이터가 증명하지 못하더라도, 무언가를 제시할 수 있다.

제6장 " 그들은 시온에 기쁨으로 오리라" 아니면 그들은 왔는가? 초기 페르시아 예후드 정착

언제, 어떻게 유대인이 페르시아 시대에 유다로 돌아오게 되었는지에 대한 상세 사항을 알 수 없다. 에스라 1-6장과 같은 구절은 문제가 많다. 사실상 일어났던 것은 이 구절에서 제시한 상황과는 물론 달랐을 것이고, 아마도 달랐을 것이다. 그러나 일부 유대인들은 돌아왔고, 어떤 개인들은 예후드 총독에 취임하였던 것 같다. 그리고 이민자들의 정착을 감안해야만 한다는 징후들이 있다.

아마도 귀환은 에스라에서 묘사하는 것보다 더욱 점진적으로 이루어지고, 아마도 소수의 사람들이 연루되었을 것이다(Becking, 2006). 그러나 이미 페르시아 시대 초기에 정착 활동이 예후드에서 일어나고 있었다는 많은 암시가 있다. 메소포타미아에 살고 있는 유대인 집단은 거기에 체류하고 있었지만, 일부는 적어도 페르시아 통치 첫 반세기 동안 귀환할 기회를 잡지 않았던 것 같다.

성전은 에스라 6:15에서 제시하는 것보다 더 오래 걸려서 건축되었던 것 같다. 불행히도 우리는 고고학을 통해 성전이 언제 재건축되었는지를 알 수 없다. 문학 자료는 함락된 지 70년 후(어림수이지만, 불가능한 숫자는 아니다)에 재건축이 되었다고 제시한다. 이는 네겝과 세펠라가 어느 정도 수준으로 다시 사람들이 재정착되기 전에 일어난 일이었다. 세스바살 전승은 에스라의 저자가 평가 절하한 전승으로, 문제가 많지만 너무 강력하여 무시할 수 없었음을 보여 준다. 그리고 이 전승은 성전의 재건축 착수는 이미 다리오 이전 시기, 아마도 고레스 치세에 시작되었음을 보여 준다.

다리오 1세의 통치 초 무렵에 여호수아와 스룹바벨이 오는 것을 거부할 명백한 이유가 없었던 것 같다. 에스라 6:15이 믿을 만하지 않기 때문에, 성전이 언제 완공되었는지는 알 수 없다. 그러나 아마 기원전 6세기 말이나 5세기 초 무렵이었던 것 같다. 느헤미야(그리고 에스라의 전승이 사실에 근거를 한다면, 에스라)는 기능을 하고 있는 성전과 제사장직과 일종의 도성도 보게 된다. 아직 완료해야 할 일이 많이 있었지만, 이미 75년 혹은 훨씬 더 전에 많은 일이 이루어졌다.

참고 문헌

Becking, Bob
2006 "'We All Returned as One!': Critical Notes on the Myth of the Mass Return," in Oded Lipschits and Manfred Oeming(eds), *Judah and the Judeans in the Persian Period*(Winona Lake, IN: Eisenbrauns): 3-28.

Blenkinsopp, Joseph
1989 *Ezra-Nehemiah*(OTL; London: SCM).

Briant, Pierre
2002 *From Cyrus to Alexander: A History of the Persian Empire*(trans. Peter T. Daniels; Winona Lake, IN: Eisenbrauns); ET of *Histoire de l'empire perse de Cyrus à Alexandre,* Vols Ⅰ-Ⅱ(achaemenid History, 10; Leiden: Nederlands Instituut voor het Navije Oosten, 1996 [originally published by Librairie Arthème Fayard, Paris]).

Edelman, diana
2005 *The Origins of the 'Second' Temple: Persian Imperial Policy and the Rebuilding of Jerusalem*(London and Oakville, CT: Equinox).

Finkelstein, Israel
2008a "Archaeology and the List of Returnees in the Books of Ezra and Nehemiah," *PEQ* 140: 1-10.
2008b "Jerusalem in the Persian(and Early Hellenistic) Period and the Wall of Nehemiah," *JSOT* 32: 501-20.

Grabbe, Lester L.
1979 "Chronography in Hellenistic Jewish Historiography," in P. J. Achtemeier(ed.), *Society of Biblical Literature 1979 Seminar Papers*(SBLSP, 17; Missoula, MT: Scholars Press).
1991 "Reconstructing History from the Book of Ezra," in Philip R. Davies(ed.), *Second Temple Studies: The Persian Period*(JSOTSup, 117; Sheffield: JSOT): 98-107.
1992 *Judaism from Cyrus to Hadrian,* vol. Ⅰ: *Persian and Greek Periods;* vol. Ⅱ: *Roman Period*(Minneapolis: Fortress Press) [pagination continuous].
1994 "What Was Ezra's Mission?," in Tamara C. Eskenazi and Kent H. Richards(eds), *Second Temple Studies, 2: Temple Community in the Persian Period*(JSOTSup, 175; Sheffield: JSOT Press): 286-99.
1997 "The 70-Weeks Prophecy(Daniel 9.24-27) in Early Jewish Interpretation," in Craig A. Evans and Shemaryahu Tallmon(eds), *The Quest for Context and Meaning: Studies in Biblical Intertextuality in Honor of James A. Sanders*(Biblical Interpretation Series 28; Leiden: Brill): 595-611.
1998 *Ezra and Nehemiah*(Readings; London: Routledge).
2004 *A History of the Jews and Judaism in the Second Temple Period 1: Yehud: A History of the Persian Province of Judah*(London and New York: T&T Clark International).

2006   "The 'Persian Documents' in the Book of Ezra: Are They Authentic?," in Oded Lipschits and Manfred Oeming(eds), *Judah and the Judeans in the Persian Period*(Winona Lake, IN: Eisenbrauns): 531-70.

Gunneweg, A. H. J.
1985   *Ezra*(KAT, 19.1; Gütersloh: Mohn).
1987   *Nehemiah*(KAT, 19.2; Gütersloh: Mohn).

Kuhrt, Amélie
1983   "The Cyrus Cylinder and Achaemenid Imperial Policy," *JSOT* 25: 83-97.

Lipschits, Oded
2005   *The Fall and Rise of Jerusalem: Judah under Babylonian Rule*(Winnona Lake, IN: Eisenbrauns).

Saley, R. J.
1978   "The Date of Nehemiah Reconsidered," in G. A. Tuttle(ed.), *Biblical and Near Eastern Studies: Essays in Honor of W. S. LaSor*(Grand Rapids: Eerdmans): 151-65.

Schaudig, Hanspeter
2001   *Die Inschriften Nabonids von Babylon und Kyros' des Großen samt den ini ihrem Unfeld entstandened Tendenzschriften: Textausgabe und Grammatik*(AOAT, 256; Münster: Ugarit-Verlag).

Williamson, H. G. M.
1983   "The Composition of Ezra i -vi," *JTS* 34: 1-30.
1985   *Ezra Nehemiah*(Word Bible Commentary, 16; Waco, TX: Word Books).

제7장

예루살렘은 페르시아 요새였는가?

레스터 L. 그래브 | 홀대학교

페르시아 시대 유다를 공부하는 자들이 흔히 하게 되는 가정은 유다가 페르시아 제국의 회전 축이었고, 페르시안 개를 흔드는 것은 유다의 꼬리라고 보는 것이다. 페르시아 황제는 할 일 없이 낮이나 밤이나 유다 사람의 명분을 발전시키거나 예후드와 그 주민들의 곤경, 상태, 상황 혹은 관심사에 기반한 정책을 궁리하고 제도를 진전시키고자 한 것처럼 보인다.

본 논문은 일부 연구자들의 이런 접근 방식을 유발한 것으로 보이는 주제에 관심을 기울인다. 필자가 검토하고자 하는 것은 '페르시아 정책'에 관한 여러 이론의 중심에 있는 가정이다. 즉, 예루살렘이 페르시아 수비대의 장소였고, 예루살렘의 도성 또는 적어도 성채는 페르시아의 요새이자 일반적인 페르시아 방어 체제의 일부였다고 가정한다. 예루살렘이 페르시아의 수비대를 수용했다는 것은 의심의 여지가 없다. 그러나 페르시아 시대에 대한 가설이 너무 많을 때, 우리는 가정할 수 있는 것이 아니라, 입증할 수 있는 것에 대한 가능한 한 많은 이론을 구축할 필요가 있다.

1. 페르시아 시대 수비대와 요새

우리는 일반적으로 페르시아 수비대와 요새가 제국 내에서 어떻게 작동

했는지를 질문함으로써 시작한다. 다행히도, 우리는 이 주제에 대한 튜플린(Christopher Tuplin, 1987)의 거의 단행본급의 주요 연구 결과를 갖고 있다. 브리앙(Pierre Briant)은 이 주제를 여러 군데에서 언급하였다. 불행히도 많은 것은 여전히 불확실하다. 유일하게 진정으로 명백한 논의는 두 가지 주요 구절로 된 크세노폰의 것이다. 『고레스의 교육』(Cyropaedia, 8.6.1-16)에서 그는 다음과 같이 말한다.

> 그 후 고레스가 직무를 조직하였고, 오늘날까지 유지되고 있다. 성채의 수비대[αἱ ἐν ταῖς ἄκραις φυλακαί]는 즉각 왕의 통제 하에 놓인다. 수비대를 지휘하는 천부장들[χιλίαρχοι τῶν φυλακῶν]은 왕으로부터 임명을 받고, 왕의 명단에 등록된다.

『오이코노미코스』(Oeconomicus, 4.4-11)에서 그는 다음과 같이 말한다.

> [페르시아 왕]은 구체적인 숫자의 기병, 궁수, 투석 병사, 경보병 유지를 위해 조공을 받는 나라의 모든 총독에게 상시로 지시를 내렸다.… 이외에도 그는 성채에 수비대를 주둔시켰다. 이들의 유지 보수는 총독의 임무이며, 왕은 성채의 소집 장소에 모아서 매년 무장한 용병과 다른 모든 군대를 점검한다.… 나아가, 각각의 임무는 개별 계급의 장교들에게 맡겨진다. 한 계급은 주민과 노동자를 통치하고, 그들로부터 조공을 받는다. 다른 이들은 무장한 자와 수비대를 지휘한다.… 총독[σατράπης]이 임명되는 곳 어디에서나 그는 이 모든 문제를 수행한다.

이 구절에 대해 여러 질문들이 있다. 크세노폰의 진술이 이루어지는 상황에 대한 질문이 제기된다. 이 진술이 나타나는 저작들 때문이다. 이 저작들은 모두 역사적 진정성의 문제가 제기된다. 『고레스의 교육』은 아케메니드 제국의 창시자인 고레스 2세와 그의 형제 다리오 2세에 반역을 한 후대 고레스(Cyrus the Younger), 그리고 스파르타의 장군 아게실라우스(Agesilaus)의 특징적 요소를 합친 이상화된 저작이다.¹ 이것은 고레스 대왕에 대한 직접적인 전기가 아니다. 『오이코노미코스』 역시 몇 가지 방식으로 당대의 헬라 관습을 겨냥한 생태적 논쟁을 대변하는 이상화 된 저작이다(특히 Pomeroy, 1994 참조).

튜플린은 크세노폰이 지나치게 사물을 체계화한다고 논증하는 자들의 장점을 인정한다. 하지만 크세노폰이 페르시아 체제에 대한 관련 정보를 지니고 있었다고 본다. 반면에, 모든 종류의 자료에서 찾아볼 수 있는 것처럼 실제 증거에 대한 검토(다른 글의 크세노폰 자신의 진술을 포함)는 크세노폰 체계의 문제를 보여 준다. 결국 튜플린은 크세노폰이 리시아(Lysia)의 상황으로부터 페르시아 제국 전체를 추론하였을지도 모른다고 본다. 이것이 정확한지와 상관없이, 튜플린 자신의 증거는 아래 사항을 제안한다.

- 수비대(φρουροί, φρουροῦντες)는 도시와 시골(χώρα) 모두에서 찾아볼 수 있다. 그러나 수비대는 광범위하게 퍼져 있었다. 주요 도시 중심지에만 페르시아 수비대가 있었다.
- 이론상 수비대 사령관은 왕의 부름에 대답을 해야 하지만, 실제 그들은 총독에게 종속되었다. 이는 특히 수비대가 주둔한 총독 관구(satrapy)의 세입에서 나오는 수비대의 보급과 지불을 마련한 방식에서 분명히 드러난다.
- 아마 보통 왕이 수비대 사령관의 임명을 하였지만, 늘 지방 총독의 추천을 확정할 뿐이었다.
- 문학과 고고학 자료로부터 페르시아 수비대가 요새와 군대로 구성되는지를 알기는 때로 힘들다.

---

1 『고레스의 교육』(*Cyropaedia*)에 대해서는 Due, 1989; Gera, 1993; 그리고 Tatum, 1989 참조. 역사 자료로 크세노폰에 대해서는 또한 Grabbe, 2004: 124-5 참조.

튜플린은 예루살렘이 페르시아 수비대라고 생각한다고 미리 언급해야 하지만, 거의 논쟁이 되지 않기 때문에 처음부터 가정한 것으로 보인다. 그러나 그런 문제를 결정하는 어려움에 대한 그의 진술은 예루살렘과 다른 많은 곳에도 똑같이 적용된다.

2. 성서 본문

성서 본문는 문제가 있지만, 페르시아 시대 유다에 대하여 알려 주는 얼마 되지 않는 자료 중 하나이다. 본 논문에서 필자의 관심사는 우리가 믿고자 하는 것의 여부와 무관하게 텍스트가 무엇을 말하는가이다. 여기에는 관련 구절들만 요약되어 있다.

우리는 에스라서에서 시작한다. 에스라 1장에서 고레스는 백성들이 예루살렘에 올라가서 '하늘의 신 야웨의 집'을 지으라는 칙령을 반포한다. 한 집단이 부름에 응답하고 세스바살은 예루살렘으로 돌려줄 성전 기구를 받는다. 에스라 2장은 귀환자들의 정착지에 대해 말한다. 반면 3장에서 사람들은 예루살렘에 모이고, "모든 나라 백성을 두려워(אימה)하여"(스 3:3), 여호수아와 스룹바벨의 지도 아래 제단을 건축한다. 이것은 때로 איבה('적대감')로 수정되지만(비교. Zobel, 1974), 우리의 목적에는 큰 차이가 없다. 제단은 세워졌고, 즉각 사용된다. 하지만 '야웨의 집'의 기초를 놓는 일이 뒤따라 온다. 이 모든 것에서 어떤 것도 성채나 요새 혹은 군인을 암시하지 않는다.

에스라 4장과 6장은 흥미롭다. 이 장들은 주변 텍스트와 맞물리지 않는 내포된 많은 문서를 담고 있다. 다시 말하자면, 우리는 서신과 칙령과 이들이 삽입된 텍스트 사이의 어떤 모순에 관심을 두지 않는다. 오히려 우리가 질문하고자 하는 바는 각각이 그 자체로 말하고자 하는 바이다. 에스라 4장에서 '유다와 베냐민의 적'은 성전 건축을 돕겠다고 하지만, 거절을 당한다. 따라서 이 '적들'은 뇌물과 고소를 통해 그 일을 반대하고자 하지만, 육체적이나 군사적 위협에 대한 언급은 어떤 것도 없다. 한 가지 내포된 문서는 에스라 4:7-16의 서신이다. 여기에서 관심사는 성전이 아니라 예루살렘이고, 예루살렘의 성벽이 재건축되고 있다. 그 중 한 진술은 다음과 같다.

> 이제 왕은 아시옵소서 만일 이 성읍을 건축하고 그 성곽을 완공하면 저 무리가 다시는 조공과 관세와 통행세를 바치지 아니하리니 결국 왕들에게 손해가 되리이다(스 4:13).

이 도성은 '반역'하고 왕과 지방에게 '손해'가 된다고 말한다(15절). 그러나 이 도성이 페르시아 수비대의 거처였다면, 어떻게 이럴 수가 있었을까?

왕의 대답이 그런 고소를 확인해 준다. 만약 무장 반란이 예상된다면, 이는 물론 명시적으로 언급되지 않는다. 관심사는 기대한 조공을 지불하지 않는 것이다. 에스라 5장에서 성전 건축은 재개되고, 총독 닷드내가 조사를 하러 온다. 에스라 6장에 따르면, 다리오는 칙령을 반포하고, 성전 완공을 승인한다.

에스라서의 나머지는 에스라의 이야기이다. 아닥사스다가 에스라에게 보낸 서신을 보면, 특정 영역에서 그에게 막대한 권한이 부여된다.

> 하나님의 율법을 따라 유다와 예루살렘의 형편을 살피고(스 7:14),
> 법관과 재판관을 삼아 강 건너편 모든 백성을 재판하고(스 7:25),
> 네 하나님의 명령과 왕의 명령을 준행하지 아니하는 자는 속히 그 죄를 정하여(스 7:26).

이는 에스라가 어떤 종류의 경찰력이나 군사력을 대동하고 왔음을 암시하는 것 같지만, 언급은 되지 않는다. 누가 처벌을 하고, 누가 에스라의 칙령을 집행하는지는 전혀 밝혀지지 않는다. 에스라 8장은 사람들을 모으는 것을 서술하고, 이들은 예루살렘까지 그와 동행한다. 에스라는 분명히 무장

호위를 거부한다(스 8:22). 에스라가 가지고 온 명령(아마도 스 7장의 칙령을 포함)은 왕의 총독과 강 건너의 총독에게 부여된 것이다(스 8:36).

이제 느헤미야의 이야기를 살펴보고자 한다. 다음은 느헤미야가 일인칭으로 이야기한다는 점에서 이례적이다.

> 나는 왕에게 포도주를 드리고 있었다. 그가 말하기를 "느헤미야여, 유다와 예루살렘은 극히 중요한 국경 지대에 있소. 그곳은 페르시아 제국의 방어망에서 필수적 요소요. 나는 그대가 그곳에 큰 정착민과 페르시아 군인 수비대를 이끌고 가서, 예루살렘을 이집트의 가능한 침략에 맞서는 방어벽인 방어 요새로 탈바꿈시키기를 원하오. 또한 나는 그대가 유대인과 비유대인 사이의 모든 결혼을 끝장내기를 원하오. 그런 결혼은 페르시아 정책에 반하기 때문이오."

이것은 **일어난 일이었음에 틀림없다**. 최근의 몇몇 단행본은 페르시아 왕이 의도했던 바를 가정하는 것에 관하여 논지를 전개하기 때문이다. 안타깝게도, 필자는 다른 사람들이 사용하는 성서를 찾을 수 없었다. 필자는 단지 필자가 알고 있는 성서 판본만을 길잡이로 삼을 수밖에 없었다. 즉 마소라 텍스트 느헤미야서이고, 종종 언급되는 헬라어 역본은 에스드라스 β(Esdras β)이다. 이 판본들이 말하는 바는 위에서 본 창조적 편집본들과는 좀 다르다. 현존하는 텍스트가 말하는 바는 다음과 같다.

> 느헤미야는 유다와 예루살렘의 상태에 관심을 기울였다. 그는 백성이 스스로 느끼는 수치나 불명예(חרפה)의 상태에 관심을 기울였다(느 1:3). 그 도성의 물리적 상태는 백성의 상태를 보여 준다(느 2:3). 아무리 최근의 많은 연구가 추론을 하더라도, 무엇인가를 주도적으로 하는 이는 페르시아 정부나 페르시아 왕이 아니다. 성벽과 예루살렘 도성 재건 임무라는 기회를 요청하는 자는 바로 느헤미야 자신이다. 또한 그는 총독 관구를 통과

하고, 건축 재료를 구할 수 있는 서신을 요청한다. 왕은 이를 허락할 뿐만 아니라 기병이 호위하도록 한다. 또한 텍스트가 이 지점에서 그 문제에 대해 침묵하지만, 우리는 후대 진술로부터 그 왕이 느헤미야를 예후드의 총독으로 임명함으로써, 상황을 처리하였다는 것을 추론하게 된다.

자정에 성벽을 살펴본 후, 느헤미야는 산발랏, 도비야, 게셈의 반대에 맞서서 성벽 재건축을 명하였다. 첫 번째는 확실하고, 나머지 둘은 아마도 주변 지역의 페르시아 총독이었다. 느헤미야 3장은 성벽 건축자의 명단이다. 이 장의 대부분(느 3:1-21)은 느헤미야 기사 텍스트에 삽입된 개별 목록에서 유래한 것 같다. 느헤미야 4장에 따르면, 산발랏과 무리들이 건축자에 맞서서 음모를 꾸미고, 공격하고자 한다(하지만 그런 행동이 실제로 일어났던 것 같지는 않다).

느헤미야의 반응은 일꾼들을 무장시키는 것이었다. 그들은 한 손에는 삽을 들고, 다른 손에는 검을 들고 일하였다. 느헤미야는 다음과 같이 말한다. "내 수하 사람들의 절반은 일하고 절반은" 갑옷을 입고, 무기를 들었다(느 4:10). 그는 "사람마다 그 종자와 함께 예루살렘 안에서 잘지니 밤에는 우리를 위하여 파수하겠고 낮에는 일"(느 4:16)하도록 하였다.

예루살렘이 페르시아의 수비대가 위치한 곳이었다면, 이것은 기이한 상황이다. 그 도성에 수비대가 있었다면, 느헤미야가 건축을 방어하기 위해 수비대에 요청하지 않았을까 혹은 느헤미야가 페르시아 수비대에 직접적인 권한을 행사하지 못하였더라도, 페르시아 군대가 그 도성에 대한 공격을 막아 줄 것이라고 그는 여전히 기대할 수는 없었는가?

일도 하고 무기를 지니고 있었던 느헤미야의 '종들'에 대한 언급이 있다. 이들은 누구였는가?

느헤미야의 경우, 그는 '종들'(느 5:16)과 150명의 '유대인과 관리'(סגנים) 뿐만 아니라, 그의 식탁에서 매일 식사하는 근방에서 온 자들이 있었다.

느헤미야 7장에서 느헤미야는 다른 인사들에게 임무를 부여하였다. 그는 요새 혹은 bîrāh(הבירה שׂר)의 관원 하나냐와 더불어 그의 형제 하나니에게 예루살렘을 맡겼다. 그들의 주요 임무는 도성의 성문을 열고 닫고, 주민들을 살피는 것이었다. 도성에는 사람들이 거의 없었기에, 그는 그곳에 살 사람들을 등록시킬 계획을 세운다(느 7:5; 11:1-2). 다음 세 장은 전혀 우리의 관심사가 아닌 신학적 논의이다. 마지막으로, 느헤미야 11장에서 예루살렘의 주민과 그곳에 정착한 자들에 관한 이야기로 되돌아간다. '백성의 관리들'(העמש רי)은 제비 뽑기를 통해 선택된 인구의 10분의 1과 함께 예루살렘에 정착한다(느 11:1-2).

느헤미야 12장의 후반부에는 성벽 봉헌 서술이 나온다. 마지막 일화의 관심사는 안식일에 사고파는 일에 관련된 것이다(느 13:15-22). 느헤미야는 관행을 금지하고, 그 날에 성문을 닫으라고 명령한다. 처음에는 물품이 들어오는 것을 막기 위해 자신의 '하인'(נערים)을 성문에 배치하였지만(19절), 나중에는 레위인에게 이 일을 맡겼다(22절).

3. 분석

이 지점에서 우리는 고고학과 같은 다른 고려 사항들과 함께 앞의 두 단락에서 한 조사를 모아볼 수 있다.

고고학은 도움이 되는가?

불행히도 느헤미야의 성벽과 같은 기본적인 문제조차 여전히 심각한 문제도 남아 있다(비교. Ussishkin, 2006; Finkelstein, 2008). 필자가 아는 한, 성채에 대한 어떤 고고학적 증거도 발견된 것은 없다. 하지만 현재 성전산인 곳에 증거가 있을 수도 있다(비교. Knauf, 2000). 따라서 우리는 텍스트에 의지해야 한다.

에스라-느헤미야로부터 무슨 말을 들을 수 있을까?

텍스트는 놀랍게도 이 도성의 군사적 문제와 관련된 것에 대해서 어떤 것도 말해 주지 않는다. 성전에 관해서는 많은 이야기가 있으며, 성벽을 재건하고 그 도성에 주민들을 정착시키는 것에 많은 일이 관련된다. 그러나 페르시아 군인이나 페르시아 수비대에 대해서는 아무 말도 하지 않는다. 실제로, 어떤 구절은 그런 시설을 방해한다. 에스라 4:7-16의 도성과 수리 중인 성벽에 대한 서신은 수비대가 그 도성을 감독하거나 그런 상황에 반응하는 위치에 있지 않는 상황을 전제로 하는 듯하다. 마찬가지로 페르시아 군인으로 이루어진 수비대는 느헤미야가 성벽을 수리할 때 없었던 것 같다. 왜냐하면 그의 주요 방어는 노동자를 무장시키고, 그의 사병 중 일부를 경비로 세우고 있기 때문이다.

가능한 언급 하나는 느헤미야 7:2의 '*bîrāh*의 사령관'에 관한 것이다.

이것의 중요성은 무엇인가?

사령관은 분명히 이란어가 아닌, 유대인의 이름을 지녔다. 수비대는 흔히 이란인이었지만, 분명히 항상 그렇지는 않았던 것 같다(Tuplin, 1987: 219-20). 보다 중요한 것은 그가 책임을 지고 있었던 *bîrāh*이다. 히브리어 단어 *bîrāh*는 일반적으로 아카드어 *birtu*에서 차용된 듯 보이지만, 아카드어는 실상 원래 아람어에서 차용된 듯하다. 평행하는 아람어 단어는 *bîrtā'*이고 동일한 의미 영역을 지닌 것으로 보인다.

물론 한 가지 뜻은 '요새' 혹은 도성 안의 '성채'이다. 그러나 다른 뜻도 있다. 이 단어는 단순하게 요새화된 도성에 적용될 수 있다.[2] 그리고 종종 심지어 구체적으로 지방의 수도를 지칭할 수도 있다.[3] 그러나 어떤 맥락에서는 벽이 있는 성전을 지칭하기도 한다.[4] 이 뜻은 후대 하트라(Hatrean)와

---

2 *bîrtā'*가 때로 *qryt*('마을, 도성')과 교환 가능한 많은 사례는 *DNWSI*, 155-6 그리고 Lemaire and Lozachmeur, 1987 참조. 또한 아래 각주 4 참조.

3 Lemaire and Lozachmeur, 1987: 266.

4 *DNWSI*, 155-6; Lipiński, 2001: "이것에서 *bîrtā'*가 도시에 있는 요새가 아니라 그 자체로 '성벽으로 둘러싸인 도시'라는 것은 분명한 결론이다. 이것은 신앗수르의 *birtu*를 통해 확인된다. 왕의 비문의 *āl dannūti* 즉, '요새화 된 도시'에 해당한다. 70인역의 *bîrāh/bîrat*는 일반적으로 πόλις와 함께 나타난다. 느헤미야 2:8과 다니엘 8:2의 히브리어 *bîrāh*는 요세푸스의 유대고대사 XV, 11,4 및 데오도시안 다니엘 8:2의 βάρις에 해당한다. 어원이 문제가 되는 이 헬라어 단어는 70인역에

나바테아(Nabatean) 명문에서 찾아볼 수 있다.[5] 그러나 이 의미 역시 역대상 29:1, 19에서 찾아볼 수 있다.

> (다윗이 말한다) 또 내 아들 솔로몬에게 정성된 마음을 주사 주의 계명과 권면과 율례를 지켜 이 모든 일을 행하게 하시고 내가 위하여 준비한 것으로 성전(*habbîrāh*)을 건축하게 하옵소서(대상 9:19).

느헤미야 7:2로 돌아가서, 느헤미야서의 다른 곳에서 이 단어의 용례를 살펴보는 것은 유용하다. 느헤미야 2:8에서 느헤미야가 '성전의 *bîrāh*' (הבירה אשר-לבית)를 언급하는 것을 볼 수 있는데, 이를 위해 느헤미야는 목재를 요구한다. 방금 언급한 대로, 이곳과 역대상 29:1, 29의 경우처럼, *bîrāh*'는 벽이 있는 성전을 언급할 수 있다.

하나냐의 호칭 '*bîrāh*'의 대장'은 성전과 연관된 직책을 지칭하는 것인가?

예루살렘에 대한 나른 종류의 *bîrāh*'는 텍스트에서 나타나지 않기에, 이는 가능성이 높다. 어느 경우든지, 이 구절은 예루살렘에 페르시아 수비대가 있었다는 관점을 매우 미미하게 지지할 뿐이다. 우리가 명심해야하는 바는 튜플린의 경고이다.

> 관련된 핵심 단어의 등장이 실제 요새가 조금이라도 개입되었다는 것을 입증하는 것은 아니다.… 그러나 아케메니드 통제 하에 놓인 도성의 정치

서 궁전이나 성을 지칭하는데 사용되었지만(시 45[44]:9), 이것은 아마도 그런 경우에 비슷한 소리 때문에 *birāh*를 나타내는데 선택되었을 것이다. *bjrt*의 의미를 확장함으로써 성벽으로 둘러싸인 성소를 나타낼 수 있다. 이 의미에서 이것은 역대상 29:1, 19와 Nabat., CIS II 164,3에서 발견된다. 여기서 *bjrt*'는 헬라어 τὸ ἱερόν에 해당한다. JPes II, 35a의 역대상 29:1, 19 기록에서 '전체 성전 산은 *bîrāh*라고 불린다'라는 말을 보게 된다."

[5] Lemaire and Lozachmeur, 1987: "후대에 *birtā*'는 때로 '성전'이라는 의미로 하트라와 나바테아뿐만 아니라, 니사(Nisa) 도편과 총독(Frátadára)의 동전의 축약형에서도 입증된다. 그러나 이 당시와 후대의 이 단어의 정확한 의미는 다른 연구를 필요로 한다"(p. 264).

적 기구에 대한 보다 분명한 개념을 갖지 못한 채, 우리는 여전히 모든 요새화된 도성을 예컨대 엘레판틴 식의 제국적 체제와 직접적으로 연관된 수비대라고 추정할 수 있는지 질문할 수 있다.… 그러나 사실상 요새화된 도성에서 항구적 방어 군대가 아케메니드 수비대를 구성하였다고 추정할 수 있는 유일한 곳은 팔스[Fars, 중앙 페르시아] 밖에 없다(Tuplin, 1987: 177, 200-1).

4. 결론

위의 검토를 통해 볼 때, 예루살렘이 페르시아의 수비대였다는 가설에 대한 지지는 거의 찾아볼 수 없다. 페르시아 제국의 방어 체제에 대한 일반적 묘사는 상세 사항을 상당히 결여하고 있다. 주요 도시 중심지가 분명히 일상적인 상황 아래에서는 수비대를 갖고 있지만, 수비대가 그토록 빈번할 필요는 없었을 것 같다.

그러나 구체적으로 예루살렘의 경우, 에스라 4:8-16의 서신에서 묘사된 상황과 예루살렘 성벽이 수리되는 느헤미야 2-4장에서 예상된 상황과 같은 많은 구절들은 이런 생각에 반대한다. 증거로 간주될 수 있는 한 구절인 느헤미야 7:2은 전혀 결정적이지 않다. 사실상 이 구절의 *bîrâh*가 성전을 지칭한다고 볼 상당한 이유가 있다. 그렇지 않다면, 그것은 새로 성벽을 쌓은 예루살렘 도성이나, 아마도 느헤미야의 사병 파견대 혹은 그 지역의 새로운 수도인 예루살렘 도성에 대한 언급일 수 있다. 하나냐가 천부장 혹은 페르시아 수비대의 수비 대장이었고, 페르시아 왕의 지명자였다고 믿을 명백한 증거는 없다.

어떤 이들은 예루살렘이 페르시아의 수비대라는 것을 당연시하는 것 같다. 필자는 이것이 튜플린의 견해라고 보지만, 그는 분명히 그렇게 말하지는 않았다. 필자는 이런 관점을 이해하고, 완전히 잘못된 것이라고 생각하지 않는다. 그럼에도 불구하고, 우리가 페르시아의 예후드에 대해서 모르는 것이 많다. 필자가 보기에는 이 지역에 집중한 많은 연구가 지나치게 추정을 하고, 충분히 입증을 하지 못하고 있다고 본다.

예루살렘의 페르시아 수비대의 존재에 의문을 제기하는 것은 단지 침묵으로부터의 논증은 아니다. 그런 조직체의 존재 여부에 대해서, 명백한 증거를 갖고 존재했다고 말할 수 있는 지역도 있다. 결국 예루살렘을 페르시아의 요새로 볼 증거는 거의 없다. 우리는 이것을 받아들여야만 한다. 또한 이것이 사실이라면, 이 사실에서 뒤따라오는 것을 고려해야 한다.

- 예루살렘이 그 지역의 수도가 아니었을 가능성은 있는가?
  많은 사람들은 예루살렘이 나중에서야 수도가 되었다고 생각하지만, 미스바는 초기에 행정 중심지였다(비교. Lipschits, 2006: 34-5). 예루살렘은 단지 '성전 도시'였고, 실제 수도는 이 당시에도 여전히 다른 곳에 있었을까? 페르시아 시대의 마지막 시기는 여전히 공백이기 때문에, 예루살렘이 느헤미야 시대보다 더 이후에서야 이 지역의 중심 도시가 되었을 수도 있다.
- 실제로 페르시아 정부에게 유다와 예루살렘은 얼마나 중요하였을까? 중요하였다고 추정할 수 있지만, 이 중 상당 부분은 유대인의 자료를 액면 그대로 받아들이는 데서 비롯된다.
- 다른 목적을 위한 예루살렘의 가치가 무엇이든지 간에, 예루살렘은 어떤 전략적, 군사적 가치를 지니고 있었는가?
  이집트로부터 위협이 있었다 해도, 멀리 동떨어진 곳에 있는 예루살렘이 정말 큰 도움이 되었을까?[6]
- 예루살렘에는 성벽이 과연 있기는 하였을까?

---

6 필자는 이것이 전략적 가치가 없었다고 논증하였다(Grabbe, 2004: 274-5, 296-8). Lipschits (2006: 35-40) 참조. 그러나 우리는 Briant(2002: 573-9, 586)에 의해 모두 예견되었다는 것을 알아야한다.

느헤미야 3장과 4장은 대개 액면 그대로 받아들여졌지만, 최신 연구(Finkelstein, 2008)가 보여 주듯이, 고고학은 느헤미야가 만든 성벽에 대한 증거를 제시하는 데 어려움을 겪고 있다. 느헤미야 3장의 마지막 부분과 4장 전체를 느헤미야 비망록의 일부(느 3:1-32은 오랫동안 삽입으로 생각되어왔다)로 간주하는(필자와 같은) 사람들에게는 이것은 딜레마를 대변하는 것이다. 그러나 히브리 텍스트의 정보는 견고한 성벽과 거의 양립이 불가능하다. 이것은 52일 만에 건설되었기 때문이다(느 6:52).

북미 개척자와 역사의 많은 여타 요새 도시에서 보듯이, 성벽이 적어도 일부라도 나무 말뚝이었을 수 있을까?

흥미롭게도, 느헤미야 2:8은 느헤미야가 다른 필요들 중에서 도성의 성벽을 건축하기 위한 목재를 원하였다고 알려 준다('지붕재료'[לקרות]에 대한 언급은 '성전의 *bîrāh*'에만 적용한다).

- 이것은 단지 제안일 뿐이며, 많은 구절은 건축에 돌이 사용되었다고 제시하지만(느 3:34-35), 고고학의 부재는 심각한 쟁점 사항이다.

우리는 페르시아의 예후드에 대해 모르는 것이 많다. 이 지역에 대한 우리의 이해를 진전시킬 수 있는 것은 오직 우리가 추측하기를 멈추고, 실제 증거를 심각하게 고려하기 시작할 때만 가능하다.

참고 문헌

Briant, Pierre
2002   *From Cyrus to Alexander: A History of the Persian Empire*(trans. Peter T. Daniels; Winona Lake, IN: Eisenbrauns); *of Histoire de l'empire perse de Cyrus à Alexandre*, vols I - II (Achaemenid History, 10; Leiden; Nederlands Instituut voor het Nabije Oosten, 1996 [originally published by Librairie Arthème Fayard, Paris]).

Due, B.
1989   *The Chropaedia: Xenophon's Aims and Methods*(Aarhus: Aarhus University Press).

Finkelstein, Israel
2008   "Jerusalem in the Persian(and Early Hellenistic) Period and the Wall of Nehemiah," *JSOT* 32: 501-20.

Gera, Deborah Levine
1993   *Xenophon's Cyropaedia: Style, Genre, and Literary Technique*(Oxford Classical Monographs; Oxford: Clarendon).

Grabbe, Lester L.
2004   *A History of the Jews and Judaism in the Second Temple Period 1: Yehud: A History of the Persian Province of Judah*(LSTS, 47; London and New York: T&T Clark International).

Knauf, E. Axel
2000   "Jerusalem in the Late Bronze and Early Iron Ages: A Proposal," *TA* 27: 75-90.

Lemaire, André, and Hélène Lozachmeur
1987   "*Bîrâh/Birtâ'* en Araméen," *Syria* 64: 261-6.

Lipiński, Édouard
2001   בירת *bîrat*, *TWAT*, 9/1: 116-18.

Lipschits, Oded
2006   "Achaemenid Imperial Policy, Settlement Processes in Palestine, and the Status of Jerusalem in the Middle of the Fifth Century B.C.E.," in Oded Lipschits and manfred oeming(eds), *Judah and the Judeans in the Persian Period*(Winona Lake, IN: Eisenbrauns): 19-52.

Pomeroy, Sarah B.
1994   *Xenophon Oeconmicus: A Social and Historical Commentary, with a New English Translation*(Oxford: Clarendon).

Tatum, James
1989   *Xenophon's Imperial Fiction: On The Education of Cyrus*(Princeton, NJ: Princeton University).

Tuplin, Christopher
1987 "Xenophon and the Garrisons of the Achaemenid Empire," *AMI* 20: 167-245.

Ussishkin, David
2006 "The Borders and *De Facto* Size of Jerusalem in the Persian Period," in Oded Lipschits and Manfred Oeming(eds), *Judah and the Judeans in the Persian Period*(Winona Lake, IN: Eisenbrauns): 147-66.

Will, Ernest
1987 "Qu'est-ce qu'une *Baris?*" *Syria* 64: 253-9.

Zobel, Hans-Jürgen
1974 "אימה êmāh," *TDOT*, 1: 219-21.

제8장

아케메니드 페니키아의 행정: 관리된 자치의 사례[1]

바딤 S. 지굴로프 | 모건주립대학교

동지중해 무역의 적극적이며, 귀중한 역할을 한 아케메니드 페니키아 (Achaemenid Phoenicia)는 수십 년 동안 학자들의 상상력을 사로잡았다. 거의 틀림없이 롤린슨(Rawlinson)의 『페니키아 역사』(History of Phoenicia, 1889)가 그 시작이었을 것이다. 최근 페니키아의 행정뿐만 아니라 아케메니드 통치 하의 다른 체제에 대한 문제는 제국 자체에 대한 재개된 관심사의 반영으로써 수많은 출판물을 통해 제기되었다. 일부 학자들은 아케메니드가 자유방임 통치 유형을 선호하였다고 제안한다. 이에 따르면, 통상적인 경제적, 정치적 문제는 지방의 통치 왕조에 위임되었다고 본다(Dandamaev and Lukonin, 1989; Dandamaev, 1994; 1999; Knoppers, 2001; Fried, 2004: 4–6의 개요 참조).

다른 학자들은 페르시아 제국이 법제정과 간행과 같은 지방 정치 문제의 일부 측면을 통제하거나(예. Frei, 2001), 위대한 왕(The Great King, 페르시아 왕 지칭—역주)이 임명한 관료를 통해 피정복지의 통치를 수행하였다고 본다(Eisenstadt, 1963). 학자들은 페르시아 시대 페니키아 도시 국가의 경우, 일반적으로 제국으로부터 상당한 수준의 독립을 누렸다는 개념을 제안한다(Elayi, 1980: 25; 1982; Stern, 1995: 433). 이런 독립에 대한 주요 논증 중의 하나

---

[1] 본 논문은 2007년 캘리포니아 샌디에고에서 열린 미국성서학회에서 맨 처음 요약본으로 발표한 것이다. 필자는 본서에 글을 실을 수 있도록 초대해 주신 L. L. Grabbe와 G. N. Knoppers에게 감사를 표한다.

는 레반트와 지중해의 페니키아 무역업이다. 이는 확실히 아케메니드 세입의 수익성 좋은 원천이었다(Edelman, 2006: 237; Lipschits, 2006: 27).

그러나 활용 가능한 자료를 주의 깊게 검토해 보면, 이런 개념을 수정하게 되고, 관리된 자치(managed autonomy) 개념을 행정 체제로 제안하게 된다. 이런 점에서 페니키아 도시 국가는 여전히 제국 영역 내에서 그들의 문제를 대체로 방해받지 않고 해결해 나갈 수 있었다. 본 논문에서 이런 제안을 규정하고 설명하기 위해 페니키아 도시 국가의 행정 체계에 관한 정보의 주요 자료를 조사해 보고자 한다.

1. 고전 자료에 나타난 아케메니드 페니키아

무엇보다도 먼저 헤로도토스(Herodotus)의 『역사』(*Histories*)와 크세노폰(Xenophon)의 『소아시아 원정기』(*Anabasis*)를 포함해서 아케메니드 페니키아를 언급하는 고전 자료는 대부분 페니키아인에 대한 투쟁과 적대적 사건에 집중한다(Mazza, 1999: 630). 그들의 범위는 고르지 못하고, 큰 틈이 있다. 게다가, 이 자료들은 역사 편찬을 위한 자료 조사로 사용되기 전에 고려해야 될 편견이 빈번히 눈에 띈다. 그러나 이 자료들은 지속적으로 페니키아의 이미지를 기원전 6세기부터 4세기에 동지중해의 페르시아 지배에 강력하게 공헌한 강력하고 독립적인 도시 국가 연합체로 제시한다.

고전 저자들은 페니키아가 텔 수콰스(Tell Suqas)부터 아코(Akko) 혹은 심지어 가자(Gaza)까지 차지한 문화적 그리고/혹은 인종적 유산을 공유한 민족이라고 보도한다(Salles, 1996: 1173). 고전 자료의 페니키아인들은 몇몇 도시 왕국, 주로 비블로스, 시돈, 두로를 차지한 것으로 알려져 있다. 그러나 다른 집단들도 '페니키아'라는 명칭의 구성원으로 나타난다(Arwad/Aradus, Amrith, Berytus and Sarepta). 여기에서 헬라 저자들의 페니키아 해안의 다양한 도시에 대한 개념적 이해는 때때로 불분명하다는 점을 언급해야만 한다. 예컨대, 호머는 '시돈 사람'과 '페니키아 사람'이라는 명칭을 동일한 문장에서 사용한 것으로 알려져 있다(비교. Iliad 23.743-745).

페르시아 제국이 국제 무대에 등장했을 무렵, 페니키아와 페니키아인은 고전 저자들이 이미 자주 그들을 언급하였듯이, 헬라 세계에서 매우 익숙한 존재였다. 즉, 그들에게 알려진 페니키아인, 주로 해안 지역에 거주하는 자들에 대한 헬라의 태도는 엇갈린다. 한편으로, 페니키아인은 그들의 해상과 상업 기술 덕에 극찬을 받았다. 다른 한편으로, 그들은(헬라적 의미에서) 야만적이고, 교활하고, 부정직한 자들로 간주되었고, 이는 경제적 영역에서 헬라인과 페니키아인 사이의 냉랭함을 반영하는 듯하다.

실상, 호머의 첫 시집의 시대로부터 페니키아인들은 특정 상품의 생산과 수출에 대단히 특화되어 있는 도시들과 무역하는 데 있어서 강력한 경쟁자로 간주되었다. 예컨대, 두로는 자주 염색 생산으로 유명했고, 반면 시돈은 유리 생산의 주 생산자이자 수출업자로 간주되었다.

고전 저자들은 페르시아 시대 페니키아의 사회, 정치적 발전의 몇몇 단계 사이를 구분한다. 고레스 대왕의 통치 초기부터 다리오 통치 초기(기원전 559-522년경)까지 지속된 첫 시기는 아케메니드 페니키아 역사의 전환기를 대변한다. 이때, 페르시아 제국의 통치와 행정 하에서 페니키아의 도시 국가의 과정은 다소 느렸다. 헤로도토스는 고레스 시대에 "페니키아인들은 아직 페르시아에 굴복하지 않았다"(*Histories* 1.143)라고 시사한다.

고전 자료들이 대체로 페니키아에서 신바벨론으로부터 페르시아 시대로의 전환을 간과하였다는 사실은, 그 과정이 그다지 특별하지 않았고 일상적이었음을 시사한다. 몇몇 고고학적 자료는 전환 과정이 매우 매끄러웠고, 페니키아 도시의 사람들이 거의 느끼지 못할 정도였음을 확증한다(Rainey, 1969: 52; Aharoni, 1979: 408; Cook, 1983: 41; Frye, 1984: 113-14; Briant, 2002: 44-5, 70-6, 884-5, 91-2).

고전 자료들은 페니키아 도시 국가의 역사에서 두 번째 시기 동안 상황이 매우 급격하게 변화되었음을 시사한다(기원전 522-486년경). 이 시기는 다리오 통치로 시작되었고, 크세르크세스가 정치적 지평에 도착하자 끝나게 된다. 전하는 바에 따르면, 다리오는 제국을 20개의 총독관구(satrapy)로 구분함으로써, 제국을 대규모로 극적으로 재조직하는 작업을 수행한 자로 알려졌다(Histories 3.90-94).[2] 이로써, 그는 조공 징수를 강화하고, 속국의 행정을 중앙화할 수 있었다. 크세노폰의 『소아시아 원정기』를 통해, 페르시아 정부의 정상에는 위대한 왕이 있었다는 것을 알게 된다. 페르시아 계급의 이인자는 제국의 다양한 땅을 책임지고 있었던 총독과 지방 통치자였다. 이 통치자들은 다소 자율적이었다. 그들은 자신의 군대를 소유할 수 있었고(Anabasis 1.1.8), 심지어 외교 정책도 수행할 수 있었다(Dillery, 1998: 16-17).

크세노폰에 따르면, 페르시아의 권력은 대체로 탈중앙화되었다. 총독들은 다양한 지역을 지방 총독(hyparch)에게 맡겼고, 이들은 자신들의 군대를 소유할 수 있었고, 조공을 징수할 수 있었다(Anabasis 1.4.10, 7.8.25). 다른 직책의 관료들이 있었고(예. komarch, 마을 지도자), 이들은 상당한 권력을 누렸다(Anabasis 4.5.10ff.). 딜러리(Dillery, 1998: 19)가 언급하듯이, "『소아시아 원정기』는 일부 자율적인 지역이 있는, 매우 파편화된 제국이라는 인상을 제시한다."

다리오 개혁 이전에 페니키아 도시국가들이 '강 건너'의 옛 신바벨론 지방에 속하였는지의 여부는 고전 자료를 보아서는 불분명하다. 그러나 대략 6세기 말부터 5세기 중반 무렵 레반트의 정치 조직에는 새로운 발전이 일어난 것 같다. 이때 페니키아와 이웃 영토는 바벨론에서 분리된 총독 관구가 되었고, 이는 하나의 독립된 체제가 되었다(헤로도토스의 제9총독 관구). 제5총독 관구의 정확한 구성은 헤로도토스 자료의 많은 문제 때문에 확신하기가 힘들지만, 페니키아는 구브로의 여러 도시에 영향력을 미쳤던 행정 단위의 중심에 있었던 것으로 보인다. 이 영향력은 반(反)페르시아 반역의 수

---

[2] '강 건너' 총독 관구와 페니키아 양쪽에서 페르시아 시대의 정치 단위의 재구성과 더불어 복잡하게 만드는 불확실성과 모호성 때문에 이 구절은 학자들의 관심의 중심에 있다(예. Calmeyer, 1990; Elayi, 1997; Rainey, 2001).

많은 기회를 허용하였던 것처럼, 간헐적이고, 일관성이 없는, 대체로 형식적인 것이었다.

나아가 고전 저자를 신뢰한다면, 크세르크세스 무렵 시돈은 경제, 정치, 해상 영역의 중심적이며 가장 강력한 주자로 부상하였다. 기원전 499년 이오니아 반역으로부터 친아테네 성향의 구브로 도시 소탕 작전에 이르기까지, 어떤 것이 되었든 시돈의 시민들은 페르시아의 많은 군사 작전에 인력을 제공하였다. 디오도로스(Diodorus, *Book* XVI.41.2)가 시사하듯이, 시돈은 적어도 기원전 4세기 중반까지 총독 관구의 수도였다.

아케메니드 페니키아 역사의 세 번째 시기(기원전 405-330년)는 시돈 왕 테네스(Tennes)의 반역(기원전 346/5년)을 제외하고, 고전 저자들의 주목을 거의 받지 못하였다. 이 시기는 페르시아와 페니키아의 관계가 악화되는 시기로 가장 잘 특징지을 수 있다. 결국 이는 기원전 4세기 초중반 총독의 반역 물결에서 절정에 이르렀다. 이 반역은 일반적으로 페니키아 역사에서, 특히 시돈 역사의 번성기의 막을 내리게 하였다. 시돈은 페르시아 당국으로부터 상당한 수준의 독립을 요구하였기 때문이다.

테네스의 반역은 시돈에게 철저한 재앙이 되어서, 페르시아 제국에서 총독 관구의 수도라는 지위를 상실하게 되었다. 여기에서 기원전 4세기 중반, 시돈의 반역은 범위 면에서 제한적이어서 다른 페니키아 도시 국가로 거의 번져 나가지 못하였다는 것에 주목해야 한다. 이는 한 지방 왕이 아마도 이집트에서 일어난 유사한 반역의 영향과 아테네와의 점증하는 긴밀한 관계 아래, 위대한 왕과의 형식적인 봉신 관계로부터 자신과 자신의 도시 국가를 끊어버리려는 시도였다. 이 시기에 비교할 만한 유일하게 중요한 사건은 기원전 332년 알렉산더 대왕의 두로 포위와 파괴이다. 이 파괴는 시돈의 몰락에 대응하는 어떤 두로의 정치적 야망도 끝장내버렸고, 아케메니드 아래 페니키아 번영의 종말을 고하였다.

2. 금석학 자료의 아케메니드 페니키아

금석학적 증거 역시 페르시아 시대 페니키아 도시 국가와 아케메니드 제국 사이의 관계에 관하여 몇 가지 결론을 내리도록 해 준다. 아케메니드 연구의 최근 발전사 중 한 가지는 다수의 상징적 수단과 기록 수단을 통한 곳곳에 만연하면서도, 이미지에 신경을 쓰며 통제하는 아케메니드 권력 구조 개념의 등장이다(예. Briant, 2002). 그러나 현존하는 페니키아 금석학적 증거는 아케메니드 페니키아의 사회생활 혹은 정치생활에 대한 중앙화된 통제 혹은 감독을 보여 주지 않는다.

오히려 페르시아 시대의 페니키아 명문(銘文)은 페니키아 도시 국가의 대체로 자율적인 특징을 보여 준다. 예컨대, 비블로스에서, 정치적 교란은 제국의 개입의 결과라기보다는 내적 전개였다. 비블로스의 '바트노암의 장례 명문'(The funerary inscription of Batnoam of Babylos, KAI, 11)은 왕위 계승의 변화가 대체로 작은 내적 동요와 대대적인 왕정 개편을 반영한다는 것을 보여 준다. 이 명문은 비블로스의 왕 아즈바알의 어머니 바트노암을 언급한다. 이 왕의 이름은 그의 이름을 지닌 동전을 통해 학자들에게 알려졌다.

> 이 관 속에 나, 비블로스의 왕이자 팔티바알의 아들이며 여신의 제사장인 아즈바알의 어머니 바트노암이 나보다 앞선 궁전 여인들의 관습을 따라, 예복을 입고, 머리에는 관을 쓰고, 금으로 만든 입마개를 하고 누워있다 (Gibson, 1982: 100).

아즈바알의 아버지 팔티바알은 왕이 아니라, '(비블로스의) 여신'의 제사장으로 묘사되기 때문에, 학자들(예. Dunand, 1931[1933]: 156)은 아즈바알이 기원전 4세기 중반에 페르시아에 맞선 페니키아 반란이 일어나는 동안 아케메니드 권력에 대한 정치적 도전으로써, 비블로스에 새로운 왕조를 세웠을 것이라고 제안한다. 특히 고문서학적 고려와 아즈바알의 동전을 근거로 삼아, 이 명문은 대체로 기원전 350년, 즉 시돈의 테네스의 반란 기간으로 연대 추정이 된다는 점을 고려한다면, 이런 제안은 호소력이 있다.

그러나 이런 역사적 묘사는 반란을 언급하는 다른 자료와 부합되지 않는다. 디오도로스(Book XVI)에 따르면, 시돈만 후속 처벌의 무게를 감당한 것을 볼 때, 반란의 범위는 페니키아 전체가 개입된 것이 아니었다. 나아가, 바트노암이 페르시아 제국의 권력에 맞선 반역의 상황에 있었다는 명문의 내적 지시는 없다. 그래서 명문은 비블로스 정치학에서 발생한 내적 변화를 보여 주고, 그 범위는 불분명하다. 그러나 그것이 결코 작은 것이었던 것 같지는 않다. 계승의 연속은 여전히 명문에서 강조된다.

나아가, 금석학적 증거(예. the inscription of Eshmunazor)는 페르시아 왕들의 군사 정복에 시돈의 왕조가 즉시 개입한 결과, 페니키아 도시 국가는 기원전 4세기 중후반부터 계속해서 시돈이 주도하는 행정 단위에 포함되었다. 이런 지도력에도 불구하고, 여전히 지방 왕조의 구성원은 각 페니키아 도시 국가를 이끌고, 방해받지 않고 일을 수행해 나갈 수 있었다. 페니키아 왕조의 명문으로부터 위대한 왕에게 복무하는 자율적 왕이라는 인상을 받게 된다. 위대한 왕의 자선과 후원은 인정을 받았고, 존경을 받았다.

시파르(Sippar) 지역에서 발견된 명문은 이 점에서 흥미롭다. 겉보기에 이는 페니키아 도시 국가의 자율적 구성과 모순되는 것처럼 보인다. 최근 일부 학자들(Dandamaev, 1995; 2006; Fried, 2003a)은 텍스트 *CT*, 55, no. 435에 근거하여 바벨론의 지주(地主)를 통해 다리오 시대에 아케메니드가 비블로스를 통치하였다고 제안한다. 이 텍스트는 십일조를 헌납하는 리키스-칼라무-벨(Rikis-kalâmu-Bēl)을 비블로스의 루남(LÚ.NAM)이라는 호칭으로 언급한다. 십일조는 은, 붉은 자주 양털, 푸른 자주 양털, 포도주 두 통, 그리고 삼나무 등이었다.

비블로스가 확실히 제공할 수 있었던 모든 산물을 포함하고 있다는 사실은 이 텍스트가 동일한 이름의 시파르 지역의 도시라기보다는 지중해 연안의 비블로스를 언급하고 있음을 시사한다. 단다마에프(Dandamaev)와 프리드(Fried)는 리키스-칼라무-벨이 바벨론인이었으며, 월세를 지불하는 주택을 시파르에 소유했던 시파르 거주자였다고 제안한다. 이러한 가정에 기초하여, 프리드는 아케메니드인들이 비블로스를 통치하고자 바벨론의 지주 귀족 중에서 리키스-칼라무-벨을 선택하였다고 결론을 내린다. 몇 가지 문제 때문에 이런 입장을 받아들일 수 없다.

첫째, 루남(LÚ.NAM) 칭호는 실상 '지방 총독'을 표기하지만(Black, George and Postgate, 2000: 274), 총독의 책임과 관구의 일에 그가 개입하는 정도에 대해서는 알려진 바가 없다.

명문에 근거하여, 총독이 관구의 일에 밀접하게 개입하였다고 추측하는 것은 터무니없다. 게다가, 쉬프티바알 3세(Shiptibaal III 혹은 그의 아들)의 페르시아 시대 명문으로부터, 비블로스 왕은 다른 중재자에 의존하지 않고 위대한 왕의 직접적 권위 아래 놓여있었다는 것을 알 수 있다. 따라서 단다마에프와 프리드의 제안이 옳다할지라도, '지방 총독'이라는 호칭을 지닌 인물의 존재는 페니키아 도시국가를 통치하는 아케메니드 행정의 개입적 특징을 보여 주는 것이 아니다.

둘째, 루남(LÚ.NAM) 칭호가 페니키아 도시 국가에서 자주 사용되었는지 여부에 대해서는 이를 언급하는 알려진 다른 문서가 없기 때문에 분명하지 않다.

임시 총독의 임명은 비블로스에서 아케메니드 통치의 확립을 확정하기 위한 수단으로 이해할 수 있다. 이 자리는 폐지할 수 있었거나 후에는 비블로스에서 아케메니드 권력의 명목상의 대변인이 되었다. 이 자리는 이전의 신바벨론 통치로부터 세습을 통해 혹은 다른 수단을 통해 존속된 것일 수도 있다. 어느 경우든 한 자리의 존재를 도시 국가의 관리에 밀접하게 개입하는 것과 동일시될 수 없다.

셋째, 단다마에프와 프리드가 모두 지적하듯이, 고전 자료는 아케메니드 제국이 지방 왕정을 통해 영토의 행정을 집행하였음을 보여 준다.

국가의 업무를 밀접하게 통제하는 관구 총독의 존재는 페니키아의 도시 국가와 특히 비블로스가 너무 불안정하여 외부인인 바벨론인의 통치를 받아야만 한다는 것을 암시하는 예외일 수 있다. 하지만, 이것은 사실이 아니다. 문학과 고고학의 모든 자료는 신바벨론 통치로부터 아케메니드 통치로의 전환이 레반트에서는 그다지 특별한 사건이 아니었음을 보여 준다. 또한, 아케메니드 페니키아에서 나온 금석학적 자료는 페니키아 도시 국가가 새로운 제국의 정책을 모범적으로 준수하였음을 보여 준다.

최종 분석에서 리키스-칼라무-벨이 도시 국가의 행정에 개입하였던 비블로스의 바벨론 총독이었다는 제안은 설득력이 없다. 비블로스의 전통적인 페르시아의 건축학적 요소의 존재는 비블로스에서 직접적인 페르시아의 영향과 개입의 표지라고 보는 마르코(Markoe, 2000: 203)의 제안 역시 동일하게 설득력이 없다.

이란의 제국 건축에서 흔히 볼 수 있는 아파다나(Apadana) 유형으로 확인된 두 열의 기둥이 있는 테라스 꼭대기의 직사각형 건물을 인용하면서, 그는 비블로스가 아케메니드 시대의 지역 행정 및 방어 중심지 역할을 했다고 제안한다. 그러나 이란의 건축학적 요소가 단순히 있다는 것만으로, 아케메니드 시대에 비블로스 지역에서 페르시아가 지배적이었다거나 그곳에 페르시아의 관리가 주둔하였다고 결론을 내리기에는 불충분하다. 아마도 비블로스에 있는 것은 또 다른 혼합주의의 사례로써, 다른 페니키아 지역에서 흔히 볼 수 있는 것을 차용하고 모방한 것으로 보인다.

비블로스의 엘리트들은 다양한 이방의 예술적 요소를 모방하고, 확산하는 것을 포함한, 당대의 예술적, 문화적 유행과 조화를 이루었다. 마지막으로, 기원전 6세기로 연대 추정이 되는 건축물이 페르시아의 장식적 요소를 지니고 있다는 사실만 가지고, 페르시아적 존재를 용인할 수는 있을지라도 직접적인 페르시아 통제가 아케메니드 시대 내내 비블로스에서 지속되었다고 볼 수는 없다.

3. 아케메니드 페니키아와 물질적 유산

아케메니드 페니키아에서 행정과 관련 없는 건축물, 주로 성전에서 이란식 스타일의 건축 요소와 같은 물질문화적 유산을 찾아볼 수 있다는 것을 이미 언급하였다. 이런 유산은 페니키아식 절충주의의 자극을 지속적으로 받은 주로 예술적인 것이라 할지라도, 페르시아의 영향이라고 보는 사상을 믿을 수 있게 한다. 보스탄 에쉬-쉐이크(Bostan esh-Sheikh, 시돈 동남쪽 약 3km/1.5miles)와 같은 페니키아 성전이 페르시아 성전에서 찾아볼 수 있는 건축 요소를 지니고 있다 할지라도(Ciasca, 1999: 177), 그곳에 페르시아의 영향이 있었다는 것을 뜻하는 것은 아니다.

오히려 페니키아 건축자들은 자신들의 범세계주의(cosmopolitanism)의 표현으로써, 이집트와 헬라 장식으로 향상된 페르시아의 건축 요소를 차용하였다. 페르시아 제국의 훌륭한 예술적 성상(iconography) 사용은 페니키아의 지방 왕조와 엘리트 편에서는 순종의 표현일 뿐만 아니라, 일반인과 이방인 사이에서 자칭 높은 지위를 주장하고자 하는 시도였다. 요약하면, 페니키아 전역에서 차용된 페르시아의 예술적 요소는 지위 상징, 최상급 고급품, 엘리트 권력의 시각적 과시와 권위가 되었고, 이를 통해 제국 권력은 지방에서 모방의 대상이 되었다.

4. 아케메니드 페니키아의 행정: 몇 가지 제안 사항

어떻게 레반트가 페르시아 시대에 관리되었는지에 대한 질문은 여전히 남아 있다. 이 지역이 기존의 신바벨론식 구획에 따라 조직되었는지, 아니면 새로운 조직 구조와 지위를 얻게 되었는지는 불분명하다. 학자들은 이 쟁점에 침묵하지 않았다. 한편 호글룬트(Hoglund, 1992: 21)는 아케메니드 당국이 기존의 신바벨론 속국들을 영토적으로, 행정적으로 재구성하였다고 본다.

다른 한편, 반더후프트(Vanderhooft, 2003)는 예후드를 사례로 사용하면서, 신바벨론의 철수, 대립, 파괴 정책은 영토의 어떤 행정적 조직도 포함하지 않았고, 이런 상황은 바벨론 통치 말까지 이런 식으로 지속되었다고 본다. 신바벨론의 남레반트 피임명자 중 어느 누구도 고대 유대 자료 외에서는 알려진 바가 없기 때문에, 반더후프트의 제안은 설득력이 있다.

그의 해석에 따르면, 신바벨론 시대의 레반트는 일반적으로 도외시되었다. 이는 물질문화가 제시한 증거를 근거로 학자들이 확증할 수 있는 결론이다(Stern, 2001: 308, 312-31). 조사 결과를 근거로 하여 추가하자면, 후에 페르시아 당국은 즉각적으로 페니키아 도시 국가를 느슨한 연합체로 조직하였고, 이는 기원전 6세기와 5세기의 첫 사분기 동안 지속된 형태였다.

기원전 482년 크세르크세스가 바벨론의 반역을 진압한 후(Olmstead, 1948: 237 n. 23; Lipschits, 2006: 25), 이 연합체는 페르시아의 군사 조직에 공헌한 것을 인정받아 시돈의 공식적 지도력 아래 페니키아 도시 국가 연맹으로 전환하였다. 그러나 기원전 5세기 말과 4세기 초에, 도시 국가 시돈은 페르시아의 세금과 지배로부터 보다 큰 독립을 확고히 하고자 몇 가지 조치를 취하였다. 아마도 기원전 464-454년경 페르시아 제국에 맞선 이집트 반란에 많은 영감을 받았던 것으로 보인다(Thucydides, *History* 1.104; Briant, 2002: 573-7 참조). 시돈의 이런 움직임의 결과는 처참하였다. 시돈 왕 테네스의 반란은 분쇄되었고, 아닥사스다 3세는 이 도시를 파괴하였다.

일반적으로 많은 이전의 제안에 동의하면서, 우리는 페니키아의 아케메니드 정책을 지칭하고자 **관리된 자치**라는 용어를 채택하였다. 페르시아의 중앙 당국이 내린 유일한 법령은 제국의 경제적, 군사적 프로젝트에 페니키아가 협력하고, 때에 맞추어 조공을 납부하는 것이었다. 몇 가지 요인을 보면 이런 방식을 알 수 있다.

첫째, 페니키아 도시 국가의 인구는 아케메니드 시대 대부분 기간 내내 토착 문화의 특수성을 유지할 수 있었다. 예컨대, 종교생활에서 페니키아 도시 국가들은 자신들의 전통적인 종교 관계를 지속할 수 있었다(두로와 멜콰르트, 시돈과 아스타르트).

둘째, 페니키아 도시 국가 사이의 주화의 독립 생산은[3] 페르시아 당국의 큰 개입 없이 경제를 자율적으로 운영할 수 있었음을 시사한다.

셋째, 페니키아 도시 국가의 주화 체계 내의 단일한 기준 중량의 부재는[4] 페르시아 시대에 페니키아 도시 국가 사이에서 통화 교환의 탈중앙화적 특징과 직접적이고 관여적인 제국적 통치의 부재의 또 다른 표지이다.

넷째, 다양한 성전에 도입된 변화를 자주 상세히 알려 주는 페니키아의 금석학적 증거는 어디에서도 페르시아의 제국 관리의 존재나 행위를 보여 주지 않는다.

이것은 페르시아 제국의 영향이 페니키아에 없었다는 것을 말하는 것이 아니다. 오히려 페니키아에 페르시아의 영향이 있었다는 것을 논증하지만, 제국이 어떤 직접적이며 지속적인 방식으로 페니키아의 일에 관여했다는 증거는 없다는 점을 강조하고자 한다. 페니키아에서 외국의 도자기 스타일을 채택하게 된 동일한 범세계주의 역시 그곳에 페르시아의 건축 요소가 존재하게 된 원인이 된다. 페르시아의 대리인이 페니키아의 도시 국가에 거주하였다면(이에 대한 증거는 고전 자료 외에는 나타나지 않는다), 그들의 전초 기지

---

[3] 기원전 4세기 초반 길리기아, 사마리아, 아마도 예후드에서 출토된 동전이 "동일한 통화 체계"의 일부이며 "함께 유통되는 것을 의도한 것"(예. Fried, 2003b: 74, 79, 82)이라고 보는 학자들과 달리, 우리는 페니키아나 페르시아 제국의 다른 행정 단위에 사용된 단일한 보편적 통화 체계가 없었음을 제안하고자 한다(Jigoulov, [출간예정]).

[4] 페르시아 시대 비블로스에서 초기의 아티카(Attic) 중량 기준으로부터 페니키아 중량 기준으로 전환되는 것에 주목하라(Betlyon, 1982: 112; Destrooper-Georgiades, 1995: 151).

는 주로 통제하는 직책이 아니라 페르시아의 영향을 상징하였다.

제국이 페니키아를 집중적으로 통제해야 할 긴급한 필요는 없었다. 오히려 페니키아 도시 국가의 인구는 페르시아의 관용적인 보호 아래 활발한 경제적 무역 행위에 참여하였고, 이로부터 페르시아는 어마어마한 이익을 얻었다. 즉, 지중해 물품 교환, 배송 서비스 제공, 분명 페니키아 해안에 정박한 페르시아 함대 관리 등이다(비교. Herodotus, *Histories* 7.96).

제국과 페니키아 도시 국가의 상호성을 전제로 하는 **관리된 자치** 모델의 증거는 페르시아 제국의 다른 부분에서 찾아볼 수 있다. 예컨대, 동지중해의 많은 지역에서 나온 화폐 증거는 '영웅적 만남'과 병거라는 전통적인 페르시아적 형상을 포함한, 페르시아 제국의 성상의 수많은 사례를 보존하고 있다(예. Root, 1979; Garrison and Root, 2001).

다시 말하면, 이런 형상의 존재는 영토와 자원에 대한 페르시아의 제국의 엄격한 통제를 필요로 하는 것은 아니다. 관련된 사례는 아케메니드 사르디스(Sardis)이다. 이곳에서 사회생활에 미친 페르시아 제국의 영향은 물질문화 분석을 통해 매우 분명히 드러난다. 듀신베르(Dusinberre)는 다음과 같이 언급한다.

> 사르디스에서 새 행정 구조의 창안은 고대 문학 자료를 통해 입증되고, 우리가 보듯이, 아케메니드 시대 사르디스에 대한 물질 기록에 심오한 특징을 남겼다. 아케메니드 제국의 새로운 이데올로기는 예술 작품, 특히 옷과 인장 돌 위의 세공과 같은 공공 전시를 목적으로 하는 것에서 나타난다. 아케메니드 사상과 문화 체제의 현시는 장례 의자의 도입과 영원한 연회와 장례의 연결, 많은 다른 사회 계층의 마실 것을 위한 아케메니드 그릇 사용을 포함하였다(Dusinberre, 2003: 198).

그럼에도 불구하고, 듀신베르(2003: 210-17)는 성상 증거에 근거하여, 제국적 이데올로기에 대한 저항을 표현할 여지를 남겼다는 점에서, 이런 영향력이 포괄적인 것이 아니었음을 제시한다. 유사하게, 페르시아 제국의 성상의 존재가 반드시 그 영역에 대한 광범위한 제국적 통제를 수반하는 것은 아니었다.

결론적으로, 대체로 아케메니드 당국의 방해를 받지 않고 도시 국가의 일을 수행할 수 있었던 페니키아의 능력은 어쩌면 페르시아 왕들이 제국을 어떻게 구상하였는지에 대해 알려줄 수 있을 것이다. 스스로를 관용적이며 너그러운 자로 보면서, 그들은 독립을 얻고자 하는 속국의 시도로 위협을 당할 때만 신적 후원 아래,[5] 군사적 힘을 사용하였다. 그러나 대개 그들은 자신들의 지배 아래 있는 영토에 직접적이며 관여적인 감독에서 자유로운 자율을 허용하였다.

페니키아 도시 국가의 사례에서 볼 수 있는 이런 유형의 속국 통치는 다른 페르시아의 속국, 특히 예후드 분석에 적용할 때 유용한 모델이 될 수 있다. 나아가, 아케메니드 레반트의 나라 중에서 복잡한 상호 관계망에 대한 평가를 통해 도움을 받을 수 있다.

---

5 베히스툰 양각과 명문은 페르시아 왕들의 "강력하게 중앙화 지향적인 수사학적 전략"을 예시한다(Root, 1991: 4).

참고 문헌

Aharoni, Y.
1979   *The Land of the Bible: A Historical Geography*(2nd edn; Philadelphia: Westminster Press).

Betlyon, J. W.
1982   *The Coinage and Mints of Phoenicia: The Pre-Alexandrine Period*(Atlanta: Scholars Press).

Black, J., A. George and J. N. Postgate.
2000   *A Concise Dictionary of Akkadian*(Wiesbaden: Harrassowitz Verlag).

Briant, P.
2002   *From Cyrus to Alexander: A History of the Persian Empire*(trans. Peter T. Daniels; Winona Lake, IN: Eisenbrauns); ET of *Histoire de l'empire perse de Cyrus à Alexandre*, vols Ⅰ-Ⅱ(Achaemenid History, 10; Leiden: Nederlands Instituut voor het Nabije Oosten, 1996 [originally published by Librairie Arthème Fayord, Paris]).

Calmeyer, P.
1990   "Die sogennante Fünfte Satrapie bei Herodot," *Trans* 3: 109-29.

Ciasca, A.
1999   "Phoenicia," in S. Moscati(ed.), *The Phoenicians*(New York: Rizzoli): 168-84.

Cook, J. M.
1983   *The Persian Empire*(New York: Schocken Books).

Dandamaev, M. A.
1994   "Achaemenid Mesopotamia: Traditions and Innovations," in H. Sancisi-Weerdenburg, A. Kuhrt and M. C. Root(eds), *Continuity and Change: Proceedings of the Last Achaemenid History Workshop, April 6-8, 1990, Ann Arbor, Michigan*(Achaemenid History, 8; Leiden: Nederlands Instituut voor het Nabije Oosten): 228-34.
1995   "A Governor of Bylos in Sippar," in K. v. Lerberghe and A. Schoors(eds), *Immigration and Emigration within the Ancient Near East: Festschrift E. Lipiński*(Orientalia Lovaniensia Analecta, 65; Leuven: Peeters): 29-31.
1999   "Achaemenid Imperial Policies and Provincial Governments," *Iranica Antiqua* 34: 269-82.
2006   "Neo-Babylonian and Achaemenid State Administration in Mesopotamia," in O. Lipschits and M. Oeming(eds), *Judah and the Judeans in the Persian Period*(Winona Lake, IN: Eisenbrauns): 373-98.

Dandamaev, M. A., and V. G. Lukonin.
1989   *The Culture and Social Institutions of Ancient Iran*(trans. P. L. Kohl and D. J. Dadson; Cambridge: Cambridge University Press).

Destrooper-Georgiades, A.
1995   "La Numismatique *Partim* Orient," in V. Krings(ed.), *La civilisation phénicienne et punique: manuel de recherche*(Leiden: E. J. Brill): 148–65.

Dillery, J.
1998   "Introduction," in C. L. Brownson and J. Dillery(eds) *Xenophan; Anabasis*(Cambridge, MA: Harvard University Press): 1–37.

Dunand, M.
2003   *Aspects of Empire in Achaemenid Sardis*(Cambridge: Cambridge University Press).

Dussaud, R.
1936   "L' Inscription du sarcophage de Batno'am à Byblos," *Syria* 17: 98–9.

Edelman, D.
2006   "Tyrian Trade in Yehud under Artaxerxes I : Real or Fictional? Independent or Grown Endorsed?," in O. Lipschits and M. Oeming(eds), *Judah and the Judeans in the Persian Period*(Winona Lake, IN: Eisenbrauns): 207–46.

Eisenstadt, S. N.
1963   *The Political Systems of Empires*(New York: Free Press of Glencoe).

Elayi, J.
1980   "The Phoenician Cities in the Persian Period," *JANES* 12: 13–28.
1982   "Studies in Phoenician Geography during the Persian Period," *JNES* 41.2: 83–110.
1997   "Pouvoirs locaux et organization du territoire des cités phéniciennes sous l' Empire perse achéménides," *Espacio, Tempio y Forma* 2/10: 63–77.

Frei, P.
2001   "Persian Imperial Authorization: A Summary," in J. W. Watts(ed.), *Persian and Torah: The Theory of Imperial Authorization of the Pentateuch*(Atlanta: Society of Biblical Literature): 5–40.

Fried, L. S.
2003a   "A Governor of Byblos from Sippar," *Nouvelles assyriologiques brèves et utilitaires* 2: 40–1.
2003b   "A Silver Coin of Yoḥanan Hakkôhēn," *Trans* 26: 65–85, Pls. II - V .
2004   *The Priest and the Great King: Temple-Palace Relations in the Persian Empire*(Winona Lake, IN: Eisenbrauns).

Frye, R. N.
1984   *The History of Ancient Iran*(Munich: C. H. Beck).

Garrison, M. B., and M. C. Root
2001   *Seals on the Persepolis Fortification Tablets, vol. 1: Images of the Heroic Encounter*(Chicago: The Oriental Institute of the University of Chicago).

Gibson, J. C. L.
1982   *Textbook of Syrian Semitic Inscriptions, vol. III: Phoenician Inscriptions Including Inscriptions in the Mixed Dialect of Arslan Tash*(Oxford: Oxford University Press).

Hoglund, K. G.
1992   *Achaemenid Imperial Administration in Syria-Palestine and the Missions of Ezra and Nehemiah*(Atlanta: Scholars Press).

Jigoulov, V. S.
(forthcoming) *A Social History of the Phoenician City-States in the Achaemenid Empire*(London: Equinox).

Knoppers, G. N.
2001   "An Achaemenid Imperial Authorization of Torah in Yehud?," in J. W. Watts(ed.), *Persia and Torah: The Theory of Imperial Authorization of the Pentateuch*(Atlanta: Society Of Biblical Literature): 115-34.

Lipschits, O.
2006   "Achaemenid Imperial Policy, Settlement Processes in Palestine, and the Status of Jerusalem in the Middle of the Fifth Century B.C.E.," in O. Lipschits and M. Oeming(eds), *Judah and the Judeans in the Persian Period*(Winona Lake, IN: Eisenbrauns): 19-52.

Markoe, G.
2000   *The Phoenicians*(London: British Museum Press).

Mazza, F.
1999   "The Phoenicians as Seen by the Ancient World," in S. Moscati(ed.), *The Phoenicians*(New York: Rizzoli): 628-53.

Olmstead, A. T. E.
1948   *History of the Persian Empire*(Chicago: University of Chicago Press).

Rainey, A. F.
1969   "The Satrapy 'Beyond the River,'" *AJBA* 1: 51-78.
2001   "Herodotus' Description of the East Mediterranean Coast," *BASOR* 32: 57-63.

Rawlinson, G.
1889   *History of Phoenicia*(New York: Longmans, Green and Co.).

Root, M. C.
1979   *The King and Kingship in Achaemenid Art: Essays on the Creation of an Iconography of Empire*(Leiden: Brill).
1991   "From the Heart: Powerful Persianisms in the Art of the Western Empire," in H. Sancisi-Weerdenburg and A. Kuhrt(eds), *Asia Minor and Egypt: Old Cultures in a New Empire: Proceedings of the Groningen 1988 Achaemenid History Workshop*(Achaemenid History, 6; Leiden: Nederlands Instituut voor het Nabije Oosten): 1-29.

Salles, J.-F
1996 "Phoenicians," in S. Hornblower and A. Spawnforth(eds), *The Oxford Classical Dictionary*(Oxford: Oxford University Press): 1173-4.

Stern, E.
1995 "Between Persia and Greece: Trade, Administration and Warfare in the Persian and Hellenistic Periods," in T. E. Levy(ed.), *The Archaeology of Society in the Holy Land*(New York: Facts on File): 433-45.
2001 *The Archaeology of the Land of the Bible: The Assyrian, Babylonian, and Persian Periods*(732-332 B.C.E.), vol. 2(New York: Doubleday).

Vanderhooft, D. S.
2003 "New Evidence Pertaining to the Transition from Neo-Babylonian to Achaemenid Administration in Palestine", in R. Albertz and B. Becking(eds), *Yahwism after the Exile: Perspectives on Israelite Religion in the Persian Era*(Studies in Theology and Religion, 5; Assen: Van Gorcum): 219-35.

제9장

역사와 사상의 관계:
피터 아크로이드의『이스라엘의 포로와 회복』의 부제 고찰

라인하트 크라츠 | 괴팅엔대학교

1. 서론적 언급

독일 학계의 전통과 보다 젊은 세대의 구성원을 대표하여, 필자가 피터 아크로이드를 추모하는 토론자로 참여할 수 있게 된 것은 큰 영광이다.[1] 그러나 피터 아크로이드의 경우 양쪽에 매우 잘 어울린다.

세대에 관한 한,『이스라엘의 포로와 회복』의 첫 판은 1968년에 출판되었다는 점이 인상 깊다. 이 해에 학생들은 부모 세대에게 맞서서 데모를 하고 혁명을 일으켰다(독일에서 나치 세대에 맞섬). 어떤 면에서, 피터 아크로이드의『이스라엘의 포로와 회복』역시 혁명적이었다. 그러나 이런 경향성(여기에서 필자는 그를 잘 알고 있는 옛 동료로부터 나온 정보에 의존한다)은 그의 탁월한 신사적 외모와는 어울리지 않는다. 어느 경우든,『이스라엘의 포로와 회복』은 반유대주의, 포로 후기 유대교에 대한 편견, 율법에 근거한 종교(Religion des Gesetzes)는 아니더라도 종종 기독교에 뿌리를 둔 선행 연구에 맞

---

[1] 본 논문은 2006년 11월 11일 워싱턴에서 열린 미국성서학회에서 Kent H. Richards와 Tamara Eskenazi가 조직한 "이스라엘의 포로와 회복: 피터 아크로이드를 추모하는 21세기 관점" 분과에서 발표된 것이다.

서는 저항이었다. 이전의 전통에 반대하면서, 아크로이드는 "본 연구는…포로 후기에 대한 보다 긍정적 이해를 격려한다"라는 자신의 책의 목적을 완수한 것으로 볼 수 있다(Ackroyd, 1968: 12, 또한 p. 256 참조).

독일어권 세계와 관련해서 이것을 특별히 쟁점 사항으로 강조할 필요는 없다. 피터 아크로이드가 오토 아이스펠트(Otto Eissfeldt)의 『구약개론』(Einleitung in das Alte Testament unter Einschluss der Apokryphen und Pseudepigraphen)의 번역자였다는 점을 상기할 필요가 있다. 『이스라엘의 포로와 회복』의 각주를 대충 훑어 보고, 색인을 숙독해 보면, 그가 얼마나 당대의 독일 학계에 익숙하였는지, 그리고 그 결과를 얼마나 사용하였는지를 알 수 있다. 세 명의 독일인 이름이 다른 이들보다 더 자주 나타난다. 즉, 오토 아이스펠트와 그의 『구약개론』, 쿠르트 갈링(Kurt Galling)과 페르시아 시대에 대한 획기적인 연구, 그리고 마지막으로(적어도 필자에게는 놀랍게도) 게르하르트 폰 라드이다.

그러나 면밀한 검토를 해 보면, 폰 라드에 대한 빈번한 언급은 놀랄 일이 아니다. 폰 라드의 입장은 역사와 전승, 혹은 다른 말로 하면, 역사와 사상 사이의 난해한 관계를 결정하는 아크로이드의 방식과 매우 잘 부합된다. 여기에서 아크로이드는 문제와 난점을 인지한다. 우리는 거대한 정치적 사건을 알고 있다. 그러나 "정치적 삶의 더 작은 사건과 그 시대 사상가의 정신의 세밀한 작동 사이의 정확한 관계를 추적하는 것은 훨씬 더 위험천만한 일이다"(Ackroyd, 1968: 14).

이것 때문에, 아크로이드는 폰 라드가 그의 『구약성서의 신학』(Theology of the Old Testament)에서 따라간 길을 선택하였고, 두 측면을 서로 분리하였다. 초점은 "사건이 아니라 사상"(Ackroyd, 1968: 14)에 있기에, 역사에 대한 몇 가지 피상적 언급이면 충분하다는 인상을 남긴다. 이런 경로를 따라가자면, 『이스라엘의 포로와 회복』이 출판된 해에 폰 라드의 제자이자, 너무 일찍 세상을 떠난 필자의 존경하는 스승 오딜 한스 슈텍(Odil Hannes Steck, 1968)이 "포로 후기의 신학적 흐름의 문제"(The Problem of Theological Currents in the

Postexilic Period)라는 논문을 발표한 것은 우연이 아니다.[2]

이 논문은 신명기역사적 전승에 나타난 역사 묘사에 대한 그의 박사 학위 논문에서 이미 다루었던 쟁점 사항의 후속이었다(Steck, 1967). 슈텍과 아크로이드 둘 다 포로 후기 문학은 폰 라드가 성서 전체를 통해 추적하고자 했던 현상으로 가득 차있음을 알고 있었다. 즉, 하나님과 신학적 전승의 관점에서 설명되는, 역사적 정황과 경험에 비춘 전승 해석이다. 슈텍이 역대기와 다니엘과 같은 후기 문서에 기초하여 그의 모델을 발전시키고자 한 것은 놀라운 일이 아니다. 『이스라엘의 포로와 회복』의 마지막 장에서 사용하고 논의한 것이 바로 이 문서들이다.

서로 독립적이었지만, 슈텍과 아크로이드는 모두 독일어권과 영어권 학계에서 1968년 혁명에 의미 있는 공헌을 하였다. 둘 다 포로기와 포로후기를 성서 전승과 유대교 역사 발전의 형성기임을 재발견하였다. 둘 다 제2성전 시대의 문학, 특히 포로 후기 예언서와 관련된 문학을 명예로운 위치로 격상시키고, 이 문학의 신학적 의미에 접근할 수 있도록 하였다. 둘 다 역사와 사상을 예리하게 구분하는, 폰 라드의 출발점인 해석과 전승의 재구성을 발전시켰다. 이것은 포로 후기 자료 연구를 위해 매우 유용한 것이라고 입증된 방법론적 조치였다.

그러나 혁명가들은 빨리 나이가 먹는 경향이 있다. 우리는 오늘 그들의 40여 년의 연구가 21세기 초에 어떻게 간주되어야만 하는지를 평가하기 위해서 모였다. 필자는 『이스라엘의 포로와 회복: 기원전 6세기 히브리 사상 연구』의 부제 이면의 관계인 역사와 사상의 관계를 검토함으로써, 이 문제를 추적하고자 한다. 여기서 필자는 이 관계의 세 가지 측면을 지적하고자 한다.

---

[2] 후에 Ackroyd와 Steck은 모두 이 주제에 대하여 동일한 책에서 논문을 발표하였다(Ackroyd, 1977; Steck, 1977: 특히, 206-7). 또한 독어판 참조(Steck, 1982: 특히, 309-10). 여기에서 그는 Ackroyd의 『이스라엘의 포로와 회복』을 언급하고, 또한 그의 『바벨론과 페르시아 시대의 이스라엘』(Israel under Babylon and Persia)을 언급한다.

첫째, 역사와 역사 편찬 사이의 긴장이다.
둘째, 성서와 성서 밖 자료 사이의 긴장이다.
셋째, 구약 문헌에서 오래된 층과 후대 층 사이의 긴장을 포함한다.

2. 역사와 역사 편찬

피터 아크로이드는 "사건이 아니라 사상"에 집중하고자 하였다(1968: 14). 이 진술은 성서 본문가 '사건'이 아니라 '사상'을 전달하고 있다는 점에 근거한다. 그래서 이미 언급하였듯이, 아크로이드는 이스라엘 역사를 간략히 언급할 때, 6세기의 역사가, 신학자, 예언자의 사상을 개략적으로 서술하지 않고, 집중한다. 그러나 이런 절차는 오늘날 대단히 논쟁을 일으킨다. 문제는 역사와 역사 편찬의 의미이다. 오랫동안 학자들은 구약성서의 역사 편찬과 다른 문서들은 과거를 단지 '있는 그대로'('wie es eigentlich gewesen ist') 보여 주는 것이라고 믿어 왔다.

이런 순진한 낙관주의가 문제가 된 것은 단지 최근의 일이 아니다. 역사 편찬은 해석과 소통의 과정이라는 것이 드러났다. 여기에서 저자와 수신자(혹은 청중)라는 주체, 그들의 지식, 관점, 그리고 관심사는 중요한 역할을 한다. 그럼에도 불구하고, 학자들은 여전히 구약성서의 역사 편찬을 규정하는 데 동의하지 못하고 있다. 예컨대, 존 반 시터스(John Van Seters, 1983 [재간. 1997]; 1992; 2002)는 구약성서의 산문체 글에서 적절한 이스라엘식 역사 편찬을 찾아낸다.

그는 역사적 상세 사항의 정확성 여부와 관련 없이, 원칙적으로 이스라엘과 헬라의 역사 편찬에는 차이가 없다고 본다. 반대 의견을 지지하는 에르하르트 블룸(Erhard Blum)은 이스라엘 역사서가 저자(들)를 언급하지 않고

무명의 전승이라는 점에서, 차이점이 있다고 주장한다.³ 저자(들)의 이름이 없다는 것은 결코 우연이 아니다. 내레이터(혹은 역사가)와 그가 다루는 주인공 사이의 비평적 거리가 없다는 점과 관련이 있다. 이는 헬라(이오니아) 역사 편찬과 결정적인 차이점이다. 따라서 블룸이 보기에, 이스라엘의 내레이션은 적절한 역사 편찬이 아니라 그 자체의 공동체를 위한 이스라엘 역사의 실현이다. 저자뿐만 아니라 대상이 되는 공동체는 이런 실현의 역사성에 대해 문제를 제기하지 않고, 이를 전제로 삼는다.⁴

아크로이드가 제기한 역사와 사상의 구분을 위한 역사와 역사 편찬에 대한 이런 논쟁의 결과는 분명하다.

첫째, 이런 구분은 역사성을 주장하는 성서 본문 자체의 목적을 간과하고 있다.

이 저작의 저자들은 자신들이 역사가 아니라 사상만을 전달한다고 생각하지 않는다. 오히려 성서 본문는 하나님에 비추어 역사적 사건의 관점이나 설명은 '진정한' 역사를 대변하고, 그 모든 상세 사항은 실로 일어났다고 추정한다. 계몽주의 이후, 역사 비평의 발흥 결과, 우리는 이런 관점을 따를 수가 없게 되었다. 그럼에도 불구하고, 역사적 거리에서 비평적 독법은 진정정과 역사성에 대한 성서적 주장을 진지하게 다루어야만 한다.

그와 같은 역사성 주장은 역사가의 관심을 받을 만한 역사적 현상이다. 이것은 역사와 사상의 차이를 없애지 않지만, 이런 구분이 성서 본문 자체의 표현에는 존재하지 않는다는 사실을 분명히 해야만 한다. 보도된 사건이 실제 사건이라는 확신은 6세기와 그 이후 성서 시대의 세계관에 속하며, 그들의 사상의 일부이다.

---

3 이 점과 다른 많은 점에서, Blum은 여기에서 Cancik(1970)을 쫓아간다. 또한 Cancik, 2005 참조.
4 Blum(2005) 참조. 차이에 대한 매우 다른 방식의 설명은 동일한 책의 Halpern(2005)이 제시한다.

둘째, 아크로이드가 취한 방법론은 최근 역사 편찬 이론에 비추어 몇 가지 회의를 불러일으킨다.[5]

역사와 사상의 구분은 무엇이 역사이고 역사적 사건인지를 제대로 안다고 상정한다. 그러나 최근의 이론은 이것이 결코 분명하지 않다는 것을 가르쳐 준다. 그러나 염려하지 말기를 바란다. 필자는 소위 코펜하겐 학파와 같은 학자들의 최소주의적(minimalist) 입장에 결코 동의하지 않는다.[6] 그러나 역사주의와 낙관주의라는 신나는 시대는 불행히도 끝났다는 사실을 무시할 수 없다. 외적 증거가 없다 할지라도, 성서 본문과 고고학 자료를 조화시켜도, 성서를 무비판적으로 추종하여도, 그 시대로 되돌아갈 수는 없다.

오늘 우리(19세기 역사가 중 가장 통찰력 있는 사람들이 그랬던 것처럼[7])는 역사적 사건이 단지 그들의 해석으로부터 밖에 유래할 수 없음을 안다. 보다 더 복잡하고, 아마도 개요를 서술하는 것조차 불가능한 역사적 상황을 일별하거나 반사하기보다, 고고학적, 금석학적, 문학적 증거로부터 더 많은 것을 기대하는 자들은 누구나 실로 살얼음판을 걷는 중이다.

이 모든 것을 쫓아 역사 의식을 견지하고, 자신의 연구를 위해 역사 비평을 활용하고자 하는 자라면, 아크로이드의 역사와 사상의 구분은 여전히 유효하고 버릴 수 없음을 고백해야만 한다. 그럼에도 불구하고, 그런 역사 비평(역사에 대한 성서적 관점을 진지하게 취하면서, 동시에 현대의 역사편찬 이론을 등한시 하지 않는)은 역사적 사건에 더 가까이 갈 수 있도록 해주는 것만은 아니다. 오히려 역사와 거리는 멀어진다. 그리고 거리가 멀어질수록 성서 본문의

---

5 Lorenz(1997) 참조. 독어권 구약학계는 종종 Rüsen과 그의 세 권의 책(1983-1989)과 후대 저작(2001)을 언급한다. 예컨대, van Oorschot(2000) 참조.
6 논의는 Grabbe(ed.) 1997의 논문, 특히 Barstad, 1997; Schaper, 2006과 참고 문헌(pp. 3-4 n. 8) 참조. 사실상 '최소주의자'(외적 증거만을 신뢰)와 그들의 비평가(성서 전승의 기억을 신뢰)는 모두 여전히 순진한 낙관주의에 근거하여 논의하고 있다.
7 예컨대, Wellhausen(1994: 367)의 다음 언급을 참조하라. "잘 알려져 있듯이, 역사는 늘 구성된 것이다.… 문제는 잘 구성하였는가, 잘못 구성하였는가이다." 독어 원문(1883: 389)은 다음과 같다. "Construieren muss man bekanntlich die Geschichte immer… Der Unterschied ist nur, ob man gut oder schlecht construiert."

기원에는 사상이 있었다는 것을 더욱 더 깨닫게 된다. 다른 말로 하자면, 역사와 사상의 관계는 관점에 달려있다. 이 관점으로부터 구분이 일어난다.

첫 번째 관점은 성서 문학 저자의 관점이다. 그들에게 사건과 사상 사이에는 차이가 없는 것처럼 보인다.

두 번째 관점은 현대 역사가의 관점이다. 그들은 역사와 사상의 차이점을 성서 문학의 관점과 그들의 역사 편찬적 관심사라는 양쪽 관점에서 고려해야만 한다.

이 두 관점에서 현대 역사가는 역사와의 거리를 인식해야만 한다. 그들은 고대 저자들이 이루고자 한 것뿐만 아니라 그들이 실제 행하였던 것과 어떤 종류의 정보를 현대 역사가가 그들로부터 기대할 수 있는지를 질문해야만 한다. 이렇게 할 때, 현대 역사가는 성서 저자들이 역사와 사상을 구분하지 않았다는 사실을 깨닫고 받아들여야만 한다.

그러나 우리의 관점에서 볼 때, 역사와 사상의 차이는 과거에 대한 그들의 기억 속에 남아 있다. 그러나 고대 헬라 역사 편찬가와 현대 역사가의 저작과 달리, 성서 저자들은 이 차이점을 깨닫지 못하였다. 따라서 그들은 자신들의 사상을 역사로 제시하였다.

3. 성서와 성서 밖 자료

역사와 사상의 관계를 다룰 때, 우리는 사상 자체가 역사적 현상이라는 점을 인지해야만 한다. 서로 맞선다고 보는 것은 엄청난 실수이다. 또한 성서 밖 자료에도 해당한다. 이 자료는 결코 역사의 순수한 사건만을 대변하지 않는다. 성서 자료와 마찬가지로 성서 밖 자료도 그 자료의 출처에 의존하는 특정 사상의 방식을 반영한다. 이것은 단지 성서 저작에서 발견할 수 있는 것과 다른 종류의 사상일 뿐이다. 성서와 성서 밖 자료의 관계에 관한 한, 아크로이드는 성서 밖 자료를 사용하는 데 조심스러운 주저함을 보여 주었다.

『이스라엘의 포로와 회복』의 첫 장에서 그는 매우 정중하게 데이비드 윈톤 토마스(David Winton Thomas) 교수의 접근법을 거부한다. 그는 구약성서를 조로아스터, 유교, 불교와 연결한다. 완결을 짓기 위해, 아크로이드는 찰스 F. 위틀리(Charles F. Whitley)를 언급하면서 이오니안 철학을 덧붙인다. 그러나 그는 바로 그런 모델에 반대한다.

"역사에서 패턴의 발견은 때로 유행이지만, 늘 지나친 단순화의 위험에 빠진다"(1968: 9).

그런데 율리우스 벨하우젠은 에두아르트 마이어(Eduard Meyer)와 종교사학파와의 논쟁에서 동일한 논점을 보여 준다.

다행히 우리는 먼 유비뿐만 아니라 결정적으로 구약성서와 역사적 연관성을 지닌 자료도 갖고 있다. 여기에서 필자는 이스라엘과 유다와 근방에서 나온 고고학적, 성상적, 금석학적 증거를 고려한다. 예컨대, 특히 6세기와 포로 후기와 관련하여 유다에서 나온 공문서용 인장, 인장, 동전, 사마리아 파피루스, 사마리아 동전, 그리고 그리심산 발굴의 최신 결과가 있다. 나아가, 엘레판틴에서 나온 고고학적 건축물과 파피루스, 바벨론 경제 문서에 나오는 유대인 이름, 그리고 물론 사해에서 나온 성서 밖 텍스트를 추가할 수 있다. 이 중 몇몇은 기원전 4세기 혹은 3세기로 연대 추정이 된다(Stern, 1982; 2001).

일반적으로 최근의 연구는 고고학적, 성상적, 금석학적 자료를 '1차 자료'로 분류하고, 이들을 문학적(성서) 증언과 같은 '2차 자료'와 구분한다.[8] 이런 분류는 결코 이상적이지 않다. 이것은 자료의 가치를 평가하는데, 이는 거의 정당화될 수 없다(Smend, 2004: 특히 25-6). 1차 자료(고고학적, 금석학

---

[8] 구분을 위해서는 Momigliano 1991 참조. 논의는 Edelman, 1991; Hardmeier, 2001 참조.

적)를 역사로 간주하고, 2차 자료(성서)를 사상, 이데올로기, 심지어 허구로 간주하는 것은 지나치게 단순하다. 1차 자료나 2차 자료나 역사나 사건을 단지 전달하는 것이 아니라, 그것의 일부만을 기록한다. 자료들은 역사적 맥락 없이 상황에 대한 우연한 통찰을 제시할 뿐이다. 자료들은 역사적 상황에 대한 특정 관점이나 해석에 의존하고, 따라서 비평적 해석과 역사적 재구성을 필요로 한다.

그럼에도 불구하고, 우리가 활용할 수 있는 두 종류의 자료를 분류하는 것은 바른 방향을 지시하는 것으로 보인다. 자료의 연대를 정확하게 추정할 수 있는지, 자료가 보도하는 시기에 나온 것인지, 후대에 나온 문학적 반사작용을 다루고 있는지, 그래서 정확한 연대는 자료 자체에서는 나올 수 없고, 따라서 가설적 재구성을 해야만 하는지는 중요한 차이를 만들어낸다. 이러한 종류의 자료의 경우, 역사적 정황과 경험은 이중적 의미에서 굴절되는 것처럼 보인다. 한편으로, 역사적 정황에 대한 성찰과 해석을 갖고 있다. 다른 한편, 이런 해석이 일어나게 된 주변(역사적이고 지적인) 환경을 지니고 있다(Kratz, 2002).

1차 자료와 2차 자료를 비교해 보면, 어떤 겹침도 없다는 것을 바로 알게 된다. 포로 후기 명문(銘文)에 언급된 총독과 대제사장은 구약성서에 나타나지 않고, 그 반대의 경우도 그러하다. 용어와 종교 관습의 상세사항에 있어서 모든 연관성에도 불구하고, 엘레판틴 파피루스에 묘사된 사회적, 종교적 정황은 성서가 묘사하는 포로 후기 유대교의 그림과 맞지 않는다.

성서가 묘사하고 있는, 예루살렘 성전을 중심으로 토라를 지키는 페르시아 시대의 이상적 공동체에 대한 어떤 외부 증거도 없다. 헬라 시대의 자료, 특히 쿰란 문서만 성서의 이상과 성서 전승 내에서 발견되는 것과는 다른 변이에 부합하는 것으로 보이는 유대교의 관습을 증언한다(Kratz, 2004; 2007).

성서 밖 자료와 성서 자료의 비교는 두 가지를 알려 준다.

첫째, 그런 비교는 역사와 사상 사이의 거리에 대한 외부적 증거를 제시하고, 성서 본문은 순수한 사실이 아니라, 사람들의 생각을 반영하는 것임을 보여 준다.

둘째, 그런 비교는 구약성서 사상의 관점에서 동일하게 유익하다. 1차 자료는 성서 문서의 사상과 매우 다르기 때문이다.

그런 비교는 아크로이드가 매우 위대한 방식으로 행한 6세기 연구처럼, 구약성서 자체 내의 다른 사고방식들을 단지 구분하는 것만으로는 충분하지 않다는 점을 알려 준다. 오히려 성서 유대교의 다양한 신학적 개념과 성서에서 찾아볼 수 없지만 다른 자료(예컨대, 엘레판틴처럼 성서 유대교에 대해 부분적으로 알지 못하는)에서는 찾아볼 수 있는 집단의 이데올로기적, 정치적, 혹은 종교적 개념 사이를 구분해야만 한다.

필자가 지금까지 언급한 것으로부터 결론을 내리자면, 6세기의 히브리 사상은 더 이상 단순히 성서 저작 자체로부터 나온 것일 수 없다는 점을 강조하고자 한다. 성서 밖 증언을 통합해야만 하고(아마도 같이 시작하고), 이들을 성서의 신학적 개념과 비교해야만 한다. 1차 자료는 분명히 그들의 시대의 사상을 대변하지만, 우리는 성서 자료들(특히 1차 자료와 다르다면)이 6세기에 대한 실제 정보를 제시하는지, 이런 (문학적) 자료가 이스라엘의 포로와 회복에 대한 후대의 특정 저자의 사상을 반영하는지를 질문해야만 한다.

4. 성서 본문의 연대 추정

우리는 이제 세 번째 쟁점 사항이자 재구성의 가장 난해한 부분에 이르렀다. 즉, 성서 본문의 연대 추정과 이를 적절한 문학적, 역사적 맥락에 두는 문제이다. 이 문제에 관한 한, 아크로이드는 조심스럽고 신중한 방식으로 진행한다. 포로기 동안 그는 예레미야, 에스겔, 제2이사야, 애가, 그리고 물론 더 큰 역사서, 제사장 문서(P)와 신명기적 역사서(DtrH)를 선택한다. 회복에 대해서, 그는 학개와 스가랴 1-8장, 그리고 조건부로 제3이사야와 말라기, 더 많은 조건부로 에스라 1-6장을 선택한다.

그런 선택을 위한 논증은 '일반적으로 수용된 견해'와 문학적 반사가 그들이 보고하는 역사적 사건에 얼마나 가깝거나 먼가에 대한 방법론적 기준을 사용함으로써 도출된다(Ackroyd, 1968: 14-16). 역사적 사실로부터 멀어질수록, 역대기 사가와 다니엘에 의해 대변되는 '이데올로기'나 '이스라엘의 포로와 회복 사상'에 더욱 더 접근할 수 있다(Ackroyd, 1968: 16, 또한 237-54).

이데올로기와 '이스라엘의 포로와 회복 사상'을 다루는 책의 마지막 장에서, 아크로이드의 저작은 오늘날 연구를 위한 문제를 제기한다. 아크로이드의 『이스라엘의 포로와 회복』을 통해, 제2성전 시대 고대 유대교의 역사에 대한 현대적 제시는 단순히 모든 가능한 자료를 수집하고, 이 자료를 사실과 허구로 구분하는 것 이상의 더 많은 것을 수반한다는 점을 배울 수 있게 된다. 이런 접근은 다소 지루하고, 완전히 비역사적이다. 사실을 역사적 맥락에 두는 것과 활용 가능한 자료의 대부분을 구성하는 문학적 허구와 신학적 해석을 설명하는 것 역시 중요하다.

역사는 늘 사실과 허구로 구성되고, 매우 종종 허구(즉, 성서의 신학적 개념화)이며, 역사와 과정뿐만 아니라 사실에 영향을 미치거나 심지어 가장 큰 특징이기도 하다. 기원전 8세기 말 예언서로부터 쿰란 페샤림에 이르는 성서 전승의 '허구'가 없다면, 제2성전 유대교의 역사는 이해되지 못할 것이다. 더구나, 이스라엘과 유다의 몰락과 기원후 70년 제2성전의 파괴에도 살아남은 유대교의 역사는 없었을는지도 모른다. 여기에서 아크로이드는 경외심을 불러일으키는 역사가이다. 그는 스스로를 몇 가지(지루한) 사실에 가두지 않고, 성서 문학의 역사의 틀 안에서 히브리 역사를 묘사하였기 때문이다.

한편, 마지막 장은 그 책의 위대한 장점을 다시 한번 입증한다. 이는 포로 후기 성서 문학사인 동시에 히브리 사상사를 제공한다. 다른 한편 오늘

날에는 다르게 보이는 것이 바로 이 성서 문학사이다. 문학적 분화(literary differentiation) 영역에서 많은 것이 지난 40년 동안 변화되었다.⁹ 확실히 하나의 문학 혹은 편집 이론을 다른 것과 경쟁시키는 것은 전혀 의미가 없다. 우리는 늘 가설의 영역에 놓여 있기 때문이다. 그럼에도 불구하고, 아크로이드의 책은 어떤 기준을 사용하여 6세기의 동시대 문학을 후대의 '이데올로기'와 '이스라엘의 포로와 회복 사상'으로부터 구분해야 할 때와 어떻게 문학적 발전을 묘사할 수 있는지의 방법을 고려하는 좋은 출발점을 제시한다.

단순한 역사적 사실에 고착한다면(587년, 539년, 520-515년), 이스라엘의 포로와 회복을 언급하는 모든 성서 본문(역대기, 에스라, 다니엘서를 포함)는 6세기로 연대를 추정할 수 있다. 그러나 좋은 역사가라면 순수한 사실에만 스스로를 국한시키지 않고, 한 시대의 사상을 역사적 요인으로 고려한다면, 그런 방법론적 경로를 밟지 않는다.

필자가 보기에, 보다 나은 방법론적 행보는 정확하게 연대 추정을 할 수 있는 성서 밖 자료와 비교하는 일에 착수하는 것이다(Kratz, 2004: 93-119). 그러나 이런 방법조차 제한적이다. 우리가 사용할 수 있는 자료가 충분하지 않기 때문이다. 그럼에도 불구하고, 우리가 찾아볼 수 있는 한, 1차 자료는 6세기의 사건을 성서 자료가 보여 주는 것만큼 충격적인 것으로 보지 않는다는 점을 언급해야만 한다. 오히려 확실한 지속성과 일상으로의 빠른 회귀라는 인상을 받게 된다. 이런 점을 고려한다면, 이전의 두 왕국과 후대의 유다(예후드)와 이스라엘(사마리아) 총독 관구, 그리고 비슷한 운명에 처한 주변 나라에서 나온 금석학적 증거에서 성서에서 찾아볼 수 있는 사건에 대한 반응을 찾아볼 수 없다는 점은 놀라운 일이 아니다.

한 가지 예외가 있다. 그것은 엘레판틴 파피루스이다.¹⁰ 이 파피루스로부

---

9 필자의 견해는 Kratz, 2005[독어 원어: 2000] 참조. 예언서는 Kratz, 2003: 70-115; 2004: 79-92 참조.
10 다음에 이어지는 것은 Kratz, 2006 [독어 원어: 2004: 60-78]; 2007 참조.

터 이집트 디아스포라에 살던 유대인들이 어떻게 엘레판틴 성전의 파괴와 재건을 경험하였는지를 알 수 있다. 이 문서는 애곡과 금식을 언급한다. 성전 재건의 경우, 공동체는 페르시아 왕에게 기도와 희생 제사를, 총독을 위해서는 하늘의 보상을 약속한다. 그러나 예루살렘 성전의 파괴 및 재건과 관련하여, 구약성서의 역사 편찬과 성서 예언서 모두에 흔히 있는 일이지만, 성전 재건조차 광범위한 신학적 숙고와 종말론적 기대를 위한 출발점은 결코 아니다.

이런 배경에 기대어, 성서 문서 중에서 최근의 역사적 사건에 반응하는 것이라고 확신할 수 있는 텍스트를 찾아내는 것은 더욱 어렵다. 오히려 이스라엘의 포로와 회복은 예레미야를 시작으로, 에스겔과 제2이사야뿐만 아니라 학개와 스가랴까지, 이미 거의 모든 텍스트의 '이데올로기'의 일부가 되었다. 이 텍스트들은 사건을 증언하는 것이 아니라, 주로 '이스라엘의 포로와 회복 사상'이다.

제사장 문서, 신명기적 역사서, 역대기도 마찬가지이다. 어떤 면에서 아크로이드의 다니엘 평가는 이 모든 텍스트에 유효하게 적용된다.

> 여기에서 포로는 더 이상 한 시대로 연대를 추정할 수 있는 역사적 사건이 아니다.… 실제 6세기에 일어났던 포로라는 역사적 현실에 매여 있지만, 그와 같은 포로 경험은 약속이 아닌 처벌이라는 관점에서 바라 본 시대의 상징이 되었다(1968: 242).

아크로이드가 스가랴 8장에서 "포로로부터 풀려 나고, 성전을 재건하는 경험과 공동체의 삶은 후대에게 신앙의 모범으로 제시되었다"라고 보여 준 것처럼(1968: 247), 포로와 마찬가지로 포로 후기는 성서 문학 저자에게는 "단순한 역사적 사실이 아니라, 경험으로써" 관심거리가 되었다(1968: 244).

그러나 성서의 과거 제시가 이데올로기로 물들게 되는 것은 역사적 거리 때문만은 아니다. 최근의 사건 제시 역시 늘 저자의 관점, 기대 혹은 미래

예견에 의해 결정된다. 여기에서도 다니엘과 묵시적 관점은 탁월한 사례이다. 다니엘의 환상(단 7-12장), 동물 묵시록(제1에녹 84-90장), 이레 묵시록(제1에녹 93:1-10+91:1-17)과 같은 묵시적 역사 회고(apokalyptische Geschichtsrückblicke)는 먼 과거뿐만 아니라 당대(마카베오 시대)의 최근사도 다룬다.

그러나 사건의 제시는 분명히 묵시적 저자의 이데올로기, 그들의 실제/현재 상황, 그리고 미래에 대한 기대로 물들어 있다. 게다가, 고대의 역사 편찬과 심지어 현대 역사가조차 사건에 지나치게 가까이 있다는 문제로부터 자유롭지 못하다. 최근사에 대한 비판적 견해를 확보하기 위해서는 역사적 거리가 필요하다. 따라서 차이를 만드는 것은 시간상의 거리라기보다 문학 장르와 저자의 목적이다.

문학적 역사에 관한 한, 그런 전제는 무엇보다도 다른 신학적 개념, 이데올로기, 성서에 찾아볼 수 있는 이스라엘의 포로와 회복 사상을 구별하고, 가능하다면 이들을 상대적 연대기로 환원하는 것을 수반한다. 이로써 많은 것을 이미 확보하게 된다. 상대적 연대기를 절대적 연대기로 변환하기 위해 포로라는 당면한 역사적 맥락과 성전 재건에서 어떤 신학적 해석을 기대할 수 있는지, 그리고 그 사건에 대한 후대 반향은 무엇인지를 밝혀야만 한다. 이런 이해는 도달하기 힘들다. 이것은 성서 밖 상응점을 포함해야만 하며, 이스라엘과 유다의 종교사와 텍스트 자체에 대한 문학적 분석이라는 일반적 고려에 달려 있다.

이 문제를 어떻게 결정하든지, 성서 자체가 제공하는 정보나 신학적 개념을 어떤 틀 안에 두는 학자들의 '일반적으로 수용되는 견해'라는 전승을 단순하게 쫓아가지 않는 것이 더 낫다. 오히려 다른 관점에서 문제에 접근하고, 다양한 신학적 개념의 구별로부터 원래의 역사적 자리를 확실히 하는 쪽으로 나아가야 한다.

우리의 모든 논의로부터 아크로이드가 이미 다룬 성서의 책에서 기원전 6세기의 사상이 아니라 오히려 6세기에 대한 사상을 찾아낸다는 것을 알 수 있다. 이런 전제와 함께, 필자는 아크로이드에게 동의를 할 수밖에 없다

(1968: 237-8).

상세 사항의 정확한 묘사는 난제이지만, 포로는 역사적 사실이다. 그러나 이스라엘의 역사적 경험이라는 사실로써, 이는 불가피하게 신학적 사고의 발전에 지대한 영향을 끼쳤다. 따라서 포로를 다루는 것은 단지 역사적 재건의 문제가 아니다. 이는 역사적 사실을 향해 취하게 된 태도 혹은 보다 적절하게 다양한 태도들을 이해하려는 문제이다.

참고 문헌

Ackroyd, P.
1968   *Exile and Restoration: A Study of Hebrew Thought of the Sixth Century BC*(London: SCM).
1970   *Israel under Babylon and Persia*(New Clarendon Bible, Old Testament, 4; London: Oxford University Press).
1977   "Continuity and Discontinuity: Rehabilitation and Authentication," in D. Knight(ed.), *Tradition and Theology in the Old Testament*(Philadelphia: Fortress): 215-34.

Barstad, H.
1977   "History and the Hebrew bible," in L. Grabbe(ed.), *Can a 'History of Israel' Be Written?*(ESHM, 1; JSOTSup, 245; Sheffield: Sheffield Academic Press): 37-64.

Blum, E.
2005   "Historiographie order Dichtung? Zur Eigenart alttestamentlicher Geschichtsschreibung," in E. Blum, W. Johnstone and C. Markschies(eds), *Das Alte Testament – Ein Geschichtsbuch? Beiträge des Symposiums 'Das Alte Testament und die Kultur der Moderne' anlässlich des 100. Geburtstages Gerhard von Rads(1901-1971) Heidelberg, 18.-21. Oktober 2001*(Altes Testament und Moderne, 10; Münster: Lit): 65-86.

Cancik, H.
1970   *Mythische und historische Wahrheit: Interpretationen zu Texten der hethitischen, biblischen und griechischen Historiographie*(SBS, 48; Stuttgart: Katholisches Bibelwerk).
2005   "Zur Verwissenschaftlichung des historischen Diskurses bei den Griechen," in E. Blum, W. Johnstone and C. Markschies(eds), *Das Alte Testament – Ein Geschichtsbuch? Beiträge des Symposiums 'Das Alte Testament und die Dultur der Moderne' anlässlich des 100. Geburtstages Gerhard von Rads(1901-1971) Heidelberg, 18.-21. Oktober 2001*(Altes Testament und Moderne, 10; Münster: Lit.): 87-100.

Edelman, D.(ed.)
1991   *The Fabric of History: Text, Artifact and Israel's Past*(JSOTSup, 127; Sheffield: Sheffield Academic Press, 1991).

Grabbe, L.(ed.)
1977   *Can a 'History of Israel' Be Written?*(ESHM, 1; JSOTSup, 245; Sheffield: Sheffield Academic Press, 1997).

Halpern, B.
2005   "Biblical versus Greek Historiography: A Comparison," in E. Blum, W. Johnstone and C. Markschies(eds), *Das Alte Testament- Ein Geschichtsbuch? Beiträge des Symposiums 'Das Alte Testament und die Kultur der Moderne' anlässlich des 100. Geburtstags Gerhard von Rads(1901-1971) Heidelber, 18.-21. Oktober 2001*(Altes Testament und Mderne, 10; Münster: Lit): 101-27.

Hardmeier, C.(ed.)
2001   *Steine – Bilder – Texte: Historische Evidenz außerbilischer und biblischer Quellen*(Arbeiten zur Bibel und ihrer Geschichte, 5; Leipzig: Evangelische Verlagsanstalt).

Kratz, R.
2000   *Die Komposition der erzählenden Bücher des Alten Testaments*(Göttingen: Vandenhoeck & Ruprecht).
2002   "Noch einmal: Theologie im Alten Testament," in H. C. Bultmann, W. Dietrich and C. Levin(eds), *Vergegenwärtigung des Alten Testaments: Beiträge zur biblischen Hermeneutik – Festschrift für Rudolf Smend*(Göttingen: Vandenhoeck & Ruprecht): 310-26.
2003   *Die Propheten Israels*(Munich: C. H. Beck).
2004   *Das Judentum im Zeitalter des Zweiten Tempels*(FAT 42; Tübingen: Mohr Siebeck [2nd edn, 2006]).
2004   *The Composition of the Narrative Books of the Old Testament*(trans. J. Bowden; London and New York: T&T Clark).
2006   "The Second Temple of Jeb and of Jerusalem," in O. Lipschits and M. Oeming(eds), *Judah and the Judeans in the Persian Period*(Winona Lake, IN: Eisenbrauns): 247-64.
2007   "Temple and Torah: Reflections on the Legal Status of the Pentateuch between Elephantine and Qumran," in G. Knoppers and B. Levinson(eds), *The Pentateuch as Torah: New Models for Understanding Its Promulgations and Acceptance*(Winona Lake, IN: Eisenbrauns): 77-103.(forthcoming) "Zwischen Elephantine und Qumran: Das Alte Testament im Rahmen des Antiken Judentums," in A. Lemaire(ed.), *The IOSOT Congress Volume Ljubljana, 2007*(VTSup; Leiden: E. J. Brill).

Lorenz, C.
1997   *Konstruktion der Vergangenheit: Eine Einführung in die Geschichtstheorie*(trans. A. Börner; Beiträge zur Geschichtskultur, 13; Köln: Böhlau).

Momigliano, A.
1991   "Alte Geschichte und antiquarische Forschung," in *Wege in die alte Welt; mit einer einführung von Karl Christ*(trans. H. Günther; Berlin: K. Wagenbach): 111-160.

van Oorschot, J.
2000   "Geschichte als Erinnerung und Wissenschaft – ein Beitrag zu ihrem Verständnis," in R. Lux(ed.), *Erzählte Geschichte: Beiträge zur narrativen Kultur im alten Israel*(BThSt, 40; Neukirchen-Vluyn: Neukirchener Verlag): 1-27.

Rüsen, J.
1983-89   *Grundzüge einer Historik*(Kleine Vandenhoeck-Reihe 1489, 1515, 1542; Göttingen: Vandenhoeck & Ruprecht).
2001   *Zerbrechende Zeit: Über den sinn der Geschichte*(Köln: Böhlau).

Schaper, J.
2006   "Auf der Suche nach dem alten Israel? Text, Artefakt und 'Geschichte Israels' in der alttestamentlichen Wissenschaft vor dem Hintergrund der Methodendiskussion in den Historischen

Kulturwissenschaften," *ZAW* 118: 1-21, 181-96.

Smend, R.
2004   "Das alte Israel im Alten Testament," in *Jahrbuch der Görres-Gesellschaft* 111: 15-31.

Steck, O.
1967   *Israel und das gewaltsame Geschick der Propheten: Untersuchungen zur Überlieferung des deuteronomistischen Geschichtsbildes in Alten Testament, Spätjudentum und Urchristentum*(WMANT, 23; Neukirchen-Vluyn: Neukirchener Verlag).
1968   "Das Problem theologischer Strömungen in nachexilischer Zeit," *EvTh* 28: 445-58.
1977   "Theological Streams of Tradition," in D. Knight(ed.), *Tradition and Theology in the Old Testament*(Philadelphia: Fortress): 183-214.
1982   "Strömungen theologischer Tradition im Alten Testament," in *Wahrnehmungen Gottes in Alten Testament: Gesammelte Studien*(Theologische Bücherei, 70; Munich: Kaiser): 291-317.

Stern, E.
1982   *Material Culture of the Land of the Bible in the Persian Period 538-332 B.C.*(Warminster: Aris & Philips; Jerusalem: Israel Exploration Society).
2001   *Archaeology of the Land of the Bible, vol. 2: The Assyrian, Babylonian, and Persian Periods 732-332 BCE*(ABRL; New York: Doubleday).

Van Seters, J.
1992   *Prologue to History: The Yahwist as Historian in Genesis*(Louisville: Westminster John Knox).
1997   *In Search of History: Historiography in the Ancient World and the Origins of Biblical History*(2nd edn; Winona Lake, IN: Eisenbrauns).
2992   "Is there any Historiography in the Hebrew Bible? A Hebrew-Greek Comparison," *JNSL* 28: 1-26.

Wellhausen, J.
1883   *Prolegomena zur Geschichte Israels*(2nd edn; Berlin: Georg Reimer).
1994   *Prolegomena to the History of Israel*(Scholars press Reprints and Translation Series, 17; Atlanta: Scholars press).

제10장

최근 고고학과 인구 통계학 연구의 관점에서 본 이스라엘의 포로와 회복

에릭 M. 마이어스 | 듀크대학교

피터 아크로이드는 모든 세대의 학자들이 기원전 587년의 제1성전 파괴와 포로 초기보다, 제2성전 시대 초기를 보다 긍정적으로 바라보도록 격려하였다. 1968년에 출간된 그의 『이스라엘의 포로와 회복』은 1970년에 비슷하면서도 많은 면에서 더욱 유용한 연구인 『바벨론과 페르시아 시대의 이스라엘』(*Israel under Babylon and Persia*)로 이어졌다.

여기에서 그는 성서 자료의 상세한 논의로부터 역사를 구분하면서, 동일한 토대를 다루고, 페르시아 시대 말까지 분석을 이어간다. 최근의 성서학과 고고학 연구는 이 주제에 대한 새로운 빛을 던졌고, 다양한 방식으로 아크로이드가 시작하고자 했던 것의 상당 부분을 입증하였다. 즉, 그는 이 시기 동안 편집되고 저술된 문학에서 현저하게 반영된 예루살렘과 유다의 파괴의 잿더미로부터 등장한 방대한 창조성과 역동성을 보여주고자 하였다.

그가 알지 못하였고, 분명히 그의 실수가 아니었던 것은, 회복에서 재건 과정의 정도가 훨씬 더 복잡한 일이었고, 포로기와 이후 페르시아 시대 전체 기간의 인구 통계학적 묘사를 보다 더 정확하게 고찰할 수도 있었다는 것이다. 이는 포로 후기 성서 자료의 일부에 대한 그의 생각을 어느 정도 바꾸어 놓았을 수도 있었을 것이다.

그뿐만 아니라 다른 이들이 '이스라엘의 포로와 회복'이라고 명명한 전체 기간에 대하여 생각하였다는 점을 볼 때, 그는 많은 면에서 선견지명이 있었다. 바벨론과 페르시아 치세하의 이스라엘에서 단지 소수의 인구만이 포로가 되었기 때문에, 그는 명명의 인위성에 대하여 숙고하였다. 그리고 그는 학자들에게 뒤에 남게 되었던 자들의 역할을 주의 깊게 재평가하기를 촉구하였다.

또한 그는(1970: 1) 포로기의 시작에는 한 가지 연대만을 부여할 수 없고 (기원전 597, 587, 581년 등), 기원전 548-537년에 가서야 시작되었던 귀환 시기는 말할 것도 없다는 점을 언급하였다. 그가 사용한 고고학적 자료는 거의 없었지만, 그 중에서 라기스 서간 III과 1960년대 케년(Kenyon)의 예루살렘 발굴은 베히스툰 조각상들과 명문(銘文)들과 같은 페르시아의 물질문명의 오래된 자료와 더불어 그의 마음속에서 가장 중요한 것이었다. 그의 예루살렘 파괴에 대한 인상은 케년의 연구로부터 대개 얻은 것이었고, 열왕기하 25:38과 예레미야 39:1-7과 같은 핵심 텍스트로 보충되었다.

그는 사건의 심각성을 인지하였다. 그러나 텍스트를 대단히 민감하게 살펴본 결과, 아마도 열왕기하의 텍스트가 도망자와 '무리의 남은 자'와 함께 예루살렘에 있던 모든 사람을 열왕기하 25:11(비교. 렘 39:9; 52:15)에서 추방자에 포함시키는 실수를 범하였다는 것을 알아차릴 수 있었다. 아크로이드 (1970: 8)는 예레미야 39:9에서 '무리의 남은 자'(hehāmôn)를 '그 백성의 남은 자'(hāʿām)로, 예레미야 52:15에서는 '장인의 남은 자'(hāʾāmôn)로 간주하고 있음을 고찰한다.

'무리'(hāmôn)라는 용어는 '장인'(āmôn)보다 더 일반적이다. 아크로이드 (1970: 8-9)는 백성에 대한 단어(ʿām)도 '역시 소리가 매우 비슷하다'라는 점을 정확하게 언급한다. 아크로이드가 이 텍스트 내의 텍스트상의 혼란스러운 상황으로부터 결론을 내린 바는 장인과 군인과 같은 다른 유형은 추방되었지만, '무리'는 남겨졌고, 이들 중 일부는 그 땅에서 가장 가난한 자였다는 점이다. 어쨌든, 나아가 이 모든 자료로부터, 그리고 예레미야 52장에 상당히 의존하면서, 그는 기원전 597년, 587년, 582년의 세 번의 추방 때에 포로민의 숫자가 대략 4,600명이었다고 결론을 내린다. 그래서 그는(1970: 9) 이런 방식으로 포로기의 유다 상황을 요약한다. 즉, "587년 이후 유다에는 여전히 상당한 인구가 있었다." 그는 계속해서 유다의 많은 마을은 여전히 정복을 당하지 않았고, 빈곤하였다고 상술한다(Ackroyd, 1970: 10).

아크로이드가 글을 쓸 당시에 알 수 없었던 것은 고고학과 인구 통계학 연구가 가장 심각한 유형의 이런 종류의 추측에 새로운 빛을 발할 것이라는 점이었다. 예루살렘에 대한 그의 감은 확실히 근거가 있었고, 오데드 리프쉬츠(Oded Lipschits)의 계획적이고 뛰어난 최근 연구인 『예루살렘의 흥망성쇠』(The Fall and Rise of Jerusalem, 2005)는 예루살렘과 인구 감소를 다음과 같이 추정한다. 즉, 철기 시대가 끝날 무렵 예루살렘과 그 주변은 대략 25,000명의 인구를 지닌 1,100두남(dunams) 규모의 정착지를 차지하고 있었다. 그러나 페르시아 시대 초기에는 정착지의 89퍼센트인 110두남, 즉 인구는 2,750명으로 축소되었다.[1] 그는 파괴 이전 유다 왕국 전체 인구를 총 11만 명으로 추산한다.

필자가 보기에, 이 숫자로부터 예루살렘에서 무슨 일이 있었는지에 대하여 상당히 극적인 인상을 얻을 수 있다. 리프쉬츠 역시 유다 전체에 대한 숫자를 제시하였다. 그러나 가장 강력한 것은 베냐민이나 예루살렘 북쪽 미스바(텔 엔-나스베)에 대한 인구 통계학적 모습이다. 이곳은 고고학과 인구 통계학만을 보면, 이 지역에 남아 있었던 자들의 주요 장소 중의 하나였다.

예루살렘과 달리, 베냐민은 단지 56.5퍼센트의 인구 손실을 겪었다. 즉, 1,150두남에서 500두남, 28,750명에서 12,500명으로 인구가 축소되었다. 이는 1두남에 25명의 인구 계수를 사용한 것이다.[2] 사실을 말하자면, 텔 엔-나스베 발굴은 20세기 초로 거슬러 올라가고(1926, 1927, 1929, 1932, 그리고 1935), 이는 훌륭히 출간되었다.

---

1 Lipschits,(2005: 262, 270) 참조. 1두남은 1,000평방미터, 0.1헥타르, 0.247에이커에 해당한다.
2 Lipschits, 2005: 270, Table 4.3 참조.

필자가 이미 아크로이드의 성서적 본능이 매우 견실하다고 언급하였지만, 그는 거룩한 땅의 고고학에 그다지 친숙하지 못하였기 때문에 크게 도움을 얻지는 못하였다(Ackroyd, 1982). 미스바를 제외하고, 베냐민의 주요 장소는 "텔 엘-풀(Tell el-Ful, 기브아)의 부분적 파괴를 제외하고는 기원전 6세기 초의 파괴에 대한 증거를 보여 주지 않는다"(Lipschits 2005: 245).

리프쉬츠(2005: 270)는 바벨론 시기 유다의 전체 인구를 40,000명으로 추산한다. 예루살렘이 회복되기 시작하고, 538년 시온으로 귀환하는 시기에 재정착한 후에야 베냐민은 축소된다. 문제는 보다 정확하게 회복이 언제 일어났는지, 그리고 얼마나 서서히 사람들이 다시 예루살렘으로 되돌아오고, 예루살렘이 다시 집중을 받게 되었는지에 관한 것이다.

리프쉬츠의 연구, 그리고 필자와 필자의 옛 학생인 찰스 카터(Charles Carter)의 연구인 『페르시아 시대의 예후드 등장: 사회적, 인구통계학적 연구』 (*The Emergence of Yehud in the Persian Period: A Social and Demographic Study*, 1999)를 보면, 일반적으로 유다/예후드에서 예루살렘이 인구의 중심지로 재등장하는 것은 아크로이드 시대에 상상했던 것보다 훨씬 더 서서히 진행되었다. 리프쉬츠와 카터에 따르면, 베냐민의 실제 축소는 5세기에 가서야 일어났는데, 이 때 인구 중 일부가 예루살렘으로 갔고, 어떤 이들은 동쪽, 롯이나 세펠라 지역으로 갔다.

스룹바벨과 예수아 시대에 시온으로 귀환한 숫자를, 카터는 리프쉬츠보다 훨씬 더 적다고 본다(Carter, 1999: 228-9; 비교. Lipschits, 2005: 270). 그러나 어쨌든 이때가 문학에서 의미 있는 방식으로 시온 신학이 발전되고 강화되는 시기였다고 볼 때, 그들은 어느 쪽이든 제대로 고려를 해야만 한다. 리프쉬츠의 말을 인용하자면(2005: 212), 귀환 후에, 그리고 페르시아 시대의 절정기에조차, 예루살렘은 '참혹할 정도로 가난'하였다는 것은 사실이다. 이것은 확실히 아크로이드의 견해를 어떤 식으로든지 바꾸어 놓았을 것이다. 예루살렘 재건의 규모는 기껏해야 소박한 정도였고, 리프쉬츠의 견해(2005: 212)에 따르면, 아마도 60두남에 가까웠고, 카터의 견해(1999: 148, 201-2)에 따르면, 150두남에 가깝다. 그러나 큰 숫자는 사람이 거주하지 않는 성전산의 80두남을 포함한다. 귀환 때의 예루살렘은 기본적으로 소규모의 정착촌이 있는 성전이었고, 그와 더불어 거기에서 근무하던 자들과 그들과 함께 재정착하였던 다른 거주자들이 있었다.

새로운 인구 통계학적 상황을 요약하자면, 우리는 리프쉬츠와 카터의 계획적 연구로부터 다음과 같이 추론할 수 있다. 페르시아 시대 절정기에, 유다의 포로민 인구의 75퍼센트는 베냐민 지역과 유다 고지대에, 15퍼센트는 세펠라에, 10퍼센트는 예루살렘과 부근에 살았다. 즉, 예루살렘은 헬라 시대까지 주요 도시가 여전히 되지 못하였다. 이는 이 도성이 그 지역 전체 인구 3,000명의 10분의 1밖에 되지 않는다는 느헤미야의 주장을 강화하는 것이며, 예후드의 거주자를 대략 30,000명이라고 보는 리프쉬츠의 추산과 일치한다(Lipschits, 2005: 271).[3]

이 모든 것을 볼 때 6세기의 '텅 빈 땅' 개념은 지지를 얻지 못한다. 리프쉬츠의 정착촌 도표를 피상적으로만 보아도 유다 사람들이 철기 시대로부터 페르시아 시대로의 전환기에 어디에 정착하였는지를 알 수 있다. 그러나 아크로이드는 그 땅에 남아 있던 유다 사람들의 주요 입지를 추정하지만, 오늘날 대개의 성서학자들처럼, 구약성서의 주요 부분이 포로기 동안이나 직후에 바벨론에서 기록은 되지 않았더라도 '형성'되었다고 논증한다. 그리고 그는 일찍이 거기에서 형성된 것을 다음과 같이 나열한다. 즉, 성결법전(레 17-26장), P, 에스겔, 제2이사야, 신명기적 역사서(여호수아-열왕기하)이다. 말할 필요도 없이, 그는 애가와 같은 다른 저작도 포함 시킨다 그러나 그는 애가를 디아스포라에서 '형성'되었다고 보지 않고, 저술되었다고 본다.

또한 핵심 시편과 학개, 스가랴, 말라기 등등과 같은 여타 예언적 저작도 디아스포라에서 저술되었다고 본다(Ackroyd, 1970: 34-161). 그는 회복기의

---

3 또한 그의 156, 157쪽의 도표 3을 참조하라. 그 도표에서 그는 에스라와 느헤미야에 따라 예후드의 정착촌을 열거한다. 느헤미야의 경우, 그는 3, 7, 11, 12장을 열거한다.

예언자인 학개와 스가랴 1-8장에 관해, 이 두 예언자 모두 역대기사가의 시기에 형성되고 편집되었다고 본다. 아크로이드가 보기에, 역대기사가는 에스라, 느헤미야와 역대상하를 아우르고, 이들은 5세기 말이나 4세기 초의 저작이라고 본다.

그러나 학개/스가랴 1-8장이 종교적, 실용적 이유를 위해 성전과 공동체를 재건하라는 페르시아 당국의 도전을 수용한 디아스포라 유대인의 관점을 반영하는 것이라고 본다면, 아마도 우리는 그들이 독특한 상황과 순간에 가져온 관점을 가늠하기 시작할 수 있다. 이는 그때나 오늘날의 많은 독자들에게 과학적, 고고학적 조사의 관점에서 오늘 우리 앞에 놓인 작은 숫자의 사람들 보다는 매우 많은 사람들과 관련이 있는 것으로 보인다.

포로 초기에 대부분의 백성들이 남아 있었다는 아크로이드의 신념 덕분에,[4] 이어진 기원전 5세기의 사마리아 사람들과 이스라엘/예후드 사이의 긴장과 여타 논쟁은 분명히 더 잘 이해될 수 있다. 이 점은 리프쉬츠와 카터의 저작에 전제된, 위에서 인용된 모든 분야의 검토를 통해 입증된다.

동시에 우리는 재건 계획과 프로그램을 갖고 바벨론에서 귀환한 스룹바벨과 예수아와 같은 엘리트들을 분리시켰던 긴장을 더 잘 이해할 수 있게 된다. 특히 그들의 생존을 온전히 지켜 내고 분명히 베냐민 지역에서 새로운 의례와 제의 중심지를 지녔던 그 땅에 남아 있었던 자들을, 귀환자들은 의심을 갖고 바라보았다. 그러므로 텅 빈 땅 신화는 바벨론 귀환자와 그들의 예루살렘에서 예후드와 성전의 개혁에 대한 최신의 지배적인 견해를 대체하기 위해 고안된 것이었다. 신명기적 역사와 이것의 몇 가지 수정 사항은 변화하는 환경과 이 시기의 혼란을 반영한다.

그리고 필자가 보기에, 제2성전의 봉헌을 위해 학개/스가랴 1-8장의 복

---

[4] Carol Meyers와 필자가 앵커성서주석 시리즈의 학개, 슥 1-8장; 9-14장 주석을 할 때, 특히 Meyers and Meyers(1993)가 주석을 할 때, Carter는 이미 인구 통계학적 프로젝트를 수행하였다. 그래서 우리는 그의 초기 연구에 관여하였다. 따라서 1993년 주석에 사용된 숫자는 그의 1999년 연구의 높은 예상 수치를 반영하였다. Meyers and Meyers, 1993: 22-6 참조.

합적 저작을 널리 알리는 것에 책임을 지는 제1스가랴의 제사장적 공식문서는 말할 것도 없고, 귀환을 넘어서까지 이 전체의 수행과 후속하는 에스라, 느헤미야, 역대상하의 역사서에서 제사장계 엘리트의 떠오르는 중요성을 쉽게 이해할 수 있다(Meyers and Meyers, 1987: l-lxiii, and ad loc.). 필자가 이미 언급하였듯이, 아크로이드는 이 과정이 거의 150년 이후에 일어났던 것으로 이해하였고, 이는 다른 이들이 '역대기적 환경'(Chronistic milieu; Beuken, 1967 등등)이라고 불렀던 것이다.

이와 같은 견해는 요엘 와인버그(Joel Weinberg)의 저작에서 찾아볼 수 있다. 그의 시민-성전-공동체(Bürger-Tempel-Gemeinde) 연구는 페르시아 시대 예후드의 사회 구조에 대한 많은 후속 연구에 영향을 미쳤다. 그러나 그의 예후드 인구 추산은 다른 자들처럼 매우 높아서, 예후드 전체 인구를 20만 명에서 30만 명 사이로 보았고, 시민-성전-공동체 집단이 이 숫자의 50퍼센트까지 차지한다고 보았다(Carter 1999: 285).

새로운 인구 통계학적 자료로부터 나온 주요 질문 중 어느 것도 아크로이드는 활용할 수 없었고, 이는 여전히 소수의 성서학자들에게만 알려져 있다. 고고학을 세밀하게 따르거나 실제로 수행하는 자는 다음과 같은 질문을 한다.

예후드와 같이 작은 총독 관구, 그리고 예루살렘과 같이 작은 도성이 우리가 이 시대와 연관 짓는 문학 활동의 수준을 후원할 수 있었을까?

우리의 대답은 긍정적이다.

이는 합의가 된 사항으로 보이는데, 어떤 종류의 엘리트들이 이런 활동을 후원하고자 그곳에 살았을까?

그런 개인들에는 아론계, 사독계, 레위계 제사장(스 8:15-36; 느 7:1, 39, 43), 가수(느 7:1, 23, 45), 성전의 종(느 3:26, 31; 7:46; 11:19), 문지기(느 7:1, 23, 45), 서기관 계층(스 8:1, 9) 등이 포함되었을 것이다. 군인, 노동자, 성전 제작, 다른 장인, 총독의 시종들 등은 말할 것도 없다. 그 숫자는 산업화 이전 사회에서 필요한 엘리트나 전문가의 5내지 10퍼센트일 것이다(Lenski, 1966:

199-200; Carter, 1999: 287-8).

따라서 순수하게 사회학적 관점에서 볼 때, 필자의 질문에 대한 대답은 긍정적이다. 즉, 제시된 문학적 산물을 산출할 만큼 충분한 숫자의 엘리트가 있었다고 본다. 이 시기와 이후에 문학적 산출의 정도를 고려할 때, 특히 후속하는 쿰란의 비정경적, 원정경적 문학을 근거로 하여, 예후드의 문자 해독율은 로마 시대에 대해 고전 역사가들이 추산하는 대략 5퍼센트 남짓보다 훨씬 높다고 결론을 내릴 수밖에 없다(Humphrey, 1991; Harris, 1989).

또한 우리는 문자 해독율이 의미하는 바에 대해서도 다시 생각할 수밖에 없다. 그리고 이는 엘리트의 전유물이었던 글과 관련되기보다, 증가하는 '청각적' 감성을 의미하는 것이기도 하다. 아크로이드(1982: 6)는 이 점에서도 다른 문제에 민감하였다. 즉, 바벨론에서 귀환한 많은 유대인들은 예후드 국경 바깥에 정착하였지만, 예루살렘 정부에 충실하였다. 그러나 그들은 예컨대, 페니키아 통제 하에 놓인 지역에서 잘 살아갈 수 있었다.

포로 후기 공동체의 '매우 작은' 예후드의 현실을 고려할 때, 제사장적 관심사, 그러나 특히, 에스라, 느헤미야, 그리고 역대상하에 의해 형성된 작품에 반영된 점증하는 이방인 혐오증은 당연하다고 말할 수 있다. 그럼에도 불구하고, 요나와 같은 책의 보편성이나 포괄적 유일신론이라는 보편적 메시지를 지닌 스가랴 1-8장의 웅장한 결론(8:20-23; Meyers and Meyers, 1987: 439-45)을 고려할 때, 물질적인 고려 사항에 지나치게 무게를 두지 말고, 적어도 인간의 정신은 늘 사상의 고결함(이는 특정 시대와 장소의 사회적 정황에서만 나오는 것이 아니다)을 지닐 수 있다는 지속적 가능성을 염두에 두어야 한다. 정치적 사건이 200년에 걸친 페르시아 통치 기간에 그 지역을 덮쳤기 때문에, 묵시주의는 유대의 미래에 부정적으로 영향을 미쳤던 것으로 보이는 사건들에 대한 또 다른 반응이었다. 두 가지 주요한 사건만 언급하자면, 기원전 5세기의 바벨론 봉기와 그레코-페르시아 충돌이다(Meyers and Meyers, 1993: 18-22).

아크로이드가 더 오래 살았다면 필자가 언급한 새로운 자료 중 일부에 접근하였을 것이며, 훨씬 더 많은 것을 언급하였으리라는 것은 의심의 여지가 없다. 그때의 사정으로는, 그는 고국에서의 유다 공동체의 생존이 현실이 되기 위해 무엇을 해야 하는지를 매우 잘 알고 있었고, 포로기 이전의 사상가들과 일종의 화해를 불러 온 디아스포라의 목소리의 경로를 묘사하였고, 엘레판틴의 발굴과 이것이 디아스포라에서 나온 여타 언급과 함께 포로 후기 유대인에게 의미하는 것에 매료되었다. 그는 이것을 다음과 같이 언급한다.

> 다른 곳(이집트)에서 유대인의 삶에 대한 이런 일별과 이들과 예루살렘과 사마리아의 접촉에 대한 흥미로운 징후는 이 전체시기에 어떻게 유대인 공동체의 삶이 한 곳에 집중되지 않았는지를 깨닫는 것의 중요성을 강조한다(Ackroyd, 1970: 170).

필자는 이 점에서 대해서도, 아크로이드가 제2성전 유대교는 새로운 현실과 어느 때인가 70인역과 바벨론 탈무드를 각각 저술한 이집트와 바벨론의 두 디아스포라의 인구 통계학에 다소 영향을 받았다는 점을 이해했다는 점에서 선견지명이 있었다고 말하고 싶다.

그럼에도 불구하고, 여러 가지 방식으로 유대인의 삶을 재형성하고자 하는 자신들만의 견해를 갖고, 기원전 538년에 귀환한 골라 공동체는 587년에 살아 남았던 소규모의 유다 공동체를 소생시켰다. 고대 유다 역사의 다른 많은 시기처럼, 포로 후기를 특히 그 시대의 목소리에 기여한 매우 많은 다른 공동체를 하나의 통일된 종류의 사상으로 특징짓고자 하는 것은 잘못된 일이다.

전(前)정경적 형태의 경전(원역사, 즉 오경 더하기 신명기적 역사와 예언서, 그리고 새롭게 구성된 페르시아 시대의 역사 일부)의 권위는 에스라가 그의 시대에 선포한 토라에서 상징이 되었다. 이것은 2세기 이상 잘 사용되었지만, 기원전 2세기까지 가장 일반적인 의미에서 전정경적 토라는 존경받는 훨씬 더 큰 문집의 도전을 받아야만 했다.

그러나 헬라 세계는 페르시아 시대의 세계보다 더욱 더 큰 세상이었고, 유다 공동체는 거기에 참여하고자 하였고, 다가오는 수백 년 동안 활기차게 참여하였다. 쿰란의 9백여 개 이상으로 이루어진 문집 중 많은 문서는 그런 세상의 넓어진 수평선을 반영하는데, 이는 소유적(所有的) 시대의 주요 부산물 중의 하나이다. 그리고 그 방대한 규모와 숫자로 보건대, 후대의 특징이 되는 문자 해독율이 이전보다 훨씬 높았다는 것을 알 수 있다.[5]

---

[5] 문자 해독율에 대해 말할 때, 단지 읽고 쓰는 능력을 의미하는 것이 아니라, 상당히 배경이 다르지만 성서의 일부처럼 읽히거나 큰 소리로 낭독될 수 있는 순(純)문학적 유형의 문학을 감상할 수 있는 능력을 포함한다. 문학을 감상하고 들을 수 있는 능력을 고려한다면, 필자의 동료 Lucas Van Rompay가 대화중에 제안하였던 것처럼, 제2성전 후기 유대 계열에서 문자 해독율의 비율은 20퍼센트에 도달하였으리라고 본다.

참고 문헌

Ackroyd, P. R.
1968   *Exile and Restoration*(OTL; London: SCM).
1970   *Israel under Babylon and Persia*(New Clarendon Bible; London: Oxford University Press).
1982   "Archaeology, Politics, and Religion in the Persian Period," *Iliff Review* 39: 5-24.
1991   *The Chronicler and His Age*(JSOTSup, 101; Sheffield: Sheffield Academic Press).

Beuken, W. A. M.
1967   *Haggai-Sacharija 1-8*(Assen: Van Gorcum).

Carter, C. E.
1999   *The Emergence of Yehud in the Persian Period: A Social and Demographic Study*(JSOTSup, 294; Sheffield: Sheffield Academic Press).

harris, W. V.
1989   *Ancient Literacy*(Cambridge, MA: Harvard University Press).

Humphrey, J. H.
1991   *Literacy in the Roman World*(Journal of Roman Archaeology Supplementary Series, 3; Ann Arbor, MI: (University of Michigan Press).

Lenski, G.
1966   *Power and Privilege: A Theory of Social Stratification*(New York: McGraw Hill).

Lipschits, O.
2005   *The Fall and Rise of Jerusalem*(Wiona Lake, IN: Eisenbrauns).

Meyers, C. L., and E. M. Meyers
1987   *Haggai, Zechariah 1-8*(AB, 25B; Garden City, NY: Doubleday).
1993   *Zechariah 9-14*(AB, 25C; Garden City, NY: Doubleday).

Meyers, E. M.
1987   "The Persian Period and the Judean Restoration: From Zerubbabel to Nehemiah," in P. D. Miller, P. Hanson and D. McBride(eds), *Ancient Israelite Religion: Essays in Honor of Frank Moore Cross*(Philadelphia, PA: Fortress Press).

Weinberg, J.
1992   *The Citizen-Temple Community*(trans. Daniel L. Smith-Christopher; JSOTSup, 151; Sheffield: JSOT Press).

제11장

텅 빈 땅 신화를 넘어서서: 초기 페르시아 재평가[1]

J. A. 미들마스 | 아르후스대학교

1. 서론

기원전 587년 예루살렘 함락 이후 유다의 삶에 대한 성서적, 제국적, 고고학적 증거에 주목한 많은 연구가 있어 왔다(Carroll, 1992; 1998; Barstad, 1987; 1996; 2003; Blenkinsopp, 1998; 2002a; 2002b; 2002c; 2003; Grabbe 1998; Lipschits, 1998; 1999; 2001; 2003; 2004; 2005; Middlemas, 2005b). 본 논문은 이 논증을 되풀이하기보다, 본국의 사람들이 독자 생존하였다는 것을 수용하는 것이, 일반적으로 포로 후기 초반이라 불리는 시기에 대한 인식을 어떻게 변화시켰는가를 재평가하는 것에 주목하고자 한다.

추가로 생각해볼 네 영역이 있다. 즉, 그 시기에 대한 묘사(용어와 시간성), 연속성 논쟁, 사회 통합, 시온 귀환 모티프이다. 본 논문은 추가 논의를 위한 길을 열어 줄 관찰과 몇 가지 생각으로 끝을 맺고자 한다.

---

[1] 1961년 10월 10일 런던 킹스대학의 사무엘 데이비슨 구약학 석좌교수직에 임명될 때 행한 취임 강의에서, Peter Ackroyd는 종교에 대한 성서적 관점에서 연속성 주제의 중요성을 강조하였다. 그는 연구의 과정에서 반복해서 돌아본 것이 바로 이 개념이었다. 연속성에 대한 Ackroyd의 생각을 정확하게 쫓아 그의 연구에 기초하여 새로운 방향으로 나아감으로써, 그의 포로기와 포로 후기 초에 대한 연구에 경의를 표하게 되어 영광스럽다.

2. 용어와 연대기

두 가지의 중요하고 연관된 수정이 논의를 시작하기 위해 필요하다.

<u>첫째</u>, 기원전 587년 예루살렘 함락 이후 시기에 적용할 때, '포로'라는 용어는 부정확하고 부적절하다. 이 시기에 대한 명칭을 변경할 다섯 가지 주요 이유가 있다.

① '포로'라는 용어의 사용은 단일 추방이 있었다는 암시를 주지만, 사실 성서 기록에 따르면, 적어도 세 차례의 추방이 있었다(기원전 598, 587, 582년).

② 기원전 587년 이후, 주변국인 암몬, 모압, 에돔에 사람들이 정착한 것으로 보고된다. 그리고 그달랴 암살 이후, 어떤 이들은 이집트로 도주하였다. 이런 자발적 난민의 경우, 이 시대를 규정하는 것으로는 '망명' 혹은 '난민' 시기라고 분류하는 것이 더 적절하다.

③ '포로'는 추방된 사람들의 관점에서만 존재한다. 유다에 남아 있던 자들은 어떤 특별한 방식으로 시민의 일부를 강제 이주한 것으로 보지 않았다(Carroll, 1992; Barstad, 1996; Grabbe, 1998).

④ 전통적 견해는 국가에 닥친 각종 재앙을 포착하는 데 실패하였다. '포로' 외에도, 사람들은 장기간의 포위와 군사 개입의 대상이 되었고, 이는 결국 부상, 죽음, 질병, 성적 학대로 이어졌다.

⑤ 유다의 역사는 처음부터 일련의 포로의 역사로 볼 수 있다(Knibb, 1976; Carroll, 1992). 나아가, 한 시대로서 '포로기'는 이 역사적 사건의 개념에 대한 별개의 질문을 불러 일으킨다. 특히 '포로' 상황은 결코 실제로 끝나지 않는다(Coggins, 1999). 추방자의 후손이 고향으로 되돌아왔지만, 모든 흩어진 유다 사람들이 돌아오기로 선택한 것은 아니었다. 공동체는 계속해서 이집트와 바벨론에서 살았고, 번성하였다. 그들은

이스라엘 종교의 연속성에 근본적으로, 의미 있는 기여를 한 자들의 일부를 대변한다. 예컨대, 이집트 공동체는 히브리 성서를 헬라어로 번역한 70인역을 선사하였고, 반면 바벨론 동포는 랍비 시대의 바벨론 탈무드의 책임자였다.

'포로'라는 용어를 덜 매력적으로 보이게 하는 것 외에도, 기원전 539년 고레스의 진격이 이 시기의 종결로 연결된다고 보는 것이 가장 좋은 연대 추정인지에 대한 질문이 제기된다.

이 시기의 종결과 고레스의 등극을 연결하는 것은 부분적으로 역사적 사건에 대한 성서적 관점 때문이다. 고대 이스라엘에 대한 역사적 제시는 기원전 6세기의 초의 비극적 사건으로 끝이 나고, 에스라서에서 추방자의 귀환과 예루살렘 성전 재건으로 재개된다(스 1:1-4). 그러나 에스라 1-6장이 저술되는 시기(일반적으로 기원전 5세기로 연대 추정)까지 성서의 역사 기록은 유다인의 귀환이나 성전 재건에 나타난 고레스와 그의 역할에 대하여 어떤 상세 사항도 담고 있지 않는다. 오히려 열왕기와 예레미야에 나타난 역사 기록은 여전히 바벨론에 머물고 있는 여호야긴의 석방에 관한 가슴 아픈 상세 사항으로 끝을 맺고 있다(왕하 25:27-30; 렘 52:31-34).

고대 이스라엘의 역사 서술에서 페르시아 왕이 위대한 역할을 하는 것은 오로지 제2이사야가 고레스를 포로된 자들을 위한 지상의 구원자, 심지어 메시야로 묘사한 것에서 비롯된다. 후에 에스라의 역사 기록은 고레스 칙령으로부터 계속된다(스 1:1-4). 칙령은 제2성전 시기 문학에서 매우 의미 있는 것으로서, 역대하는 왕국 몰락에 대한 역사 기록을 여호야긴의 석방이 아니라, 고레스가 예루살렘의 야웨 성전 건축을 명하는 것으로 끝을 맺는다(대하 36:22-23).

고레스의 진격은 기원전 6세기 유다에 대한 성서적, 학문적 재구성의 중요한 특징이지만, 이 사건과 연결된 의미는 이 시기 자체에서 나오는 것이 아니다. 고레스의 유다 송환과 성전 재건에 대한 관심사의 물리적 증거는 고레스의 원통형 비문에 근거한다. 제의 신상의 메소포타미아 밖 지역으로의 귀환 외에 다른 상황에 고레스 칙령을 적용하는 것은 심각한 도전을 받아 왔다(Kuhrt, 1983).

나아가, 고레스가 제2이사야에서 포로민과 예루살렘의 회복을 위해서 중요한 역할을 하였다는 사실에도 불구하고, 유다의 상황과 직접적으로 연관된 바를 예언한 학개나 스가랴는 어떤 식으로도 그를 언급하지 않는다. 그들이 보기에 야웨의 진노의 끝은 다가 오고, 이는 신적 임재와 보호의 재개를 가져올 것이다. 제국의 중재 없이, 야웨와 유다 사이의 직접적인 계약 관계의 갱신을 위해 성전 재건은 여전히 필요하다.

그 시대 자체의 사상에 충실하기 위해서, 시대의 지도자들이 신적 진노로 인한 재앙과 신적 예비로 시작되는 회복 사이의 전환을 어떻게 이해하였는지 새롭게 이해해야 한다. 왕정 시대 말과 기원전 6세기 말의 물질문화 사이의 공통점을 연상시키는 고고학적 증거를 갖고 독자 생존을(형태가 명백히 악화되지만) 하게 된 본국인들을 고려할 때(Middlemas, 2005a: 37-48 참조), 성전 재건은 적절한 분기점이 된다. 성서 기록에 따르면, 성전은 기원전 515년에 재건되고 봉헌된다(스 6:15). 그러나 이 시기와 연관된 성서 저자인 학개와 스가랴는 성전 완공 연대를 제시하지 않는다.

그럼에도 불구하고, 편집 틀은 다리오 초기와 이들의 예언 활동을 연결시킨다. 즉, 520-518년이다. 성전 완공이 이 시기 훨씬 이후 일리는 없다고 보는 것이 합리적이지만, 학개에서는 이미 성전 공사를 시작하였기 때문에, 에스라가 성전 봉헌과 515년을 연결하는 것을 제외하고 성전완공 연도에 대한 다른 진술은 없다. 구체적인 연도는 여전히 불확실하다는 단서를 갖고 기준을 채택해야만 한다.[2]

기원전 587년 예루살렘 몰락으로부터 515년 성전 재건까지의 시기는 전

---

[2] 금식은 다음과 같은 달과 연관된다. 즉, 제4월과 성벽 붕괴(렘 52:6-7), 제5월과 성전 소화(렘 52:12-13), 제7월과 그달랴 암살(렘 41:1), 그리고 제10월과 예루살렘 포위(렘 52:4)이다.

통적으로 '포로'라고 불리는 것에 우리의 시간 구조 개념을 조정한 것이라고 할지라도, 이는 용어를 더욱 적절하게 강조한다. 실상 이것은 두 성전 사이(하나는 기원전 587년에 파괴되었고, 다른 하나는 기원전 515년에 봉헌되었다)의 시대이다. 혹은 간단하게 말해서, 무성전 시대이다. 이 시대 성서 저자에 의해 그어진 선을 따르기보다 불행히도 제국의 관점에 따라 시기를 구분한 바벨론 혹은 '신바벨론 시대의 유다'로 추방된 자들의 관점에 특권을 부여한 '포로'보다는, '성전 없는'이 그 시대의 상황에 대해서 무언가를 전달한다.

무성전 시대 동안, 예배, 공동체, 국가라는 중요한 자리의 상실에 적응하고자, 그리고 넘어서고자 하는 창조적 전략이 취해졌다. 게다가, 이 용어는 이 시대에 대한 더욱 포괄적인 서술을 강조한다. 인구의 일부의 관점에서 나오기보다, 예루살렘 함락을 경험하고, 살아 남은 많은 곳의 사람들을 포괄한다. 마지막으로, 포로로 끌려가지 않은 유다 사람들에게 관심을 기울이게 되고, 그들의 사건에 대한 관점은 매우 다르다.

3. 연속성

기원전 6세기 동안 연속성에 대한 첫 번째 증거는 베냐민 지역의 인구이다. 논의의 두 번째 방안은 문학작품을 살펴보는 것이다. 피터 베드포드(Peter Bedford)는 학개와 스가랴 1-8장이 기원전 587년 성전 붕괴 이전에 존재했던 왕정 전승과 연속성을 보여 준다고 논증한다(1995; 2001). 베드포드는 분석을 통하여 두 예언자 모두 왕정 시대로부터 시온과 야웨 *mālak* 시편, 그리고 '열방 신탁'을 도출해 내고 있음을 보여 준다. 하지만 주제적 강조점은 다르다. 스가랴는 시온으로 순례 주제에 의존하고, 반면 학개는 예컨대 **혼돈과의 전쟁**(*chaoskampf*) 모티프를 더욱 더 강조한다.

나아가, 베드포드의 연구는 학개와 스가랴 1-8장, 그리고 제2이사야와 에스겔 40-48장의 예언자적 관심사 사이의 공통점을 보여 준다. 학개와 스가랴는 다윗계 왕의 회복에 대한 구체적 예언을 담고 있다는 점에서 그들의 직전 전임자들과 다르다. 이 점에서 성서 저자보다는 주제에 따라 서술하는 6세기 문학에 대한 최근 연구는 베드포드의 통찰력을 강화한다.

『이스라엘의 무성전 시대』(*The Templeless Age*, CLC 刊)에서 필자는 학개와 스가랴 1-8장이 야웨의 개입과 인간의 반응이라는 이중 초점을 갖고, 어떻게 제2이사야와 에스겔 40-48장에서 제시된 이상화된 모습을 밝히고자 분명한 전략을 제시하는지를 탐구하였다(Middlemas, 2007). 나아가, 이 예언자들에 따르면, 기원전 6세기 말의 사회와 통치 개념은 왕정 시대에 번성하였던 민족 사상에서 나온 것이며, '[유다의] 왕정적 과거에 대한 이상화 된 투영'을 대변한다(Bedford, 2001: 260).

게다가, 상상된 공동체는 왕정 시대 유다와 크게 다르지 않다. 베드포드의 신중한 분석을 통해 밝혀진 공동체는 이전 시대와 마찬가지로 규정되는 공동체이다 즉, 민족적 정체성으로 규정되고, 이방인을 포함한다. 에스라와 느헤미야가 세운 방식을 따르는 고백 공동체의 존재는 일찍이 학개와 스가랴 시대에는 나타나지 않는다. 사고의 연속성은 기원전 6세기를 가로지르며 더 많은 논의를 위한 새로운 길을 제공한다. 기원전 587년에 예루살렘이 붕괴됨으로써 발생한 완벽한 단절이라는 개념은 기원전 6세기 말의 성서 자료로부터는 지지를 받지 못한다.

4. 사회 통합

에스라 1-6장에 서술되고, 구체적으로 에스라 4:4에 언급된 상황은 기원전 6세기 말 시대로 거슬러 올라가서 읽게 되는 경향이 있다. 에스라 4:1-5에서 그 땅 백성('am hā'āreṣ, 스 4:4)이라 불리는 사절단은 성전 공사를 방해한다. 고레스 시대로부터 시작하여 그들의 성전 재건 도움이 거부된 때인 다리오 즉위까지 지속된다(스 4:3). '그 땅 백성'의 정체성은 학개(학 2:4)와 스가랴(슥 7:5)의 용어 해석에 영향을 미쳤다(Rothstein, 1908). 최근 에스라서에 대한 많은 저작물은 1-6장에 제시된 상세 사항이 후대의 공동체 분열을 반영하는 것이라고 제시한다(Williamson, 1983; Halpern, 1990; Grabbe, 1991; Japhet, 1994; Bedford, 2001). 급증하는 공동체의 분열 모습을 정말로 뒷받침하는 증거는 없다. 에스라 없이 학개와 스가랴를 읽어 보면 공동체에 대한 다른 관점이 제시된다.

학개와 스가랴 시대의 공동체가 분열하지 않았다는 것을 지지하는 것으로는 페르시아 시대 성서 문학을 활용하는 일련의 언어 연구가 있다. 이는 견고한 증거를 제시한다.

이 계열 연구의 첫 번째 주요 저작은 1980년대 사라 야펫에 의해 시작되었다(1982; 1983; 1991). 그녀는 학개의 관심사가 유다에 남아 있던 사람들에게 있었으며, 그들의 유익을 위한 것이었다고 제시하였다. 1989년 다른 계열의 탐구를 쫓은 휴 윌리엄슨은 에스라, 느헤미야, 역대기 시대까지 공동체 개념이 해석상의 미묘한 변이만 있을 뿐, 포괄적이었다는 것을 찾아냈다.

보다 최근에 성전 건축 시기의 공동체 속성에 대한 베드포드의 분석은 다른 논증 중에서 학개와 스가랴 시대에 공동체가 분열되지 않았다는 논증의 관점을 진전시켰다. 이 시대에 사회 분열이 없었다는 것은 공동체의 구성원을 향해 예언자가 사용한 언어, 그들이 의존하는 왕정 전승, 그리고 저명한 분열 이론을 지지하는 자에 대한 반론에 기초하여 변론할 수 있다(2001: 270-85).

학개와 스가랴 예언자의 시대의 공동체 분열에 대한 논증은 백성에 대한 용어를 어떻게 이해해야 하는가로부터 나온다. '백성'에 대하여 사용된 용어를 검토해 보면, 갈등 모델을 선호하는 논증은 거의 지지를 얻지 않는다. '백성'은 학개와 스가랴의 다양한 맥락에서 찾아볼 수 있다. '백성'을 위해 *hāʿām*(학 1:12//*kolšĕrit hāʿām*, 13; 슥 2:15[영역 11]//*rabbim gôyim*; 8:7, 8)이 사용된다. 따라서 '이 백성'(*hāʿām hazzeh*, 학 1:2; 2:14//*hagôy hazzeh*), '남은 백성'(*šĕrit hāʿām*, 학 1:12 *kôl*; 14 *kôl*; 2:2), '이 땅 모든 백성'(*kol-ʿām hāʾāreṣ*, 학 2:4; 슥 7:5), '이 남은 백성'(šĕrît hā'ām hazzeh, 슥 8:6, 11, 12)을 대변한다. 반면에, 이방 나라에 대한 언급은 일반적으로 '백성들'('ammîm)을 사용한다(슥 8:20, 22, '여러 백성들//강대한 나라들'). 언급은 다섯 종류의 텍스트로 체계화할 수 있다. 즉, 편집적 주석(학 2:2), 야웨의 소망과 백성의 순종적 반응을 연결하는 이야기(학 1:12, 14), 구원 신탁의 수신자(학 1:13; 2:4; 슥 8:8, 11-12), 다른 예언적 메시지의 수신자(학 2:14; 슥 7:5; 8:6), 공동체에 포함된 이방 나라들(슥 2:15; 8:20, 22)이다.

백성을 향한 호칭은 편집 틀에서 그들에게 사용된 것과 상충하는 것처럼 보인다. 학개에서 'am은 šĕrît(학 1:12, 14; 2:2)에 의해 세 번 수정된다. 예언자의 것으로 보이는 자료의 다른 곳에서 '이 백성'(학 1:2; 2:14)과 '땅의 모든 백성'(학 2:4)이라고 불리고, 이는 이 '남은 자'가 누구인지에 대한 흥미로운 질문을 불러일으킨다. 그들은 정화된 남은 자로 이해되어야만 한다고 논증되어 왔다. 이들만이 바벨론 포로를 경험하였다(Ackroyd, 1994; Rudolph, 1976; Wolff, 1986).

그러나 이런 기술적 의미에서 '남은 자' 사용은 전혀 분명한 것이 아니다. 학개에서 어근 š'r 사용이 유일하게 나타나는 것은 니팔 분사형 nišār(학 2:3)이고, 이는 포로 후 유다에 남아 있던 자들을 나타내는 것이다(Japhet, 1983: 121 n. 33).

예언에 나타난 용어의 역사를 추적할 때, 베드포드는 구체적으로 바벨론 포로에게 šĕrît를 적용하는 경우는 매우 드문 경우임을 보여 준다. 나아가, 예레미야와 에스겔 둘 다 포로민을 남은 자로 부르지 않는다. 마지막으로, 남은 자는 에스라 9:8, 15에서 페르시아 시대에만 포로민 언급을 위해 특화된 의미로 나타난다(Bedford, 2001: 54-5; 이전에 Janssen, 1956: 119 n. 3에서 언급되었다). 게다가, 학개의 틀이 되는 자료에서 편집자는 야웨의 말씀을 향한 지도자와 '백성의 모든 남은 자'(학 1:21)의 긍정적 반응을 기록한다. 이 구절의 후반부에서 백성은 신에게 경외하는 태도를 보여 주는 hā'ām으로 간단하게 불린다(학 1:12b).

마찬가지로 틀이 되는 자료에 따르면, 예언자는 야웨의 메신저로서 '그 백성에게'(lā'ām) 말하라는 부름을 받는다(학 1:13). 남은 자에 대한 언급은 신학적으로 무장된 것으로 보이지 않는다(Heaton, 1952와 동의: 31; Hasel, 1974 참조). 마지막으로, 열왕기와 예레미야에서 이 용어는 그 땅에 남아 있던 자를 대변한다(왕하 25:22; 렘 24:8, 비교. 42:2). 아마 학개의 남은 자는 예루살렘 몰락 이후 유다에 남아 있던 공동체일 것이다.

스가랴에서 '남은 자' 용어는 편집 자료에서만 세 번 나타난다(슥 8:6, 11, 12). 신탁은 구체적으로 송환된 포로민('내 백성'이라 불림, 슥 8:7)과 송환자가 아닌 공동체로 보이는 또 다른 공동체(슥 8:11-12)를 향한 것이다. '내 백성'과 '이 땅의 남은 자'라는 두 집단에 따라 결론 장의 공동체를 규정한다면, 스가랴 편집자는 송환된 바벨론 포로민과 예루살렘 몰락 후 유다에 남아 있던 유다 사람들로 구성된 청중을 향하여 말하고, 이들을 포함한다. 흥미롭게도 그는 또한 구체적으로 이전의 북왕국 출신 인구도 포함한다. 페르시아 시대 초기 예언자들은 의로움으로 규정된 기준에 따라 공동체의 구성원을 차별화하지 않는다. 오히려 그들은 통합을 위한 근거를 제시하고자 하였다.

스가랴의 맥락에 나타난 추가적 증거를 보면, 공동체의 통합을 고무하기 위한 초기 시도를 볼 수 있다. 야이르 호프만(Yair Hoffman, 2003)은 스가랴의 금식일 논의를 공동의 정체성을 구축하고자 한 초기 시도를 나타낸다고 본다(이미 Meyers and Meyers, 1987 그리고 Bedford, 2001:276에서 언급한 논점이다).

> 만군의 여호와의 전에 있는 제사장들과 선지자들에게 물어 이르되 내가 여러 해 동안 행한 대로 오월 중에 울며 근신하리이까 하매 만군의 여호와의 말씀이 내게 임하여 이르시되 온 땅의 백성과 제사장들에게 이르라 너희가 칠십 년 동안 다섯째 달과 일곱째 달에 금식하고 애통하였거니와 그 금식이 나를 위하여, 나를 위하여 한 것이냐(슥 7:3-5).
> 만군의 여호와가 이같이 말하노라 넷째 달의 금식과 다섯째 달의 금식과 일곱째 달의 금식과 열째 달의 금식이 변하여 유다 족속에게 기쁨과 즐거

움과 희락의 절기들이 되리니 오직 너희는 진리와 화평을 사랑할지니라 (슥 8:19).

본문에서 호프만의 논증은 사회적 응집성 시도를 지칭하기보다, 금식일의 선례를 스가랴 예언으로 돌리는 것에 집중한다. 하지만, 그의 분석은 스가랴 7:3의 금식 질문에 대한 7:4-5의 하나님과 8:19의 예언자의 대답은 통합하라는 예언자의 명령을 담고 있다. 마찬가지로 예언자는 네 번의 금식일 모두를 언급한다. 즉, 그달랴, 성전, 왕, 성벽 파괴 금식일이다.

예루살렘 붕괴의 생존자(그리고 바벨론 포로 공동체와 특별히 관련된 것으로 논증할 수 있다)와 더욱 관련된 금식일 중 그달랴를 위한 금식을 포함한 것은 유다에 남아 있던 공동체의 특별한 관심사였던 제의 준수를 동일한 토대에 두는 것이다.[3] 이렇게 함으로써, 예언자는 신바벨론 시대의 재앙을 경험하였던 다양한 공동체의 관심사를 통합하고자 하였다는 초기의 징후를 보여준다.

베드포드와 야펫은 유사하게 논증하지만, 오히려 성전을 건축한 백성의 남은 자 중에 'am hā'āreṣ를 포함하는 데 집중한다. 그들의 논증 외에도, 그들이 야웨에게 순종적인 자, 구원 신탁의 수신자, 그리고 다른 신적 메시지의 수신자로 제시된 것으로 보아, 긍정적인 면에서 기록된 언급들은 분명히 '백성'을 묘사한다. 그럼에도 불구하고, 학개 2:10-19의 제사장 규칙을 다루는 예언적 신탁은 백성의 부정(Rothstein에서 유래하였지만, 다음의 반론을 참조하라. Koch, 1967; May, 1968)을 논증하는 데 빈번히 사용된다.

이 견해에 맞서서, 아크로이드는 부정이 백성과 관련된 것이 아니라, 그들의 손의 일과 관련된다는 점을 제대로 언급하였다. 나아가, 백성을 언급할 때 '이'를 사용한 것은 예언자가 다른 곳에서 부정적인 함축을 갖고 '이

---

[3] 벧엘이 길갈과 평행한다는 것은 유사한 방식으로 이것이 도성의 주민을 대변하는 수단이라는 점을 제시한다.

집'(학 1:4; 2:3, 9)과 '이 날'(학 2:15, 18)을 말한 것처럼, 반드시 경멸적인 것은 아니다. 게다가, 예언자 이사야와 예레미야는 '이 백성'에 대하여 긍정적 예언을 하였다(Hildebrand, 1989). *gôy*와 평행을 이룬다고 해서, 14절의 언급이 학개서 전반에 걸쳐 동일한 사람을 향하여 말한다(학 1.4-11; 2.3-9, 15-19)는 사실을 바꾸지 않는다(Ackroyd, 1994: 167 n. 71; Cody, 1964). 메시지는 성소를 완성하고, 그로써 신과의 신실한 관계를 최우선으로 생각하고 있음을 보여 줄 때까지 공동체는 심판 아래 놓여 있다는 학개의 세계관과 분명히 부합한다.

사회 통합 시도 역시 고향과 골라에 있는 자들의 경험 이야기를 합친 문학에서 볼 수 있다. 위로의 선포와 고통의 구원적 속성에 대한 설명은 제2이사야의 두 인물을 향해 이루어졌다. 처녀 예루살렘을 향한 위로 (사 49:13-50:3; 51:12-52:12; 54:1-17)와 고난의 종을 향한 이론적 근거(사 51; 52:14-53:13)가 있다. 이 두 인물은 모두 재앙을 견디어 낸 두 개의 주요 공동체를 대변하는 것으로 보인다. 처녀 예루살렘은 그 땅의 공동체를, 고난의 종은 포로지의 공동체를 대변한다(비교. Williamson, 1989).

최근의 공통성(실상 어떻게 제2이사야가 애가에 나타난 처녀 예루살렘의 불평에 응답을 하고, 또 뒤집어 버리는가)에 대한 연구는 이사야 40-55장과 애가의 밀접한 연관성을 제시한다(Gottwald, 1964: 106-7; Mettinger, 1983: 39; Sawyer, 1989; Newsom, 1992; Willey, 1997; Seitz, 1998: 130-49; Sommer, 1998; Linafelt, 2000; Middlemas, 2006).

애가에 나타난 처녀 예루살렘에 대한 모든 불평은 제2이사야에서 뒤집혀진다. 그녀의 고통스러운 현재는 회복에 대한 신적 회복을 위한 나아갈 길이 된다. 신은 처녀 예루살렘, 이혼한 부인, 과부에게 약혼과 결혼을 약속한다. 나아가, 야웨는 상실한 어미 예루살렘에게 포로된 자녀와의 재결합과 도성과 성전을 향한, 그리고 그에 대한 예언을 통하여 고향집과 재건을 약속한다.

게다가, 고통받는 처녀 예루살렘은 애가서에서 고통받는 강한 자와 더불어 나타난다(Middlemas, 2006). 또 다시 이 둘은 나란히 놓여 있지만, 다른 목적을 지니고 있다. 각각은 비극에 대한 다른 두 가지 응답을 대변한다. 그럼에도 불구하고, 강한 자(고난의 종과 유사하게 묘사된 자)와 예루살렘의 고통은 애가서에서 하나로 연결된다. 예언자와 같은 시인은 예루살렘 함락을 견디어냈던 두 공동체의 경험을 연결한다.

통합성에 대한 문학적 인식이 분명히 나타나지만, 포로에서 돌아온 이후 공동체 내에 분열이 있었다는 사실을 지지하는 논증을 위한 방어는 제3이사야로 거슬러 올라간다. 이사야 56-55장의 자료 수집이 제2성전의 봉헌 이후 시기로부터 비롯되었다는 것에 일반적으로 동의한다(Smith, 1995 참조). 그 기원은 일반적으로 학개와 스가랴 1-8장의 기원보다 더 후대로 보이지만, 성전과 공동체와 연관된 상세 사항 때문에, 예언적 메시지는 기원전 6세기 말에 공동체에 분열이 있었다는 것을 논증하는데 사용되었다.

점증하는 분열을 지지하는 논증은 성전 통제라는 쟁점에 매우 집중하였다. 성전 통제나 접근이라는 쟁점에 근거하여 공동체 내에 분열이 있었다는 것을 지지하기 위해 사용되었던 논쟁이 최근의 이사야 56-66장에 대한 분석에는 나타나지 않는다(Middlemas, 2005a).

제3이사야는 이사야 60:1-63:6에 핵심을 담고 있는데(Smith 1995), 이는 성전 파괴 이후 시기의 끝에 야웨가 가져온 회복 특징의 하나로 성전을 포함한다. 자료의 두 번째 층에서, 제2이사야의 약속이 실현되지 못한 이유, 성전 공동체에 대한 접근 쟁점, 그리고 신적 개입의 발생 방법에 대한 예언자적 관심사에서 성전은 중요한 역할을 한다. 실상, 이는 왜 야웨의 목적 실현이 지연되고 있는지를 설명하고, 어떻게 공동체가 야웨를 예배해야만 하는지를 보다 분명하게 규정하고, 그리고 어떻게 야웨의 귀환과 갱신 약속이 일어나는지를 묘사하기 위해, 회복에 대한 예언적 메시지를 확장한다(Middlemas, 2005a: 181).

이사야 56-66장에서 성전에 대한 접근은 인종에 근거하는 것이 아니라, 오히려 야웨에게만 신실한 종교적 예배에 대한 순종에 근거한다. 공동체에는 식별할 수 있는 분열이 있다. 그러나 야웨 예배와 연결되거나 야웨 예배를 배제하는 다른 신을 예배하는 공동체의 불특정 구성원들의 종교적 행위에 근거하고 있다. 제3이사야에서 신적 통치의 유익을 누리는 자와 야웨의 축복으로부터 영원히 배제된 자 사이에는 분명한 구별이 있다. 학개와 스가랴 1-8장에서 신적 은혜의 시대가 시작되고, 여전히 제3이사야에서는 미래에 남아 있다. 실상 이사야 56-66장에서 두 번째 편집층의 예언자는 야웨 통치의 시작에서 지연을 설명하고, 왜 학개와 스가랴의 예언이 실현될 수 없었는지를 보여 주고자 한다.

제3이사야는 신적 은혜의 지연을 다른 신을 예배하고 사회가 정의롭지 못한 탓으로 본다. 나아가, 예언은 공동체의 신실한 자와 이단 구성원 사이의 구별이 야웨가 돌아오는 시점에만 일어난다고 본다. 제3이사야의 메시지는 본토 주민과 귀환자들이 자원이나 성전의 접근/통제를 놓고 경쟁하였다는 논쟁을 지지하는 것이 아니다. 페르시아 통치 초기에 나온 텍스트는 예루살렘 붕괴 이후 경험의 다양성을 존중하려는 노력이 있었다고 본다. 이처럼 그들은 공동체의 분열이 있었다고 보는 논증을 지지하지 않는다.

5. 시온으로(단지 은유가 아닌) 귀환

기원전 6세기의 유다 재평가에 대한 마지막으로 함축된 의미는 시온으로 귀환 모티프이다. 미스바에서 운영되는 임시 수도와 철저하게 황폐된 예루살렘으로 인해서, 이전의 인구 숫자에 비슷하게라도 도달하는 것은 기원전 5세기에 가서야 가능하였다(Carte, 1999). 이 시기의 문헌에서 시온으로 돌아가라는 요구는 새로운 의미를 갖게 되었다. 포로민에게 고향으로 돌아가라는 격려 이상으로, 이는 예루살렘의 수도로서 위치를 합법화하는 잠재력을 지니게 된다.

스가랴 7:2은 종교적 중심지로서 예루살렘의 재건을 합법화하고자 하는 예언자적 시도를 지지하는 증거를 제시한다. 스가랴가 예언하는 시기 동안, 사절단이 제사장적 해석과 관련해서 벧엘에서 예루살렘으로 파견되었다.

"그리고 벧엘 사레셀과 레겜 멜렉과 그들의 사람들이 야웨의 은혜를 구하고자 보냈다"(문자적 해석, 슥 7:2).

NRSV는 "이제 벧엘의 사람들이 보냈다"를 번역에 포함하지만, 주어인 벧엘은 동사의 직접 목적어가 없기 때문에 논쟁거리가 된다. 다른 논증으로 사람들을 보낸 장소로서 선호된다(Blenkinsopp, 1998; 2002a: 425-6; 2003). 혹은 벧엘 사레셀이 사절단을 보낸 왕의 관료의 이름이라고 본다(Edelman, 2005: 91-2).

히브리어 구문론의 원칙은 전자에 반대하는 결론을 내린다. 후자는 추정에 근거를 두고(Wellhausen, 1898: 186), 아마도 하야트(Hyatt, 1937)에 의해 확정되지만, 제시된 증거는 아카디아어 텍스트에서 단 한 번 언급된 것에 근거를 두는데, 이 번역은 논쟁 중이다(Hyatt, 1937: 390).

나아가, 오직 사레셀만 히브리 성서에서 고유 명사로 입증된다. 산헤립의 자녀 중 한 명의 이름으로 나타나는데, 그는 예루살렘 공격이 실패 후 산헤립을 살해하였다(왕하 19:37//사 37:38). 마지막으로, 히브리 성서에서 벧엘은 75회 등장하는데 결코 인명의 요소로 사용된 적이 없다(BDB, 110-11 참조). 벧엘 사레셀이 이 텍스트에서 고유 명사를 대변하는 것 같지 않다.

일반적인 히브리어 구문은 히브리어 텍스트에서 어순이 벧엘을 주어로 삼는 것에 부합되는 몇 가지 설명을 제시한다. 나아가, 이집트와 같은 지명은 민족을 나타낼 수 있다(BDB, 595). 예컨대, 길갈은 아모스 5:5에서 포로로 붙잡혀 간다고 언급되는 주민을 대변하는 것으로 나타난다.[4] 게다가, 예

---

4 H의 최종 형태의 기원에 대한 논쟁은 확고한 결론을 맺지 못하고 있다. 어떤 연구는 제2성전 시기로 본다(Knohl, 1987; 1995; Ross, 2002; Joosten, 1997). 그리고 다른 편집사적 연구는 제2성전 후기로 본다(Fabry, 1999). 쟁점을 해결하고자 하는 성결법전에 대한 세밀한 분석은 본 연구의 범위를 넘어선다. 그러나 율법 자료의 통합체인 H의 창작의 기저를 이루는 생각이 성전 없는 시기와 잘 부합된다는 징후가 있다. 나아가, 필자는 후대의 편집적 추가를 부인하지는 않지만, 그런 생각, 야웨 외의 다른 신을 섬기는 위험에 대한 강조, 공동체의 환상, H에 외국인 거주민 포함은 에스라와 느헤미야의 견해보다는 겔 40-48장, 학개, 그리고 스가랴의 견해와 더 일맥상통한다고 본다.

루살렘, 바벨론, 그리고 사마리아는 인격화되고, 일반적으로 기원전 6세기로 연대 추정되는 텍스트를 보면, 그곳의 거주민을 분명히 대변한다(사 49장; 렘 50-51장; 겔 16장; 23장; 애 1:12-22; 2:20-22 등). 이런 유형의 언급은 스가랴 7:2의 벧엘을 거주민, 즉 '벧엘 사람'이나 '벧엘의 사람들'로 사용하는 것에 신빙성을 부여한다.

흥미롭게, 벧엘은 제의 문제에 대한 규율을 구하고자 예루살렘으로 사절단을 보낸다. 사절단은 무성전 시대 동안, 예루살렘에서 제의 문제의 판결을 얻기 위해서 종교적 권위의 장소인 벧엘에서 출발한다. 스가랴의 맥락에서 이 구절은 만국이 야웨를 찾게 되는 장소인 예루살렘의 구심성을 묘사하고자 하는 예언자적 의도에 기여를 한다(슥 8:20-3). 나아가, 이는 예루살렘의 종교적 권위를 재수립한다. 명시적이지는 않지만, 스가랴 7:2은 벧엘이 조기 귀환 시기 이전에 종교적 중심지의 기능을 하였다는 암시를 한다. 제의적 해석을 위해 예루살렘으로 사절단을 파송함으로써, 예루살렘 제사장직의 권위를 다시 주장한다. 국가의 정치적, 종교적 중심지로 예루살렘을 다시 세우는 것을 이데올로기적으로 지지하는 것은 마린코빅(Marinkovic, 1994)의 스가랴 1-8장 연구에서 확증을 찾아볼 수 있다. 그는 분석을 통해서 세 가지 주요 주제로 예언자적 메시지를 기술한다.

① 백성의 예루살렘 귀환의 전환점이 되는 야웨의 예루살렘과 그의 처소로의 귀환(여기에서 예루살렘에 강조점이 있다는 것에 주목하라).
② 예루살렘의 공동 지도력.
③ 야웨의 원칙에 따른 예루살렘에서 일상생활 배치.

마린코빅은 성전 재건이 아니라, 예루살렘 공동체의 개혁이 예언의 주요 관심사라고 논증한다.

필자가 보기에, 스가랴는 소위 회복의 목적으로 성전 재건축을 주로 삼는 것에서 찾지 않았다. 그에게 회복의 목적은 예루살렘에서 야웨 공동체의 설계와 조직에 있다(Marinkovic, 1994: 96).

이 점에서 그는 피터슨의 환상 평가에 동의한다(Petersen, 1984b). 또한 그는 스가랴서의 목적은 공동체에게 규율을 제시하는 것이었다고 본다.

이러한 예비적 사례는 이 시기의 문학에서 시온으로 귀환 모티프의 의도적 사용을 재고하는 것이 중요하다는 것을 보여 준다. 이는 베냐민 지파뿐만 아니라 디아스포라에 있는 자들에게 그 도성을 되찾으라는 부름이다. 보다 중요하게, 문학적 텍스트는 미스바에 있는 신바벨론인이 세운 임시 정부로부터 예루살렘으로 수도를 되돌리는 것을 이데올로기적으로 지지한다. 시온으로 귀환 모티프는 예루살렘을 공동체의 사회적, 정치적, 종교적 중심지로서 이전의 지위를 회복하는 데 이데올로기적 무게를 더해 준다.

6. 함축적 의미

기원전 6세기와 관련된 성서와 성서 밖 자료의 재검토는 학자들의 구성이 어떻게 이루어졌는지와 이를 지지하기 위해 사용된 증거를 폭 넓게 인지할 것을 촉구한다. 고향에 있던 인구에 대한 폭 넓은 인지는 적어도 네 단계로 재평가할 것을 제안한다. 즉, 용어와 시간 틀, 연속성, 사회통합, 그리고 어떻게 시온이 인지되었는가이다. 각 영역은 신선한 통찰력을 낳지만, 이 개관의 보다 흥미로운 결과 중 하나는 무성전 시대 후기의 공동체 특징에 대한 자각과 관련이 있다

학개와 스가랴의 예언에 세밀하게 주의를 기울여 보면, 공동체의 사회 조직은 고백 공동체라기보다 국가적이며 정치적 조직으로 규정하는 편이 낫다. 이것은 피터슨(Petersen)의 학개의 *gôy* 사용에 대한 분석과 일치한다. 이는 정치 구조의 회복에 대한 예언자적 희망을 대변한다(1984a: 81–2). 흥미

로운 것은 에스라의 공동체 묘사의 렌즈를 통해 제2성전 건축 직전 시기를 읽어내지 못해야지, 원래 벨하우젠이 상상했던 고백 공동체로의 전환을 제3이사야에서 찾아볼 수 있다는 사실이다.

제3이사야의 요점은 신적 개입과 역전에 대한 그의 전임자들의 기대가 왜 실현될 수 없었는지를 설명하는 것이다. 지연을 합리화하면서, 예언자는 어떻게 공동체의 행위가 신적 심판의 시기를 계속 지연시켰는지를 보여 준다.

첫째, 그들은 국가의 파멸을 초래한 관행을 지속하고 있다(Schramm, 1995; Smith, 1995).

왜 신적 개입이 지연되는지를 보여 주는 과정 속에서, 예언자는 누가 성전 접근권을 가지는지를 규제한다. 이상적 공동체의 특징을 보여 주면서, 제2이사야는 내시와 개종자를 신자에 포함시키고(사 56:1-8), 엄격하게 야웨만을 섬기지 못하는 민족의 일원을 제외시킨다(예. 사 57:1-21). 그가 구상한 공동체는 인종보다 종교적 신실함으로 규정된다. 얼마 후 기원전 5세기에 에스라와 느헤미야는 예후드 성전 공동체의 정체성을 종교적 신실성과 인종으로 규정하게 된다. 제3이사야는 학개와 스가랴 사상이 구상한 공동체와 에스라와 느헤미야가 구상한 공동체의 중간 지점을 보여 준다.

둘째, 이제 이것을 타당한 것으로 받아들인다면, 성결법전의 사상을 학개와 스가랴와 동시대의 것으로 다시 생각해볼 수 있다.

얀 유스텐(Jan Joosten)은 고백 공동체 등장의 부재를 근거로 6세기를 고려하지 않는다(1997; 또 다른 이유는 Knohl, 1987; 1995; Ross, 2002 참조). 그 외에 성결법전(H)의 메시지는 이 시기의 끝 무렵과 잘 부합된다. 마틴 노트(Martin Noth)의 시대 이래, 바벨론 포로민이 H를 성전 없는 시기 동안 하나의 단위로 구성된 옛 율법 자료를 포함시켰다는 것에 일반적으로 동의하게 되었다.

야웨의 타자성과 거룩성에 대한 묘사에 나타난 성결법전과 에스겔의 공통성과 마지막 장에서 최후의 세 가지 점증하는 저주와 예루살렘 몰락 무렵 일어난(대규모 추방을 포함하는) 사건의 유사성은 이것의 기원을 암시한다. 에스겔과 H의 사상의 교환처럼 보이는 것 외에도, 레위기 26장의 권고적 메시지는 분명히 포로 상황을 언급하고 있다. 피터 아크로이드가 인지하듯이, 레위기 26장(특히, 33-39절)은 포로 상황을 그리고 있을 뿐만 아니라, 보다 중요하게 그에 대한 해석을 제시하고 있다(Ackroyd, 1994: 85-6).

셋째, 성결법전은 성전 재건 이전의 연대를 제시하는 듯한 회복과 관련한 미래 환상을 담고 있다.

단 한 번의 진술을 통해, 야웨의 공동체를 향한 미래 계획을 분명히 밝히고 있는데, 이것은 땅에 대한 언급이다(레 26:42).[8]

성전 없는 시기의 사상에 대한 고려를 통해, 전체적 계열에 따라 문학에 대한 평가를 할 수 있다. 문학적 유산이 매우 쉽게 부합되는 세 종류의 주제가 있다. 시편, 애가, 신명기 역사서의 공동체 탄원시와 같이 분명한 낙관적 관점이 없는 비가(悲歌) 문학이 있다. 예레미야와 에스겔처럼 심판과 희망의 주제를 아우르는 예언 문학이 있다. 제2이사야, 에스겔 40-48장, 학개, 스가랴 1-8장, 성결법전처럼 새로운 신적 행위를 인지하고 공동체의 회복과 충성계약 갱신을 촉구하는 문학이 있다. 이 마지막 텍스트군(群)은 기원전 6세기의 문학과 연관해서 연구가 덜 진행되었기 때문에, 우리의 관심사가 될 것이다.

제2이사야의 주요 메시지는 결정적으로 패배당하고 포로된 유대의 운명을, 야웨가 회복시키고자 개입하기 시작하신다는 것이다. 신적 진노의 시기가 끝났기 때문이다. 예언자는 포로지와 고향(예루살렘을 향한 언급과 직접 화법에 주목하라)에 있는 절망한 백성에게 자신의 선포의 진실을 설득하는 데 집중한다.

제2이사야는 귀향보다 귀환 자체에 집중한다. 예언자는 이전보다 더 극적인 출애굽으로 판단되는 대규모 귀환이라는 유토피아적이며 이상적인 환상 속에서 전달하지 못한 것은 그 공동체가 어떻게 신적 행동에 반응할 필요가 있는지에 대한 것이었다. 에스겔 40-48장에서 재조직된 공동체의 마음에 자리 잡은 회복된 성전에 대한 계획을 지닌 환상은 분명히 제2이사야의 이상주의를 보완하는 것이다. 존 레벤슨(Jon Levenson)이 논증한 것처럼, 에스겔 40-48장이 토라를 제외하고 유일하게 일련의 율법 규정을 담고 있다. 이런 식으로 에스겔 40-48장은 새로운 공동체의 한 가운데 율법을 둔다. 나아가, 예후드 사회의 구성원을 위한(이상화된 것이지만) 분명한 규율을 제시한다.

학개, 스가랴 1-8장, 성결법전은 제2이사야와 에스겔이 제시한 통찰력을 반영하지만, 버려지고 고통받는 인간과 상호 작용하고, 그들에게 헌신하는 신의 모습을 분명히 밝힌다. 우선 학개와 스가랴는 제2이사야의 야웨의 구원하시는 실존적 개입을 선언을 출발점으로 삼는다. 학개는 신적 분노의 시기의 끝에 관심을 기울이고, 신적 은혜를 기대하면서 성전 건축을 촉구한다. 야웨는 예루살렘 성전에서 그의 통치를 재개하실 것이다. 거기로부터 신적 왕권은 다윗계 통치자 스룹바벨의 지명을 통해 공동체로 확장될 것이다. 학개는 성전 재건의 실패 때문에 어떻게 야웨의 심판 시기가 연장되는지를 보여 준다(비교. Bedford, 2001). 백성을 향한 야웨의 변화를 깨닫고, 학개는 신적 행위에 대한 신실한 반응인 성전 건축을 하라고 촉구한다.

마찬가지로 스가랴(예언자와 편집적 추가)는 신적 반전이 인간사의 영역에서 점진적으로 중재되기 위해서는 인간의 반응이 필요하다는 것을 인지한다. 우주적 차원에서 일어난 것이 이제 역사적 차원에서 일어나려고 한다. 스가랴는 환상을 통해 야웨가 중심이 되는 공동체가 생겨나는 것을 그리고 있다. 하나님이 이 공동체를 다시 한번 다스릴 것이다.

공동체에 대한 스가랴 환상의 핵심 요소는 비(非)야웨적인 것으로 사료되는 전통을 제거하는 것에 달려 있다. 즉, 우상 숭배 제거(슥 5:5-11의 에바 속 여인 환상)와 정의로운 사회 관계 수립(슥 5:1-4의 하늘을 나는 신적 두루마리

환상), 그리고 공동체 가운데 올바른 예배와 성전의 필요성(두 개의 중심장 중 하나로, 여호수아 환상의 자리매김)이다(마지막 요소는 Meyers and Meyers, 1987 참조). 나아가, 편집 틀은 회개의 필요성을 강조하고(슥 1:1-6), 7-8장에서 사회적 행동에 대한 분명한 규율을 제정한다. 학개와 밀접하게 연관된 스가랴는 우주적 영역에서 신적 통치의 관련성을 구상하고, 새로운 시대의 그 특징을 규정함으로써, 공동체를 권고한다.

넷째, 성결법전은 공동체의 응답을 중심에 둔다.

H의 전제는 거룩한 신(레 20:7, 26; 21:8)이고, 그의 이름은 거룩하다(레 20:3; 22:1, 31). 그러나 레위기 17-26장에서 야웨의 거룩성은 결코 역사적 현실과 동떨어진 추상적 개념으로 사용되지 않는다. 야웨의 거룩성의 등장은 각각 고대 이스라엘 백성을 위한 율법적 규정과 부합한다. 행동 규율 준수를 촉구하기 위해서 야웨의 거룩성을 사용하는 것 외에도, H는 야웨와 백성의 관계성을 강조한다.

야웨가 언급되는 경우 중에서, 놀랄 정도로 신과 공동체를 많이 연결시킨다. 사실상 '너의 하나님'이라는 자격을 제시한 '나는 야웨니라'는 구절이 22회 등장한다(레 18:2, 4, 30; 19:2, 3, 4, 10, 25, 31, 34, 36; 20:7, 24; 23:22, 43; 24:22; 25:17, 38, 55; 26:1, 13, 44). 포로는 백성의 최종 운명을 나타내는 것이 아니다. 새로운 미래는 고백을 통해 얻을 수 있기 때문이다(레 26:40-41).

마지막으로, H는 족장(레 26:42)과 모세(레 26:45)와 계약을 한 하나님의 영원하심과 신실하심에 근거한 미래의 가능성으로 끝을 맺는다. 계약은 깨어지지 않는다.

> 그런즉 그들이 그들의 원수들의 땅에 있을 때에 내가 그들을 내버리지 아니하며 미워하지 아니하며 아주 멸하지 아니하고 그들과 맺은 내 언약을 폐하지 아니하리니 나는 여호와 그들의 하나님이 됨이니라(레 26:44).

야웨의 계속되는 헌신에 비추어 볼 때, 공동체는 사회 정의와 올바른 예배의 원칙을 제정해야 한다. 학개와 스가랴처럼, 성결법전의 율법은 어떻게 백성들이 그 땅에서 야웨와의 계약 관계를 재개하기 위해 신에게 신실하게 반응해야 하는지를 예시한다.

이런 식으로 볼 때, 학개, 스가랴, 그리고 성결법전은 제2이사야와 에스겔 40-48장이 고취하고자 했던 사상을 이어가고 있다. 무성전 시대의 마지막은 비극적 파국과 포로를 경험한 야웨의 백성으로서 자신들의 정체성을 수립해 가는 한 공동체를 보여 준다. 그들이 행동하는 틀은 이전의 것들과 관련성을 공유하고, 위대한 분수령을 대변하지 않고, 이는 오래전부터 전제된 것이다. 그들의 것은 옛 개념의 갱신일 뿐만 아니라, 재앙을 넘어서서 실행 가능한 미래를 창출하는 것으로 나아가고자 하는 하나의 관점이다.

결론적으로, 기원전 6세기 유다의 사회역사적 상황의 상세 사항에 대하여 제기된 다양한 논점을 고려하는 것은 이 시대의 끝부분에 대한 개념을 재평가하는 것으로 귀결된다. 이 시대에 대한 학자들의 구성이 적절하게 조정될 때, 문학에 대한 재평가가 가능해진다. 무성전 시대는 기원전 6세기 유다/예후드의 사상에 새로운 빛을 비춘다. 대안적 관점을 포함하는 것과 귀환자와 비(非)귀환자로 나뉜 공동체에 대한 증거를 재검토하는 것은 이 시기 고대 이스라엘의 정체성 '생성'에 관한 지속되고 있는 논쟁에 기여하는 바가 있을 것이다.

참고 문헌

Ackroyd, P. R.
1972 "The Temple Vessels – A Continuity Theme," in *Studies in the Religion of Ancient Israel*(VTSup, 23; Leiden: E. J. Brill): 166-81.
1994 *Exile and Restoration: A Study of Hebrew Thought of the Sixth Century BC*(repr.; London: XPress Reprints).

Barstad, H.
1987 "On the History and Archaeology of Judah during the Exilic Period," *OLP* 19: 225-36.
1996 *The Myth of the Empty Land: A Study in the History and Archaeology of Judah during the 'Exilic' Period*(SO, 28; Oslo: Scandinavian University Press).
2003 "After the "Myth of the Empty Land": Major Challenges in the Study of Neo-Babylonian Judai," in O. Lipschits and J. Blenkinsopp(eds), *Judah and the Judeans in the Neo-Babylonian Period*(Winona Lake, IN: Eisenbrauns): 3-20.

Bedford, P. R.
1995 "Discerning the time: Haggai, Zechariah and the 'Delay' in the Rebuilding of the Jerusalem Temple," in S. W. Holloway and L. K. Handy(eds), *The Pitcher is Broken: Memorial Essays for Gösta W. Ahlström*(JSOTSup, 190; Sheffield: Sheffield Academic Press): 71-94.
2001 *Temple Restoration in Early Achaemenid Judah*(JSJSup, 65; Leiden: Brill).

Blenkinsopp, J.
1998 "The Judaean Priesthood during the Neo-Babylonian and Achaemenid Periods: A Hypothetical Reconstruction," *CBQ* 60: 25-43.
2002a "The Age of the Exile," in J. Barton(ed.), *The Biblical World*, vol. 1(London and New York Routledge): 416-39.
2002b "The Bible Archaeology and Politics; or The Empty Land Revisited," *JSOT* 27: 169-87.
2002c "There was no Gap," *BAR* 28/3: 36-8, 59.
2003 "Bethel in the Neo-Babylonian Period," in O. Lipschits and J. Blenkinsopp(eds), *Judah and the Judeans in the Neo-Babylonian Period*(Winona Lake, IN: Eisenbrauns): 93-107.

Carroll, R.
1992 "The Myth of the Empty Land," in D. Jobling and T. Pippin(eds), *Ideological Criticism of Biblical Texts*(Semeia 59; Atlanta: SBL): 79-93.
1998 "Exile! What Exile? Deportation and the Discourses of Diaspora," in Grabbe(ed), *Leading Captivity Captive: 'The Exile' as History and Ideology*(JSOTSup, 278; ESHM, 2; Sheffield: Sheffield Academic Press): 62-79.

Carter, C. E.
1999 *The Emergence of Yehud in the Persian Period: A Social and Demographic Study*(JSOTSup, 294; Sheffield: Sheffield Academic press).

Cody, A.
1964 "When is the chosen People called gôy?" *VT* 14: 1-6.

Coggins, R. J.
1999 "The Exile: History and Ideology," *ExpT* 110: 389-93.

Edelman, D. V.
2005 *The Origins of the 'Second Temple': Persian Imperial Policy and the Rebuilding of Jerusalem* (London: Equinox).

Eskenazi, T. C. and K. H. Richards(eds)
1994 *Second Temple Studies, 2: Temple and Community in the Persian Period* (JSOTSup, 175; Sheffield: Sheffield Academic Press).

Fabry, H-J.
1999 *Levitikus als Buch* (BBB, 119; Berlin: Philo).

Gottwald, N. K.
1964 *Studies in the Book of Lamentations* (rev. edn; SBT, 14; Chicago: Allenson).

Grabbe, L. L.
1991 "Reconstructing History from the book of Ezra," in P. R. Davies(ed.), *Second Temple Studies, 1: Persian Period* (JSOTSup, 117; Sheffield: Sheffield Academic press): 98-106.

Grabbe, L. L.(ed.)
1998 *Leading Captivity Captive: 'The Exile' as History and Ideology* (JSOTSup, 278; ESHM, 2; Sheffield: Sheffield Academic Press).

Halpern, B.
1990 "A Historiographic Commentary on Ezra 1-6: Achronological narrative and Dual Chronology in Israelite Historiography," in W. H. Propp, B. Halpern and D. N. Freedman(eds), *The Hebrew Bible and its Interpreters* (Winona Lake, IN: Eisenbrauns): 81-142.

Hasel, G. F.
1974 *The Remnant: The History and Theology of the Remnant Idea from Genesis to Isaiah* (2nd edn; Berrien Springs, MI: Andrews University Press).

Heaton, E. W.
1952 "The Root שאר and the Doctrine of the Remnant," *JTS* NS 3: 27-39.

Hildebrand, D. R.
1989 "Temple Ritual: A Paradigm for Moral holiness in Haggai ii 10-19," *VT* 39: 161-3.

Hoffman, Yair
2003 "The Fasts in the Book of Zechariah and the Fashioning of National Remembrance," in O.

Lipschits and J. Blenkinsopp(eds), *Judah and the Judeans in the Neo-Babylonian Period*(Winona Lake, IN: Eisenbrauns): 169-218.

Hyatt, J. P.
1937 "A Neo-Babylonian Parallel to Bether-Sar-Eser, Zech 7.2," *JBL* 56: 387-94.

Janssen E.
1956 *Juda in der Exilszeit: Ein Beitrag zur Entstehung des Judentums*(Göttingen: Vandenhoeck & Ruprecht).

Japhet, S.
1982 "Sheshbazzar and Zerubbabel: Against the Background of the Historical and Religious Tendencies of Ezra-Nehemiah," *ZAW* 94: 66-98.
1983 "People and Land in the Restoration Period," in G. Strecker(ed.), *Das Land Israels in biblischer Zeit: Jerusalem Symposium 1981*(Göttinger Theologische Arbeiten, 25; Göttingen: Vandenhoeck & Ruprecht): 103-25.
1991 "'History' and 'Literature' in the Persian Period: The Restoration of the Temple," in M. Cogan and I. Eph'al(eds), *Ah, Assyria... Studies in Assyrian Historiography and Ancient Near Eastern Historiography Presented to Hayim Tadmor*(Scripta Hierosolymitana, 33; Jerusalem: Magnes): 174-88.
1994 "Composition and chronology in the Book of Ezra-Nehemiah," in T. Eskenazi and K. Richards(eds), *Second Temple Studies, 2: Temple and Community in the Persian Period*(JSOTSup, 175; Sheffield: Sheffield Academic Press): 189-216.

Joosten, J.
1997 *People and Land in the Holiness Code: An Exegetical Study of the Ideational Framework of the Law in Leviticus 17-26*(VTSup, 67; Leiden: Brill).

Knibb, M. A.
1976 "The Exile in the Literature of the Intertestamental Period," *HeyJ* 17: 253-72.

Knohl, I.
1987 "The Priestly Torah versus the Holiness School: Sabbath and Festivals," *HUCA* 58: 65-117.
1995 *The Sanctuary of Silence: The Priestly Torah and the Holiness School*(Minneapolis, MN: Fortress Press).

Koch, K.
1967 "Haggais unreines Volk," *ZAW* 79: 52-66.

Kuhrt, A.
1983 "The Cyrus Cylinder and Achaemenid Imperial Policy," *JSOT* 25: 83-97.

Linafelt, T.
2000 *Surviving Lamentations: Catastrophe, Lament, and Protest in the Afterlife of a Biblical Book*(Chicago and London: University of Chicago Press).

Lipschits, O.
1998 "Nebuchadrezzar's Policy in 'Hattu Land' and the Fate of the Kingdom of Judah," *UF* 30: 4467-87.
1999 "The History of the Benjamin Region under Babylonian Rule," *TA* 26: 155-90.
2001 "Judah, Jerusalem and the Temple 586-539 B.C.," *Trans* 22: 129-42.
2003 "Demographic Changes in Judah between the Seventh and the Fifth Centuries B.C.E.," in Lipschits and Blenkinsopp(eds), *Judah and the Judeans in the Neo-Babylonian Period*(Winona Lake, IN: Eisenbrauns): 323-76.
2004 "The Rural Settlement of Judah in the Sixth Century B.C.E.: A Rejoinder," *PEQ* 136/2: 99-107.
2005 *The Fall and Rise of Jerusalem: Judah Under Babylonian Rule*(Winona Lake, IN: Eisenbrauns).

Lipschits, O., and Blenkinsopp(eds)
2003 *Judah and the Judeans in the Neo-Babylonian Period*(Winona Lake, IN: Eisenbrauns).

Marinkovic, P.
1994 "Zechariah 1-8 and the Second Temple," in T. C. Eskenazi and K. H. Richards(eds), *Second Temple Studies, 2: Temple and Community in the Persian Period*(JSOTSup, 175; Sheffield: Sheffield Academic Press): 88-103.

May, H. G.
1968 "'This People' and 'This Nation' in Haggai," *VT* 18: 190-7.

Mettinger, T. N. D.
1983 *A Farewell to the Servant Song*(Lung: Soc Humaniorum Litterarum Lundensis).

Meyers, C. L., and E. M. Meyers
1987 *Haggai, Zechariah 1-8*(AB, 25B; Garden City: Doubleday).

Middlemas, J.
2005a "Divine Reversal and the Role of the Temple in Trito-Isaiah," in J. Day(ed.), *Temple and Worship in Biblical Israel*(Library of Hebrew Bible/Old Testament Studies, 422; Edinburgh: T&T Clark International): 164-87.
2005b *The Troubles of Templeless Judah*(Oxford Theological Monographs; Oxford: Oxford University Press).
2006 "Did second Isaiah Write Lamentations iii," *VT* 56/4: 505-25.
2007 *The Templeless Age: History, Literature, and Theology of 'the Exile'*(Louisville: Westminster/John Knox Press).

Newsom, C. A.
1992 "Response to Norman K. Gottwald, 'Social Class and Ideology in Isaiah 40-55,'" *Semeia* 59: 75-7.

Persen, D. L.
1984a *Haggai and Zechariah 1-8*(OTL; London: SCM).

1984b   "Zechariah's Vision: A Theological Perspective," *VT* 34: 195-206.

Ross, A. P.
2002   *The Holiness School: A Guide to the Exposition of the Book of Leviticus*(Grand Rapids Baker).

Rothstein, J.
1908   *Juden und Samaritaner: Die grundlegende Scheidung von Judentum und Heidentum*(BWANT, 3; Leipzig: Hinrichs).

Rudolph, W.
1976   *Haggai, Sacharja 1-8, Sacharija 9-14, Maleachi*(Gütersloh: Gütersloher Verlagshus).

Sawyer, J. F. A.
1989   "Daughter of Zion and Servant of the Lord in Isaiah A Comparison," *JSOT* 44: 89-107.

Schramm, B.
1995   *The Opponents of Third Isaiah: Reconstructing the Cultic History of the Restoration*(JSOTSup, 193; Sheffield: Sheffield Academic press).

Seitz, C. R.
1998   *Word without End: The Old Testament as Abiding Theological Witness*(Grand Rapids, MI: Eerdmans).

Smith, P. A.
1995   *Rhetoric and Redaction in Trito-Isaiah: The Structure, Growth, and Authorship of Isaiah 56-66*(VTSup, 62; Leiden: E. J. Brill).

Sommer, B. D.
1998   *A Prophet Reads Scripture: Allusion in Isaiah 40-66*(Stanford, CA: Stanford University Press).

Wellhausen, J.
1898   *Prolegomena zur Geschichte Israels*(Berlin: de Gruyter).

Willey, P. T.
1997   *Remember the Former Things: The Recollection of Previous Texts in Second Isaiah*(SBLDS, 161; Atlanta, GA: Scholars Press).

Williamson, H. G. M.
1983   "The Composition of Ezra i-vi," *JTS* NS 34: 1-30.
1989   "The Concept of Israel in Transition," in R. E. Clements(ed.), *The World of Ancient Israel*(Cambridge: Cambridge University Press): 141-61.

Wolff, H. W.
1986   *Haggai*(BKAT, 14/6; Neukirchener-Vluyn: Neukirchener Verlag).

제12장

예루살렘 재건: 스가랴의 환상 속 환상

케니스 A. 리스타우 | 펜실베이니아주립대학교

1. 서론

　예루살렘 성전과 그 주변을 형성하는 새로운 공동체의 행정은 스가랴 1-8장의 핵심에 있다.[1] 그러나 물리적인 예루살렘 도성에 대한 언급은 스가랴 1:8-3:10과 7:1-8:23 단락에서 책이 끝나가는 부분에 집중되어 있다. 이 단락에서 예루살렘이나 시온은 23회에 걸쳐 분명하게 언급된다. 즉, 첫 번째 환상(슥 1:8-17), 두 번째 환상(슥 2:1-4), 세 번째 환상(슥 2:5-9), 첫 번째 권고 사항들(슥 2:10-17), 네 번째 환상(슥 3:1-10), 그리고 예언자가 예루살렘에게 보낸 질문에 대한 대답(슥 7:1-8:23)이다. 이 환상과 권고는 회복과 재건, 선택과 거룩, 그리고 세상의 중심인 도성의 모티프나 문학적-이데올로기적 비유를 담고 있다. 이는 예루살렘에 대한 환상이나 사상을 발전시키

---

[1]　관습과 일치된 합의를 따라, 본 논문은 스가랴 1-8장을 아마도 스가랴 9-14장과 다른 저자에 의해 더 초기에 기록된, 별개의 단락으로 다루고자 한다. 필자는 전형적으로 장과 절을 구체적으로 명시하지만, 본 논문에서 스가랴나 스가랴서에 대한 결론을 못 내리는 언급은 첫 여덟 장에만 관련이 있다. Curtis(2006)는 최근에 스가랴의 통일 저작권에 대한 조직적이고, 포괄적인 변론을 펼치고자 한다. 변론을 펼치는 과정에서, 그는 이 문제에 대한 연구 상황에 대한 탁월한 개관을 제시한다(특히, 231-76 참조). Boda(2003a)는 저자와 편집 문제를 포함하여, 스가랴(와 학개)에 대한 최근 연구와 참고 문헌에 대한 탁월한 개관을 제시한다.

고 표현할 뿐만 아니라, 그 환상과 긴장을 이루는 텍스트 이면의 현실을 시사한다.

2. 첫 번째 환상(슥 1:8-17)

스가랴 1-8장의 첫 번째 환상은 예루살렘과 유다의 성읍들을 야웨의 진노의 대상이자, 천사의 암시적, 수사학적 긍휼 호소의 대상이라고 제시한다.

> 여호와여 여호와께서 언제까지 예루살렘과 유다 성읍들을 불쌍히 여기지 아니하시려 하나이까 이를 노하신 지 칠십 년이 되었나이다(슥 1:12).

따라서 이러한 예언서의 초기의 문제는 예루살렘의 정황과 유다의 성읍에 집중한다. 이는 첫 번째 환상의 주된 주제인 그들의 부정적인 상황의 해결과 쟁점이 되고 있는 그들의 곤경이다. 그리고 이는 전체 예언서의 주요 관심사 중 하나로 분명히 남아 있다.

확실히, 스가랴 1-8장의 저자는 제유(提喩)라는 문학적 도구를 채용한다. 즉, 예루살렘과 유다의 성읍은 그곳에 살고 있는(살아야만 하는) 백성에 대한 환유(換喩)이다. 예루살렘과 유다 성읍의 회복은 백성의 회복을 암시하고, 심지어 요구한다. 하지만 도덕적 회개에 대한 최초의 부름(슥 1:1-6) 후에, 스가랴는 뒤이은 두 장의 대부분에서 물리적 예루살렘을 강조한다. 그리고 예언자는 예루살렘을 이스라엘의 포로와 회복의 경험에 참여하는 자로 의인화한다.

두 번째와 세 번째 환상에서, 그 도성은 포로를 경험하고("… 예루살렘을 흩었던 것은 바로 이 뿔들이다." 슥 2:2), 바벨론에서 귀환하라는 부름을 받는다("이제 딸 바벨론에 살던 너, 시온아 도망하라." 슥 2:11). 이는 그 백성을 지시대상으로 암시하면서, 백성의 문화적, 종교적 정체성을 위해 그 도성의 중요성과 구심성을 명백하게 고취한다. 비슷하게, 첫 번째 환상에서 신탁과 권고는 백성이 아니라 물리적인 도성을 언급한다.

야웨는 시온과 예루살렘을 향해 질투로 분노한다(14절). 그리고 천사의 호소에 대답하면서, 야웨는 '긍휼'(רחמים)로 예루살렘으로 돌아갈 것을 선포한다. 야웨의 집은 그 도성 안에 지어질 것이며, 측량줄이 드리워질 것이다(16절). 예루살렘과 유다의 성읍은 번성할 것이며, 시온은 위로를 얻을 것이며, 야웨는 다시 예루살렘을 선택하리라는 선포가 계속된다(17절). 따라서 그 도성은 그 자체로 관심사의 주제이다.

첫 번째 환상의 언어는 이데올로기와 실용주의를 혼합하면서 이 주제를 다룬다. 환상은 12절의 분노를 놀랄 만한 번영으로 대체하고자, 긍휼을 바라는 천사의 수사적 호소에 응답한다. 16절의 복수 절대형 רחמים의 사용은 '긍휼'을 '긍휼들'을 바라는 호소로 대응한다. 또한 그 환상은 예루살렘을 야웨의 '선택받은' 장소로 규정하는 성서 사상의 흐름 속에 텍스트를 둔다.[2] 제의 장소 사이에서 일어나는 경쟁을 배경으로 볼 때, 이 언어는 16절의 성전과 관련된 주장처럼 배타적이고, 추론하건대 단수 성전이다.[3] 또한 특히, 12절을 되돌아 볼 때, "예루살렘과 유다의 성읍들"이라는 구절에 내재된 암시적인 정치적 수사학이다. 이 표현은 유다의 포로기 이전 남쪽의 정치적 조직체와의 연속성과 '이스라엘'의 뚜렷한 부재, 즉 이스라엘 국가와의 불연속성을 제안한다.[4] 또한 이데올로기와 실용주의의 혼합도 신바벨론

---

[2] 왕상 8:16, 44, 48; 11:13, 32, 36; 14:21; 왕하 21:7; 23:27; 시 78:68; 132:13; 대하 6:5, 6, 34, 38; 12:13; 33:7.

[3] 특히 Knowles(2006)의 최근 연구인 페르시아 시대의 대중 예배와 종교의 중심이나(경쟁하는) 중심들에 대한 고고학적, 성서적 증거와 문제를 검토한 것을 참조하라. 또한 특히 Knoppers(2003: 314-21)는 페르시아 시대의 야웨 성전과 성소에 대한 증거를 제시하고 평가한다. 그리고 그들 사이에서 영향력 경쟁은 예루살렘에 대한 역대기사가의 서술에 영향을 미쳤다. 반면 Frey(1999)의 초점은 헬라 시대였지만, 그의 통찰력은 여전히 페르시아 시대와 여전히 상관이 있고, 부분적으로 문제는 있지만, 예루살렘 성전과 잠재적 경쟁자들에 대해 유용한 조사를 제시한다.

[4] 슥 2:2의 이스라엘과 특히, 슥 8:13의 '이스라엘의 집'에 대한 언급은 저자가 북이스라엘을 공동유산으로 공유하는 것으로 인지하고 있음을 보여 주지만, 유다와 예루살렘은 회복에 대한 저자

의 정복이라는 가혹한 현실(15절), 그 땅의 수호신의 소외(12, 16절), 재건을 위한 신적 권위(16-17절)에 대한 표현을 통해 나타난다. 이 구절들 도처에, 예루살렘의 절망적 정황을 수용하는 것뿐 아니라, 유토피아적 기대를 지닌 이데올로기적 담화와의 상호 작용이 동시에 나타난다.[5]

12절에서 사자(使者)의 긍휼에 대한 호소와 예루살렘과 유다의 성읍에 대한 저주(זעם)를 언급하고, 15절에서 열방의 악으로 인해 악화되어버린 야웨의 분노를 수용하고, 그리고 심지어 16-17절에서 야웨의 귀환과 예루살렘을 축복하려는 소망과 의도의 선포는 파괴와 좌절의 생생한 상황을 강조한다. 특히, 17절의 '다시'(עוד)의 삼중 반복은 번영, 신적 위로, 그리고 예루살렘과 유다의 성읍의 선택에 대한 야웨의 약속을 강화하고, 또한 불가피하게 과거와 암시된 현재에는 그렇지 못하다는 점을 강조한다.

하지만, 예레미야 25:11-12; 29:10의 70년 예언에 의존하는 듯한 70년에 대한 암시(Orr, 1956; Fishbane, 1985: 479-85; Winkle, 1987a; 1987b; Tollington, 1993: 184-5; Applegate, 1997)와 1인칭의 신의 목소리로 선언된 성전과 도성의 재건에 대한 신적 승인의 선포는 예언서와 고대 근동의 건축과 회복 텍스트에 내재된 이데올로기와의 대화로 텍스트를 이끈다. 따라서 종종 이런 텍스트의 특징인 회복과 재건에 대한 유토피아적 기대를 불러일으킨다(Boda, 2006).[6]

의 희망의 중심에 분명히 있다(특히, 슥 2:16; 7:7; 8:15 참조). 슥 8:13의 언급은 아마도 그런 배타성의 허위를 보여 주지만, 필자는 '이스라엘의 집'에 대한 언급(인종적/지파적 실체라기보다는 정치적 실체를 의미하는 것이라면)은 주로 회고적이라고 본다. 맥락을 볼 때, 미래의 구원과 축복은 예루살렘에 정치적으로, 제의적으로 종속되어있다고 본다. 슥 1-8장의 이스라엘에 대해서는 Danell(1946: 266-7)의 간략한 논의를 참조하라. 이스라엘의 개념에 관련해서 포로 후기 사상에 대한 보다 철저한 분석을 위해 Williamson(1977)과 보다 문제적인 Davies(2005)의 최근 연구를 참조하라.

5 Boda(2006)는 이 주제를 학개와 슥 1-8장에서 샅샅이 추적하고, 저자에 대해서 다음과 같이 결론을 내린다. "이렇게 함으로써, 그들은 거대 권력 아래 놓인 삶을 다루기 위한 전략으로 그들의 공동체를 잠시 근시안적으로 본다. 성전 프로젝트에 대한 근시안적 초점은 그들의 유토피아를 개시하고자 하는 희망 속에, 공동체가 반이상향적인 현실 가운데에서 그들의 노력에 집중하고, 연대하도록 한다."

6 Boda(2006)는 아마도 슥 1-6장과 메소포타미아 건설과 회복 텍스트 사이의 유사점을 이끌어낸 가장 최근의 학자일 것이다. 하지만, 다음도 참조하라. Lipiński, 1970; Petersen, 1974; 1984;

여전히 국가의 중심에는(텍스트의 이 지점에서) 예루살렘의 자리에 대한 언급이 없고, 16절의 '측량줄'에 대한 언급이 있다. 이것은 한편으로 야웨의 귀환(16a절)과 다른 한편으로 야웨의 약속(17절)에 관련한 이데올로기적 메시지의 중심에 재건에 대한 실질적 초대와 계획을 두도록 하고, 전체 환상이 실체적 현실에 닻을 내리도록 한다.

3. 두 번째 환상(슥 2:1-4)

두 번째 환상에서 천사는 '네 뿔'에 의해 흩어졌던(2절) 유다와 이스라엘을 예루살렘으로 규정한다.[7] 환상의 표상에는 어떤 부조화가 있는데, 이는 제조업적 혹은 농업적 모티프를 환기시킨다(Love, 1999: 179-96). 동사 '흩어지다'(זרה)는 대안적인 함축적 의미에 반영된 '까부르다'(예. 사 30:24; 룻 3:2)라는 농업적 모티프이다.

이것은 뚜렷하거나 암시적 대상으로 백성을 염두에 둔, 특히 예레미야와 에스겔에서 포로에 대한 예언적 은유나 메타포로 흔히 나타난다.[8] 그러나 또한 조각이나 우상의 잔존물(출 32:20; 사 30:22)과 다른 경우에는 불타버린 숯(민 16:37)을 흩어버리는 것을 언급하는 제조업적 배경에서도 사용된다. 하지만, 특히 이 제조된 조각 우상은 결코 포로에 대한 예언자적 메타포를 강화하지 못한다. 여전히 예상되는 농업적 모티프에 수반되는 것은 타작 마

Halpern, 1978; Laato, 1994. 그리고 성서에서 이런 유사점에 대한 보다 일반적인 것에 대해서는, 특히 Bedford, 2001과 Hurowitz, 1992 참조.

[7] 프리어-워싱턴 파피루스(The Freer-Washington papyrus)와 알렉산더누스(Alexandrinus) 사본과 마르칼리아누스(Marchalianus) 사본은 '예루살렘'을 삭제한다. 한 헬라어 증거물은 '이스라엘'을 삭제하지만, '예루살렘'을 보존한다. 그러나 나할 헤벨(Naḥal Ḥever)의 소예언서 사본의 개연성 있는 복원을 포함하여, 많은 헬라어 텍스트(Tov, Kraft and Parsons, 1990: 71) 뿐만 아니라 불가타와 페쉬타는 세 가지 모두를 열거하는 히브리어를 지지한다.

[8] 레 26:33; 왕상 14:15; 사 41:16; 렘 (4:11); 15:7; 31:10; 49:32, 36; 겔 5:2, 10, 12; 6:8; 12:14, 15; 20:23; 22:15; 29:12; 30:23, 26; 36:19; 시 44:11; 106:27. 비슷하게, 렘 51:2에서 바벨론인이 주어이지만, 겔 29:12; 30:23, 26에서 이집트인이 주어이다.

당, 까부르는 키, 바람에 말리거나 모으는 표상이다.[9] 대조적으로 이 환상은 קרנות(1-2, 4절)의 표상을 특징으로 삼고, 제단의 금속이나 돌로 된 뿔, 군인의 투구의 금속 뿔, 혹은 소의 뿔, 그리고 חרשים(3-4절)를 떠올리게 한다. 이는 장인이나 파종하는 자를 의미할 수 있다.

빈번하게 뿔은 권위와 통치를 상징하기 위한 정치적-제의적 모티프로 나타난다('뿔'은 다음을 참조하라. Ryken, Wilhoit and Longman, 1998: 400; Love, 1999: 179-96; Meyers and Meyers, 1987: 135-7; Niditch, 1983: 122-4; Süring, 1980). 종종 고대 근동의 도상, 신화, 예언은 황소나 숫소(가능하면 환유법으로 상징된 뿔 달린 짐승)를 파괴적인 힘으로 채용한다.

포로(들)에 영향을 미쳤던 국가나 통치자, 즉 앗수르와 바벨론 왕에 대한 상징으로, 뿔은 적절한 표상이며 황소를 나타내는 것으로 농업적 영역에 속한다(Boda, 2005: 63). 황소는 아마도 뿔로 상징되는 것으로 제단이나 군인의 투구보다 더 선호된다. 전자는 이 환상의 뿔이 수행하는 행위, 즉 유다, 이스라엘, 예루살렘을 '흩어버리는 것'을 할 수 없다. 그리고 후자는 궁극적으로 어느 경우이든 황소 조각을 시사한다(Boda, 2005: 61-3; 비교. Good, 1982: 59).

חרשים에 대한 언급은 농업적 모티프로 보기에는 더 많은 난섬을 보여 준다. 이것은 농업을 지칭할 때 전형적으로 사용되는 것이 아니기 때문이다. 보다 종종, 이것은 '장인(匠人)'이나 '대장장이'로 번역된다. 그러나 종종 간과된 다른 가능성은 '파종하는 자'로, 이는 이 표상에 나타난 긴장을 완화시켜준다(Good, 1982: 56-9; Boda, 2005: 62). 분명히 명사 형태인 חָרָשׁ는 장인이나 대장장이를 지칭한다.[10] 그리고 70인역은 τέκτονας('목수' 혹은 '장인')로 읽는데, 이는 전자의 독법을 전제로 한다. 그러나 중요하게, '파종하는 자'라는 의미는 히브리 성서에 세 번 등장하고, 각 경우는 여기에서처럼

---

9 슥 2:10과 6:5에서 바람 모티프가 뒤에 나타난다.
10 출 28:11; 35:35; 38:23; 신 27:15; 삼상 13:19; 삼하 5:11; 왕하 12:12; 22:6; 24:14, 16; 사 [3:3]; 40:19, 20; 41:7; 44:11, 12, 13; 45:16; 54:16; 렘 10:3, 9; 24:1; 29:2; 겔 21:36; 호 8:6; 13:2; 슥 3:7; 대상 4:14; 14:1; 22:15; 29:5; 대하 24:12; 34:11.

שרה의 명사적 분사형(사 28:24; 암 9:13; 시 129:3)이다. 동사 '흩다'로 구성된 문맥 역시 이런 번역을 강력히 선호한다. '장인'보다 '파종하는 자'로 읽을 때, 전체 표상은 사실상 매우 일관성을 지니게 된다(Good, 1982).

따라서 환상은 아마도 두 마리 황소가 고삐 풀린 채 밭을 짓밟고 수확물을 흩어버리는 농사 장면을 포착한다. 이에 대응하여, 야웨는 '뿔을 꺾어버리고자' 파종하는 자를 보내신다. 즉, 파종하는 자는 황소를 붙잡아 입마개를 채우거나 길들인다(Good, 1982: 58-9). 그러므로 환상은 근동의 땅에서 질서의 재수립과 야웨의 통치에 길들여지는 이방의 권력을 묘사한다. 이런 독법이 열방의 끝없는 파괴에 대한 야웨의 분노와 조화를 이루고 있다는 점은 의심의 여지없이 중요하다(15절). 이런 방식으로, 또한 첫 번째 환상으로부터 이 환상을 거쳐 세 번째 환상까지 논리적으로 발전해간다.

굿(Good)이 고찰하듯이, 이 환상은 예루살렘 재건의 중요한 단계를 보여준다. 이것은 아마도 페르시아 왕들이 그 땅에서 이스라엘 대적을 제거하는 것을 그리고 있는 것 같다(1982: 59). 따라서 첫 번째 환상에서 야웨의 귀환과 재건하라는 신적 승인의 선포로부터 두 번째 환상에서 그 땅의 회복으로, 예루살렘과 유다 재건이 시작되는 세 번째 환상으로의 진보가 이루어진다.

4. 세 번째 환상(슥 2:5-9) 그리고 첫 번째 권고 사항들(슥 2:10-17)

이스라엘의 대적이 제거되자, 세 번째 환상은 스가랴 1:15-17에서 선포된 재건에 대한 신적 승인을 다루게 된다. 세 번째 환상은 예루살렘의 넓이와 길이를 측정하는 한 남자의 장면으로 시작한다(슥 2:56). 5절의 '측량줄'(מדה חבל)과 6절에서 묘사된 측량은 보다 구체적인 행동에 집중하지만, 스가랴 1:16의 '먹줄'(קוה)이라는 단어와 더불어 일반적인 직업과 관련된 영역과 활동을 환기시킨다.

קוה는 토지 조사를 포함하여, 규모를 표시하거나 확정하고, 모서리와 벽

을 정리하는 대부분의 건축 단계와 연관되어 사용된다. 반면, חבל은 토지 조사와 관련하여, 특히 영토를 측량하고 할당하려는 목적으로 히브리 성서에서 배타적으로 사용된다(암 7:17; 미 2:4-5; 시 16:6; 78:55).[11] 중요하게, 이미 필자가 1:16에 대한 논의에서 제안한 것처럼, 거래 수단에 대한 이런 언급은 회복에 대한 부름의 실용적 속성을 강조하고, 일상적 수단과 연관된 행위를 신적 계획의 중요한 부분으로 고취시킨다.

이런 수단은 예루살렘을 회복하기 위해 신이 임명하고 승인한 방법이다. 그리고 이런 수단을 언급함으로써, 이 환상의 저자는 신적 계획을 수행하는 것에 인간의 참여를 독려한다. 신적 간섭만이 아닌 근면이나 문제에 대한 충실한 선행(비교. 역대기와 에스라-느헤미야)은 예루살렘 재건에 영향을 미칠 것이다.

놀랍지만, 세 번째 환상은 예루살렘의 재건에 대한 다소 예상치 못했던 통고를 소개한다. 예루살렘의 넓이와 길이를 측량하는 한 남자의 표상에 이어(슥 2:5-6), 한 천사가 이 남자를 쫓아가며 그에게 "예루살렘은 성곽 없는 성읍이 될 것이라"(7-8절)고 말하기 위해 보내진다.[12] 이 천사는 예루살렘에

---

[11] Floyd(2000: 363-4)는 이 논점을 고찰하고, "이런 대조적 암시는 קוה의 사용을 포함하는 새로운 조직의 재건이 이제 충분히 광범위해져서 מדה חבל의 사용을 수반하게 되었다는 점을 강조한다. 따라서 세 번째 환상은 첫 번째 환상의 예언(슥 1:14b-17)이 성취되기 시작하였음을 암시한다." 라고 논증한다. 필자가 보기에 결론은 옳지만, 논증은 문제가 있다. חבל מדה을 포함한 조사가 건축과 성벽 건설에 선행되어야 할 것 같다. 결론적으로, Floyd의 한 용어와 다른 용어의 관계에 대한 이해는 정확하지 않다. 하지만, 첫 번째 환상은 예루살렘 재건에 대한 요약이자 명령이지만, 세 번째 환상은 실제 재건 과정의 첫 번째 조치, 즉 땅의 조사를 묘사한다.

[12] 이것은 가장 가능성 있는 독법으로 보인다. 하지만, Meyers & Meyers(1987: 154-6)는 또 다른 흥미로운 독법으로 "예루살렘은 마을들과 더불어 사람들이 살게 될 것이다"라고 제시한다. 목적어 '마을들'은 예상했던 전치사가 빠져 있고, 따라서 ב혹은 כ가 그럴듯한 추론이다. Meyers의 독법 역시 겔 38:11의 חומה באין와 비교 가능한, 성벽의 부재를 보여 주는 뚜렷한 진술이 없다는 장점을 지니고 있다. 이것은 단지 פרזות로만 암시된다(신 3:5; 삼상 6:18; 겔 38:11 참조). 그러나 이 구절은 대단히 양식화된 사행연(四行聯, tetracolon)이며, 여기에서 1행과 3행, 그리고 2행과 4행이 대응한다. 2행과 4행은 그 도성 가운데 있는 무리와 영광의 존재에 관심을 두지만, 이것은 분명히 3행의 관심사이기 때문에, 1행과 3행은 성벽에 관심을 기울인다. 나아가, 텍스트가 예루살렘 주변의 위성 마을을 언급한다면, Meyers & Meyers의 독법대로 읽을 때 그의 번역에서 제시하는 바, 우리가 기대하는 פרזות에 3인칭 단수 접미어가 없다(비교. 슥 7:7). 하지만, Meyer & Meyers의 독법을 받아들인다 할지라도, 성벽의 부재는 확실하게 요구되지는 않지만, 제3행에 의

사람과 짐승이 매우 많아질 것이며(8절), 야웨는 그 도성을 둘러싼 불 성벽이 되며, 그 안에 영광이 있을 것이라고 설명한다(9절).

따라서 이 환상은 예루살렘의 성벽 부재를 스스로 자각하는 공동체를 반영하는 것으로 보이고, 성벽의 부재를 신적 합법화와 임재의 경우로 전환시키는 이데올로기적 견해로 읽고 있다. 이 수사는 신명기 5:24, 이사야 4:5, 역대하 7:13의 불과 영광에 대한 병행일 뿐만 아니라 시내산에서 불기둥 속에 나타난 야웨의 임재의 펼침이나, 출애굽기의 장막 위에 내려오심(출 13:21-22; 14:24; 19:18; 24:17; 40:38)을 환기시킨다.

또한 피터슨(Petersen)은 아케메니드 페르시아의 수도인 파사르가대와 평행이 가능하다고 제안한다. 그 수도는 성벽이 없었고, "우주의 신 아후라 마즈다를 상징하는 불 제단"으로 둘러싸여 있었다(1984: 171). 어느 경우이든 이 특별한 선포는 시편 51:18의 예루살렘 성벽에 대한 관심과 보다 특별히, 이 지점까지 신적 축복과 건축 프로젝트를 연결하고자 하는 느헤미야와 역대기와 심지어 스가랴의 이데올로기적 경향성과 대조를 이룬다.[13]

하지만 이 통고는 스가랴의 환상의 중심 주장을 확장한다. 즉, 도성을 다시 선택하고, 완벽하게 만들 야웨의 예루살렘 귀환은 예루살렘의 갱생과 재생의 필수적인 이데올로기적 전조이다. 이런 이데올로기적 확신은 다른 고대 근동의 건축 텍스트와 평행을 이룬다. 아마도 가장 즉각적으로 야웨의 분노, 암시된 도성 포기, 이어지는 긍휼과 귀환은 유형론적으로, 이데올로기적으로 엣살핫돈의 바벨론 명문(CoS 2.120)과 고레스 칙령(CoS 2.124)에 기록된 마르둑의 분노와 바벨론 거부와 이어지는 긍휼과 귀환과 유사하다.

하지만 흥미롭게도 두 텍스트 모두 각각 운명을 역전시키는 마르둑의 대리인으로서 엣살핫돈과 고레스의 역할에 집중한다. 이 점에 비해 스가랴

해 암시되고 있다. 또한 모호성은 의도적이며, 이런 짧은 시간 내에 예루살렘이 이 마을들과 함께 확장되고, 이 마을들처럼 예루살렘 역시 성벽이 필요 없다는 점을 전달하고자, 저자가 이 모호성을 채택한 것이라고 볼 수 있다.

13 슥 1-8장의 이런 경향성, 특히 고대 근동 건축 텍스트와 연관해서는 Boda(2006) 참조. 역대기에 대해서는 특히 Welten(1973: 9-78) 참조.

2:3-4의 '네 명의 파종하는 자'와 같은 야웨의 대리인 중 어느 누구의 이름도 언급되지 않는다. 회복은 거의 전적으로 야웨의 작품이다. 이것은 환상과 특히 스가랴 2:10-17의 권고의 첫 번째 항목들이 백성이 아니라, 그 도성을 대체하는 이유의 일부일 것이다. 왕족의 승인이 아니라, 오직 신적 승인이 있을 뿐이다. 야웨는 단지 바벨론으로부터 도성을 불러내시고(11절), 도성은 '거룩한 땅'에 있는 자신의 자리로 돌아오게 된다(16절).

또한 15절의 백성에 대한 보편적 환상, 즉 이 책에서 עם의 첫 번째 등장 역시 놀랍다. 이 구절에서 '많은 나라'는 스스로 야웨와 연합하고, 야웨는 그들을 그의 백성으로 삼으시고, 그들 가운데 거하시리라고 확증한다. 이는 새로운 백성이 예루살렘에 살게 되리라는 것을 전제로 삼는 것이다.

이사야, 미가, 예레미야의 보편적 주제와 분명히 평행을 이루는 것 외에도, 이것을 바벨론의 다인종적 환경과 고대 근동 세계에서의 바벨론의 중심성에 대한 암시로 보는 것은 그럴 듯하다. 적어도 예루살렘과 바벨론 사이에는 암시적 연관성과 대조가 발생한다. 바벨론에 시온을 물리적으로 철거/배치하는 것으로부터 11절과 14절의 평행구인 בת-בבל과 בת-ציון까지, 바벨론의 역사적 대표성과 예루살렘의 보편적 수도로서의 대표성 사이의 유형론적이며 이데올로기적인 유사성까지, 스가랴의 환상은 바벨론에 대한 미묘한 질투심을 전제로 하는 것처럼 보인다.

하지만 이는 바벨론을 향한 다소 일상적인 조롱으로 은폐되어 있을 뿐이다(13절; 5:5-11; 비교. Boda [출간예정]). '이방적' 요소를 완전히 벗어버리고 야웨 종교가 주입된 바벨론은 예루살렘이 되어야만 하거나 그 이상으로 추월해야만 하는 도성과 같다.[14]

어느 경우이든 10-17절의 권고에서 중요한 요소는 그 도성으로부터 야웨의 소외가 역전되는 것이며, 이는 야웨의 귀환과 재건 승인으로 드러난

---

14 필자가 보기에, 이것은 슥 8:23에서 보다 더 분명하고, 여기에서 예루살렘의 난공불락의 우주적 통제는 명백하게 그려지고 있다(거기에서 필자의 논의를 참조하라).

다. 야웨가 '딸 시온'과 그의 백성 삼은 '많은 나라' 가운데, 암시적으로 예루살렘에서 거하실 것을 확증할 때(14-15절), 이 언어는 9절의 수사와 연속성을 유지하고자 이 문맥에서 선택된 것으로 보인다. 동사 '거하다'는 일반적인 ישׁב 아니라, 오히려 שׁכן이다.

이는 종종 제의적 어감을 지니고 있다. *maqtal* 명사인 משׁכן(장막)과의 어원적 관계와(여기에서처럼) 토라와 다른 곳에서 בתוך(그 가운데)와 같이 사용되고, 늘 하나님의 백성 가운데 임재하심을 언급하는데 사용되기 때문에(출 25:8; 29:45-46; 민 5:3; 35:43; 왕상 6:13; 겔 43:7, 9), 그리고 시편에서 고대 이스라엘의 표상을 불러일으키거나 야웨의 임재를 말로 나타내고자 제의적으로 사용되기 때문이다(시 15:1; 68:16, 18; 74:2; 78:55, 60; 85:9; 120:5-6; 135:21).

이러한 이스라엘의 형성 서사와의 연결 역시 두 가지 핵심 단어인 '소유하다'(נחל)와 '몫'(חלק)을 사용하여, 야웨가 유다를 그의 몫으로 소유한다(16절)는 주장에 동기 부여를 한다. 이는 토라와 여호수아서의 땅 담론에서 두드러지게 나타난다.[15] 물론 이 경우에 상속받고, 소유하는 이는 이스라엘이 아니라, 야웨이다. 온 땅이 이미 야웨에게 속한다고 고백하는 종교적 체계 내에서 이것은 모순적 언어이다(특히, 시 82:8 참조).

하지만 이것은 히브리 성서에서 독특한 것이 아니다. 사실상 언어는 이스라엘이 야웨의 유업이라는 주장을 반향한다(출 19:5-6; 34:9; 신 32:9; 렘 10:16; 51:19). 여전히 목적어가 백성이 아니라, 땅이라는 점에서 불일치는 있다. 그러나 이는 텍스트에 어떤 의미를 부여한다. 야웨는 세상의 다른 백성들로부터 구분하여 이스라엘을 '거룩한 백성'(גוי קדוש)이라고 주장하듯이, 세상의 다른 땅과 구분된 '거룩한 땅'(אדמת הקדשׁ)에서 자신의 몫을 주장한다.

특히, 히브리 성서에 단 한 번 등장하는 구(句)로서, 그 땅을 אדמת הקדשׁ

---

15 보다 직접적으로 '몫'(חלק)은 슥 2:56의 예루살렘의 땅 조사를 다시 언급한다. 위에서 논의한 대로, '측량줄'(חבל מדה)은 늘 땅을 분배하는데 사용된다. 사실상, חבל 역시 '지역'을 의미하는데, 이는 '몫'의 유의어이다(특히 신 32:9; 수 19:9 참조). 이 남자는 예루살렘을 측량하고, 야웨는 그의(바른) 땅에 대한 권리를(다시) 주장할 수 있는가?

라고 부름으로(비교. 출 3:5; 겔 48:12-13), 17절의 '거룩한 처소'(קדש מעון)라는 독법을 끌어낸다. 이 구는 다른 곳에서는 하늘을 언급하기 위해서만 사용된 구이며(신 26:15; 렘 25:30; 시 68:6; 대하 30:27), 동의어로써, 이 경우에 그 땅은 '땅 위에 존재하는 천상'이 된다.

나아가, 스가랴 2:16b에서 "그리고 그는 다시 예루살렘을 택하시리니"라는 유다에서 예루살렘의 구심성을 재도입하고, 따라서 이 거룩한 땅의 중심에, 거룩한 처소의 정점에 그 도성을 두는 것이다.[16] 백성과 신의 처소로써 이런 묘사는 예루살렘에 인간과 신의 영역이 교차하도록 한다. 이것은 세상의 중심축임에 틀림없다. 또한 이 구는 스가랴 1:17을 말 그대로 반복하고 있고, 따라서 수미상관을 완성하며, 전체 단락의 중심 되는 요점을 설명하고 강조하는 결론의 역할을 한다. 수미상관은 예언을 둘러싸고 있고, 이를 야웨의 예루살렘 재선택에 대한 글로 규정한다.

5. 네 번째 환상 (슥 3:1-10)

네 번째 환상은 대제사장 여호수아에 관심을 두고, 따라서 스가랴서에서 중심장을 차지하는 성전과 그를 둘러싼 공동체로 강조점을 옮겨가는 전환점이 된다. 여전히 스가랴 3:2에서 야웨는 스스로 드러내고, '예루살렘을 택하신 야웨'의 이름으로 대적을 꾸짖으신다. 이런 신적 별칭은 스가랴 1:17-2:16에서 절정에 이르고, 문학적 목적을 확증한다. 예루살렘의 재선택은 이제 매우 과거 시제가 되어서, 야웨는 이 행위로 말미암아 명명된다.

또한 이 별칭은 또 다른 포로후기 텍스트인 역대하 32:19을 반향하는데, 여기에서 역대기사가는 야웨를 예루살렘의 신으로 규정한다. 미첼이 역대

---

16 그러나 '거룩한 도성'(עיר הקדש)이 여기에 나타나지 않는다는 점이 눈에 띈다. 그러나 슥 8:3과 거기에서 필자의 논의를 참조하라.

하 32:19의 호칭을 고찰한 것처럼, 이것은 전형적인 성서 언어로 보이지만, 사실은 매우 이례적이다(Mitchell, 2004). 이 별칭의 특이성은 스가랴 1-8장에서 흔히 사용되는 호칭인 '만군의 야웨'라는 우주적 별칭과 매우 대조를 이룬다. 이것은 특히 스가랴 1:8-11에서 묘사된 전체 우주의 신이라는 존재에서 예루살렘에게만 특별한 신, 수호신으로 축소하는 것이다.

이 텍스트는 역대하 32:19처럼 야웨 종교의 보편적 주제와 특수성을 향한 욕구 간의 긴장을 반영한다.[17] 또한 이것은 미첼이 간과한 논점으로, 예루살렘 신학 안에 보편성과 특수성을 모두 포함하려는 움직임을 보여 준다. 즉, 이는 세상의 중심축에 그 도성을 열방의 집으로 둔다. 그러나 열방은 분명 유다의 수호신 야웨의 통제하에 있고, 그 연장선상에서 야웨가 선택한 백성이 된다.

6. 스가랴 7:1-8:23에 나타난 예레미야

스가랴 1-8장의 결론 단락에 나타난 예루살렘 묘사는 스가랴 1:8-3:10의 일부 주제와 모티프로 돌아간다. 그러나 이 단락은 훨씬 더 짧고, 이 장의 모든 관심사, 특히 건축 유형론을 되풀이하지는 않는다. 스가랴 1:7의 환상 연대 이후 일 년 반이 조금 더 지난 후를 배경으로 하는 연대 구성이 나오고, 이 단락은 예루살렘 성전의 제사장과 예언자에게 보낸 질문에 대한 언급으로 시작한다(슥 7:1-3).

질문은 제5월에 준수하는 첫 성전에 대한 애곡을 계속해야 하는지에 관한 것이다. 이 질문은 야웨의 일련의 권고 속에 드러난 지엽적인 문제로 자꾸 흘러가고 있음을 드러내고(슥 7:4-8:17), 짧은 대답이 따라오고(슥 8:18-

---

[17] 하지만 Mitchell(2004)이 대하 32:19 때문에 역대기사가의 것으로 돌리는 동일한 수준의 심리적 긴장감을 스가랴가 반영하는지는, 필자가 보기에 확실치 않다.

19), 마지막으로 종말론적 신탁이 나온다(슥 8:20-23).[18] 지엽적인 문제 자체에도 불구하고, 권고는 스가랴 9:18-19의 대답의 중요한 근거가 되고, 예루살렘의 현재와 미래에 대한 전반적인 묘사라는 측면에서 매우 중요하다.

상세 사항은 스가랴 7:2-3의 텍스트상의 문제로 인해 모호하지만, 전체 단위의 전제는 흥미롭다. 3절에서 누가 질문을 하는지가 불분명하기 때문에, 구체적으로 2절의 목적어 지시사의 부재는 문제가 된다. 불행히도 모든 잠재적 독법은 난점을 보여 준다.

고대 번역에서 활용 가능한 초기 독법은 בית־אל을 의미론적으로는 장소명으로, 구문론적으로는 장소의 직접목적격으로 본다. 한편 70인역은 '에이스 바이델'(εἰς Βαιθηλ, '벧엘로')로 읽는다. 페쉬타와 탈굼은 בית־אל에 전치사를 덧붙이고, 이는 70인역이나 불카타가 '아드 도뭄 데이'(ad domum Dei, '하나님의 집으로')로 읽는 것을 허용하게 된다. 특히 블렌킨소프는 잠정적으로 70인역의 독법을 선호하지만(2003: 100), 그의 논증은 몇 가지 점에서 문제가 있다.

첫째, 페쉬타와 탈굼은 בית־אל의 의미를 명확하게 밝히지 않고, 블렌긴소프가 '하나님의 집' 대신에 '벧엘'로 읽어야 되는 것으로 추정하는 바를 지지하지 않는다.

둘째, 예루살렘이 메시지가 전해지는 장소라는 것은 분명하게 진술되지 않지만, 3a절은 그 메시지가 '만군의 야웨의 제사장'에게 전달되었다고 밝힌다. 이는 분명히 예루살렘 성전의 제사장을 언급하는 것 같다(학 1:14; 슥 8:9; 14:21). 에스라의 증언을 받아들인다면, 이 성전은 확실히 아직 재건되지 않았다(스 6:14-15, 비교. 슥 7:1).

---

[18] 편집사나 이 구절에 대한 대안적 통일성은 상당히 논의해야 할 문제이다(특히, Boda, 2003b와 거기에 인용된 문헌들). 문법적, 사전적 불일치는 편집적 확장을 암시하지만, 궁극적으로 이런 벗어남은 3절에서 제기된 질문과 연결된다. 즉, 논의의 '예전적, 공동체적 범위'를 확장하고, '제의적 수준에서 동기와 윤리에 대한 질문으로 넘어' 가도록 한다. 필자는 구절의 통일성을 배제하거나 원래의 내용과 후대 확장을 공식적으로 구분하려는 것이 아니다.

그러나 학개와 스가랴처럼, 에스라는 재건을 향한 의미 있는 조치가 다리오 제4년에 취해졌다는 것을 증언한다. 더구나 대제사장을 포함한 제사장들은 거기에 있었다. 이 모든 것에도 불구하고, 스가랴 7:1-3이 대안으로 재건에 대한 더 이른 상한선을 제시할 가능성이 있다.[19]

셋째, 예언자와 그 책의 암시된 역사적 배경은 예루살렘이고, 따라서 예언자가 서한에 대하여 대답을 하는 자라면, 그 메시지는 예루살렘에게 보내진 상황임을 강력하게 암시한다. 사실상 또한 그 대답이 강화하고 있듯이, 예루살렘 성전의 제의적 의례가 질문의 주제인 듯하다.

넷째, 스가랴서는 반복해서 야웨가 예루살렘에 임재하고 있음을 확증한다. 특히, 2절의 정확한 구 לחלות את־פני יהוה ('야웨 앞에서 간구하기')는 스가랴 8:21과 8:22에서 예루살렘에서 우주적 모임, 순례를 하는 목적으로써 반복된다.

따라서 스가랴의 관점에서 볼 때, 예루살렘을 제외하고 너희는 어디에서 야웨에게 '간구'하겠는가?

그럼에도 불구하고, 페쉬타, 탈굼, 불가카의 독법은 בית־אל을 '하나님의 집'을 의미하는 장소의 직접 목적격으로 보는데, 이는 분명히 가능성이 남아 있다. 또한 고대 번역에 나타나지 않지만, 다른 대안은 בית־אל을 일련의 첫 번째 이름에 나타난 신명적(神名的) 요소로 읽을 수 있다. 즉, '벧엘-사레셀과 레겜-멜렉과 그의 부하들'로 읽을 수 있다.

하지만, בית־אל을 장소의 직접 목적격('하나님의 집')으로 보거나 첫 번째 이름에 나타난 신명적 요소로 읽는 이 두 대안 모두 다음의 두 가지 사항을 필요로 한다.

---

19 Marinovic(1994)는 이 책의 그 단어의 광범위한 어법을 고려할 때, בית을 성전보다는 '공동체'로 읽어야 할 추가적 가능성을 제안한다.

① 주어가 나타나지 않는다. 이는 저자나 초기 텍스트의 변형에 의한 이상한 누락으로 보이는데, 이에 대한 증거는 없다. 혹은,

② 주어는 '(벧엘) 사레셀과 레겜-멜렉과 그의 부하들'이고, 이는 이상적으로 단수 동사보다는 복수 동사로 반영될 것이다.

이 두 문제 모두를 피할 한 가지 더 가능성은 בית־אל을 벧엘로 읽는 것이다. 그러나 장소의 직접목적격이 아니라, 주어로 읽는 것이다. 따라서 '목적어'인 '사레셀과 레겜-멜렉과 그의 부하들'이 보내진다(Meyers and Meyers, 1987: 379, 382-4). 하지만 שלח는 늘 사람을 주어로 삼기에, 이것 역시 어색하다.[20] 나아가, 이런 선택은 스가랴 1-8장의 성읍의 의인화(주로 예루살렘)와 일치를 하고, 잠정적으로 초기 페르시아 시대의 정치적, 제의적 역동성에 대한 흥미로운 통찰력을 자아내지만, 벧엘을 주어로 보는 것을 정당화할 설득력 있는 유사한 경우가 없기 때문에, 이 독법은 특히 문제가 된다.

필자가 보기에, 가장 문제가 적은 독법은 '(벧엘)사레셀, 레겜-멜렉, 그리고 그의 부하들이 ('하나님의 집'으로) 야웨의 은혜를 구하기 위해 보내졌다'이다. 수의 일치가 없고 직접 목적어가 없다는 점 때문에 이상적이지는 않지만, 암시된 목적어가 메시지나 메신저인 경우에, 특히 이 동사와 함께 입증이 되고 있다.

단수 동사에(집합이 아닌) 복수 주어는 느헤미야 6:2, 역대상 19:6, 그리고 아마도 예레미야 39:13에 나타난다. 후자의 구절에서 단지 느부갓네살이

---

20 유일하게 생각해볼 수 있는 가능성은 이스라엘이 שלח의 주어로 나타나는 민 21:21//삿 11:19과 11:17이다. 하지만 이 평행 구절에서, 이스라엘은 장소명이 아니라, 오히려 유랑하는 지파를 의미한다. 현재 제안의 변형은 비인칭 주어의 문제를 해결할 수 있다. Marinovic(1994)가 제시한 스가랴 일부 구절에서 בית를 '집'보다는 '공동체'로 읽는 논증에서 단서를 얻어 보자면, 인칭 주어로 볼 수 있다. "하나님의 공동체가 사레셀과 레겜-멜렉과 그의 부하들을 야웨 앞에 간구하기 위해 보냈다." 의미론적 논증(Marinovic은 하나님 혹은 야웨와 연계형으로 나타나는 בית가 '공동체'나 '집단'을 의미하는, 단 하나의 명백한 경우도 제시하지 못한다)은 의심스럽지만, 이것은 문법적으로 이상적인 해결책이며, 그 대답이 광범위한 청중을 향한 것이라는 점에서 심지어 상당히 맥락상 이치에 맞다. 하지만 의미론적 문제 때문에, 이 해결책은 궁극적으로 개연성이 없다.

보낼 수 있지만, 동사의 목적어 부재는 히브리 성서에서 흔히 나타난다.[21] 불행히도 결론을 거의 도출하지 못하고 있다. 이것은 매우 잠정적이고, 벧엘을 장소의 직접 목적격으로 읽어야 할지, 신명적 요소로 읽어야 할지 여전히 불확실하기 때문이다.[22] 하지만 이런 문제와 상관없이, 이 제시의 핵심 요소는 역사의 곤란한 단계에서조차 예루살렘을 존경의 주체로, 제의적 인물을 제의 문제에 관한 권위 있는 자들로 그리고 있다.

질문에 대한 대답에서 예루살렘은 야웨의 권고에 나타나는 일련의 약속의 주제이고(슥 8:1-8), 이는 백성을 향하여 바르게 살고, 정의를 지키라는 경고로 둘러싸여 있다(슥 7:4-14; 8:9-17). 그리고 또한 예루살렘은 마지막 종말론적 신탁의 주제이기도 하다(슥 8:20-23). 이 단락의 구성을 볼 때, 바르게 살고, 정의를 지키라는 명령은 예루살렘에 관한 약속의 성취와 연속에 대한 조건이라는 점을 알려 준다.

중요하게, 첫 번째 권고 사항(슥 7:4-14)에 나타난 명령의 배경은 분명히 도시적이다. 이것은 역사적 예시의 처음뿐만 아니라 구체적인 경고의 속성에 나타난 예루살렘에 대한 언급을 볼 때 분명하다. 역사적 언급의 대상은 옛 예언자 혹은 첫 예언자의 시대이며, "예루살렘과 사면 성읍에 백성이 평온히 거주하며 남방과 평원에 사람이 거주할 때"(슥 7:7)로 특징지어진다. 이것은 예언자 자신의 시대의 비참한 상황과 정반대의 텍스트적 암시일 가능성이 있지만, 문맥상 이런 읽기에 직접적으로 도움이 되지는 않는다. 오히려 이

---

21 후자의 고찰과 관련하여, 예를 들어 다음을 참조하라. 창 20:2; 27:42; 31:4; 41:8, 14; 민 21:32; 수 2:3; 10:3; 11:1; 24:9; 삿 4:6; 삼상 4:4; 16:12, 22; 25:39; 삼하 3:15; 9:5; 10:5, 16; 11:3, 5, 6, 14, 18, 27; 13:7; 14:2, 29; 19:12; 왕상 1:53; 2:36, 42; 5:16, 22; 7:13; 18:20; 왕하 3:7; 5:8; 6:9, 10; 7:14; 10:1, 5, 21; 11:4; 12:18; 14:9; 18:14; 19:20; 23:1, 16; 사 37:21; 렘 37:17; 38:14; 39:13; 호 5:13; 암 7:10; 시 105:20; 욥 1:4, 5; 에 5:10; 느 6:2; 대하 2:2, 10; 10:3; 25:17, 18; 25:27; 28:16; 30:1; 34:29; 36:10, 15.

22 이 결론에 비추어, 이전의 다른 이들이 제안한 특별히 매력적인 가설은 바벨론의 포로민들이 질문을 하였다고 보는 것이다. 그러나 이 독법을 수용한다면, 예언자는 사절단이 아니라 '그 땅의 백성과 제사장들'(슥 7:5)에게 대답한다는 것을 반드시 살펴보아야만 한다. 적어도 어느 정도이지만, 제사장에 대한 언급 때문에, 어떤 독법이라도 이 점을 필요로 한다. 아마도 제사장들은 부분적으로 질문을 받았던 슥 7:3의 그 제사장들이었을 것이다.

런 방식으로 옛 시대를 특징짓는 것은 저자의 현재가 아니라, 스가랴 7:11-14에 묘사된 것 같은 포로 시대와 대조를 이루도록 한다. 이것은 백성이 바르게 살고 정의를 지켜야 할 책임을 수행할 능력과 필요를 강조하는 것이다.

그 도성은 번창하였고, 그래서 변명의 여지가 없었다. 여전히 주된 독자의 공동체에 대한 논증의 논리와 의의는 궁극적으로 *qal vahomer* 표현 방식에 의존한다.[23] 전제는 정점에 있는 예루살렘이 정의를 지키지 못할 경우 야웨의 진노를 피할 수 없다는 것이고, 따라서 예언자의 예루살렘의 백성이 '얼마나 더' 야웨의 말씀을 들어야만 하고 충실해야만 하는가이다. 그 정도로 *qal vahomer* 표현 방식은 저자의 예루살렘이 직접적으로 포로기 이전 전임자들과 비교할 수 없다는 것을 암시한다. 어느 경우이든, 경고의 메시지는 직설적이다. 예루살렘의 평화와 주민은 도성의 윤리적 인격에 달려 있다(Marinovic, 1994: 95-101; Boda, 2003c).

동일한 메시지가 두 번째 경고 사항에 반복되고, 이는 이제 포로 후기 예루살렘이지만, 예루살렘에 여전히 집중한다. 예시를 위한 역사적 기준은 성전의 기초가 놓였을 때 선포하였던 예언자의 시대이다(슥 8:9). 이 경우에, 그 시대의 가난한 경제적 정황은 번영에 대한 야웨의 새로운 약속과 나란히 놓이고, 이는 주로 환경적 표현으로 상징화된다(슥 8:10-13). 야웨는 '예루살렘에게 선한 일을 하고자 하는' 의도를 명백하게 선포하지만(슥 8:14), 이것은 바르게 살고, 정의를 지키는 것에 달려 있다는 것을 바로 반복한다. 특히, 바른 행위의 목록은 "너희 성문에서 정의를 행하라"(슥 8:16)에 대한 표현 방식, 즉 도시와 지방 세계의 상호 교차에 있는 모티프를 포함한다.

'선한' 야웨가 예루살렘을 위해 하시고자 하는 일의 내용은 경고로 둘러싸여 있는 구절에서 포착된다. 스가랴 8:1-8에서 야웨는 다섯 가지 주요 논

---

[23] *Qal vahomer*는 주변에서 중심으로 가는 논증이다. 즉, "이것이 사실이라면, 이것은 얼마나 더 많이 사실인가."

점을 규정하고, 이는 스가랴 1:7-3:10의 예루살렘에 대한 묘사의 요소를 환기시키고, 증폭시킨다.

- 그는 시온에 대한 질투를 반복하고 증폭한다(슥 8:2; 비교. 1:14).
- 그는 시온으로 돌아오고, 그곳에서 거하시리라는 열의를 다시 확증한다(슥 8:3; 비교. 1:16; 2:9, 14-15).
- 그는 그 도성이 다시 한번 노인과 젊은이로 가득 차게 되리라 약속하고, 이는 토착 거주민의 다세대 공동체를 상징한다(슥 8:4-5).
- 그는 포로민을 구하고, 예루살렘으로 되돌아가게 할 것을 맹세한다(슥 8:7-8a; 비교. 2:6-7).
- 그는 자신과 백성 간의 후원자와 피보호자 관계를 회복하려는 갈망을 표현한다(슥 8:8b; 비교. 2:15).

스가랴 8:6의 수사적 질문("이 일이 그 날에 남은 백성의 눈에는 기이하려니와 내 눈에야 어찌 기이하겠느냐")은 목록을 중단시키고, 예루살렘에 만연한 정황에 비춰 보면 이 맹세의 예외적 속성을 보여 준다. 놀랍게도, 약속에 대한 전향적 측면은 포로기가 끝났다는 것을 시사하며, 따라서 회복이 지금까지 실패하였다거나 적어도 이제 막 시작되었다는 인식을 반영하는 것으로 보인다.

이런 인식은 후대의 신학적 성찰을 위한 토대를 마련하고, 특히 다니엘 9장의 신학적 성찰에서 예레미야 25:11과 29:10(비교. 슥 1:12; 7:5; 대하 36:21)의 '70년' 예언은 이루어지지 못하고, 그 약속은 일곱 배, 즉 70이레(weeks of years)로 지연되고 있음을 보여 준다(본서 제2장 버그스마의 논문 참조).

중요하게, 이런 규정을 만드는 과정에서 야웨는 예루살렘을 '진리의 도성'(עיר האמת)과 '성산'(הר הקדש)으로 다시 명명할 것을 제안한다. '진리의 도성'이라는 별칭은 히브리 성서에서 단 한 번 나온다. 하지만 이사야의 '신실한 성읍'(קריה נאמנה, 사 1:21, 26)을 반향한다. '성산'이라는 별칭은 정관사와 같이는 거의 사용되지 않는다(이곳과 사 27:13; 렘 31:23에만 나온다).

그러나 비교 가능한 표현으로, 이런 선포는 후대 텍스트에 주로 나타나지만, 히브리 문학에서 매우 흔히 나타난다.[24] 첫 번째 별칭은 둘러싼 경고에 나타난 정의에 대한 부름을 반향하지만(슥 7:9; 8:16 참조), 두 번째 별칭은 스가랴 2:16-17의 평행하는 별칭인 אדמת הקדש와 מעון קדש를 회고하는 것이다. 이것은 거룩 모티프를 다시 논의하고, 예루살렘이 정점, '거룩한 산,' '거룩한 땅,' 그리고 야웨의 '거룩한 처소' 라는 것을 분명히 주장한다.

결론의 권고는 스가랴 1:8-2:17에 반영되고, 이와 연관되어 더 일찍이 논의된 보편과 특수의 이분법으로 돌아간다. 스가랴 8:20-22에서 야웨의 권고는 보편성 모티프로 시작하지만, 스가랴 8:23에서 보편성은 특수성 아래 분명히 포함되어 있다. 스가랴 8:20-22의 표상은 야웨를 찾고, 간구하고자 예루살렘으로 열방이 모이는 것에 대한 부차적인 성서적 표상을 설명한다(특히 사 2:2-3; 60; 렘 3:17; 미 4:2; 슥 2:15). 스가랴 8:23에서 열방의 대표들이 '어떤 유다 사람'의 '옷자락을 잡는다.' 그리고 하나님이 그와 함께 있기 때문에 같이 가자고 요청한다.

'옷자락을 잡는다'는 표현은 간청과 굴복의 관용어로서 셈어에서 흔히 나타난다(Brauner, 1974; Greenstein, 1982). 전체 구절의 요지를 함께 고려할 때, 이 관용어(이 특정 유다 사람을 통하여 하나님과 열방을 중재한다)는 탁월한 장소를 예후드에 부여하고, 이는 방금 인용한 평행 구절에서 늘 제시되지는 않는다. 따라서 이 보편주의는 조금도 평등주의가 아니다. 이 경우에, 이것은 우주적 통치에 대한 놀랍도록 과감한 주장에서 실현되고, 이는 스가랴 2:1-4의 뿔의 길들이기를 반향하고, 그의 백성을 향한 야웨의 특수성을 추정한다.

---

24 예컨대, הר קדשי(사 11:9; 56:7; 57:13; 65:11, 25; 66:20; 겔 20:40; 욜 2:1; 4.17; 습 3:11; 시 2:6), הר קדשו(시 3:5; 48:2; 99:9), הר קדש(시 15:1; 43:3; 단 9:16), הררי קדש(시 87:1), הר קדשאלהים (겔 28:41), הר קדש אלהי(단 9:20), 그리고 הר צבי קדש(단 11:45)이다.

7. 결론

따라서 다음으로 스가랴 1-8장의 예루살렘에 대한 전체 묘사는 찬미와 페르시아 초기의 그 도성의 상태에 대한 현실 인식의 요소가 뒤섞여 있다. 이것은 회복과 재건, 그리고 신적 계획을 확실히 완수해야 할 백성의 윤리적, 도덕적 책임감에 대한 환상을 제시한다. 첫 세 개의 환상(슥 1:8-17; 2:1-4; 2:5-9)과 뒤이어 나오는 권고(슥 2:10-17)는 회복과 재건 계획을 제시한다.

첫 번째 환상은 필요한 전조로서 야웨의 예루살렘 귀환을 선포한다. 야웨의 귀환은 도성의 재선택과 그 결과 민족적, 종교적 공동체 내에 중심 장소로 갱신되는 것으로 나타난다. 어떤 다른 성읍의 이름도 언급되거나 거론되지 않는다. 또한 첫 번째 환상은 재건에 대한 신적 승인을 부여한다.

두 번째 환상은 그 땅에서 이스라엘의 대적을 제거하는 것을 선포한다. 이는 예루살렘의 회복과 재건에 대한 또 다른 중요한 전조이다. 파종하는 자를 통해, 아마도 이스라엘을 덮치고, 흩어버리도록 허락을 받은 페르시아, 앗수르, 바벨론의 제국적 통합체는 이제 제재를 받고, 그들에게 어울리는 장소로 돌아가게 된다. 야웨는 회복과 재건을 준비하고자 '이스라엘의 공간적 통전성'을 회복시킨다(Good, 1982: 59).

세 번째 환상은 첫 번째 환상에서 부여된 재건에 대한 신적 승인을 계속 이어가며, 예루살렘의 재건의 시작을 선포한다. 그 도성의 재건 환상은 거래 수단을 강조하고, 따라서 신적 계획을 수행하는 데 인간의 참여를 그리고 있다. 또한 세 번째 환상은 예루살렘에 다시 사람들이 살게 되는 것을 예언하고, 신적 보호의 표상으로써 예루살렘을 보호하는 성벽이 없는 것을 해명한다.

네 번째 환상은 첫 세 개의 환상과 권고에 나타난 예루살렘 묘사를 신적 이름에다가 야웨가 예루살렘을 선택할 것이라는 두 번 반복된 주장을 덧붙임으로써 완성한다(슥 1:17; 2:16). 즉, "예루살렘을 선택하신 야웨"(2절)이다. 이런 방식으로 예루살렘의 재선택은 야웨를 규정하고, 따라서 예루살렘의 회복은 야웨의 능력, 구체적으로 네 번째 환상에서 대적을 꾸짖으시는 능력과 반드시 관련된다. 또한 네 번째 환상은 그 도성의 영적, 물질적 회복, 재건과 재거주에 관한 구절로부터 성전과 그 주변을 둘러싼 새로운 공동체의 지도력에 관심을 두는 이 책의 중간 단락으로 넘어간다. 외견상 무해한 제의적 질문을 던지는 방식으로 스가랴 7:1-8:23의 결말 단락은 원래 스가랴 1:7-3:2에서 언급된 예루살렘에 관한 약속, 주제, 모티프로 돌아간다.

야웨의 예루살렘과 그 회복에 관한 관심은 재확증된다. 그 도성의 보편적이면서도 특수한 중요성에 대한 미래의 희망이 표현된다. 그러나 회복의 궁극적 성공과 완수는 윤리적, 도덕적 명령과 밀접하게 연결된다. 이 책의 청자(聽者)인 새로운 공동체의 지도자와 구성원들은 평화와 정의의 원칙에서 삶을 정연하게 살고, 눌린 자와 소외된 자에 관심을 가지고, 즐거운 종교적 준수를 하라는 충고를 받는다.

특히 환상 내에서 이 환상은 새롭게 회복된 예루살렘에 대한 고취된 기대와는 매우 다른 내재된 현재를 전제로 한다. 텍스트 이면에는 가난에 처하고 인구가 희박한 도성에 대한 지속적인 징후가 너무나 많이 있고, 야웨는 다시 한번 늙은이와 젊은이가 거리를 가득 메우게 되리라는 약속을 헤아만 했다(슥 8:14-15). 도성은 성벽으로 둘러싸여 있지 않다. 성전이 재건되었다는 확증은 없다. 완벽한 회복의 희망은 좌절된 것 같다. 스가랴 1-8장은 역대기가 끝나는 것처럼, 내재된 현재의 관점에서 여전히 성취되지 못한 귀환(aliya)에 대한 미래를 계획하는 약속으로 끝이 난다.

참고 문헌

Applegate, J.
1997 "Jeremiah and the Seventy Years in the Hebrew Bible," in A. H. W. Curtis and T. Römer(eds), *The Book of Jeremiah and its Reception: Le Livre de Jérémie et sa Réception*(BETL; Leuven: Leuven University Press): 91-110.

Bedford, P. R.
2001 *Temple Restoration in Early Achaemenid Judah*(JSJSup, 65; Leiden: Brill).

Blenkinsopp, J.
2003 "Bethel in the Neo-Babylonian Period," in O. Lipschits and J. Blenkinsopp(eds), *Judah and the Judeans in the Neo-Babylonian Period*(Winona Lake, IN: Eisenbrauns): 93-107.

Boda, M. J.
2003a *Haggai-Zechariah Research: A Bibliographic Survey*(Tools for Biblical Studies, 5; Leiden: DEO Publishing).
2003b "From Fasts to Feasts: The Literary Function of Zechariah 7-8," *CBQ* 65: 390-407.
2003c "Zechariah: Master Mason or Penitential Prophet?," in R. Albertz and B. Becking(eds), *Yahwism After the Exile: Perspectives on Israelite Religion in the Persian Era*(Studies in Theology and Religion, 5; Assen: Royal Van Gorcum): 49-69.
2005 "Terrifying the Horns: Persia and Babylon in Zechariah 1.7-6.15," *CBQ* 67: 22-41.
2006 "From Dystopia to Myopia: Utopian(Re)visions in Haggai and Zechariah 1-8," in E. Ben Zvi and M. H. Floyd(eds), *Utopia and Dystopia in Prophetic Texts*(Publications of the Finnish Exegetical Society; Winona Lake, IN: Eisenbrauns): 211-49.(forthcoming) "Hoy, Hoy: The Prophetic Origin of the Babylonian Tradition in Zechariah 2.10-17," in M. J. Boda and M. H. Floyd(Eds), *Tradition in Transition*(London: T&T Clark).

Brauner, R. A.
1974 "'To Grasp the Hem' and 1 Samuel 15.27," *JANES* 6: 35-8.

Curtis, B. G.
2006 *Up the Steep and Stony Road: The Book of Zechariah in Social Location Trajectory Analysis*(SBLABS, 25; Leiden: Brill).

Danell, G. A.
1946 *Studies in the Name Israel in the Old Testament*(trans. S. Linton; Uppsala: Appelbergs Boktryckeri-A.-B).

Davies, P. R.
2005 "The Origin of Biblical Israel," *Journal of Hebrew Scriptures* 5: 1-15.

Fishbane, M. A.
1985 *Biblical Interpretation in Ancient Israel*(Oxford: Clarendon Press).

Floyd, M. H.
2000 *Minor Prophets, Part 2*(FOTL, 22; Grand Rapids: Eerdmans).

Frey, J.
1999 "Temple and Rival Temple – The Cases of Elephantine, Mt. Gerizim, and Leontopolis," in B. Ego, A. Lange and P. Pilhofer(eds), *Gemeinde ohne Temple, Community without Temple: Zur substituierung and Transformation des Jerusalemer Tempels und seines Kults im Alten Testament, antiken Judentum und frühen Christentum*(WUNT, 118; Tübingen: Mohr-Siebeck): 171-203.

Good, R. M.
1982 "Zechariah's Second Night Vision(Zech 2.1-4)," *Biblica* 63: 56-9.

Greenstein, E. L.
1982 "'To Grasp the Hem' in Ugaritic Literature," *VT* 32: 217-18.

Halpern, B.
1978 "The Ritual Background of Zechariah's temple Song," *CBQ* 40: 167-90.

Hanhart, R.
1998 *Dodekapropheton 7.1: Sacharja 1-8*(BKAT, 9; Neukirchen-Vluyn: Neukirchener Verlag).

Hurowitz, V.
1992 *I Have Built You an Exalted House: Temple Building in the Bible in Light of Mesopotamian and Northwest Semitic Writings*(JSOTSup, 115; Sheffield: JSOT Press).

Knoppers, G. N.
2003 "'the City Yhwh Has chosen': The Chronicler's Promotion of Jerusalem in Light of Recent Archaeology," in A. E. Killebrew and A. G. Vaughn(eds), *Jerusalem in Bible and Archaeology: The First Temple Period*(SBLSymS, 18; Atlanta: Society of Biblical Literature): 307-26.

Knowles, M. D.
2006 *Centrality Practiced: Jerusalem in the Religious Practice of Yehud and the Diaspora during the Persian Period*(SBLABS, 16; Atlanta: Society of Bilical Literature).

Laato, A.
1994 "Zachariah 4,6b-10a and the Akkadian Royal Building Inscriptions," *ZAW* 106: 53-69.

Lipinski, E.
1970 "Recherches sur le livre de Zacharie," *VT* 20: 25-55.

Love, M. C.
1999 *The Evasive Text: Zechariah 1-8 and the Frustrated Reader*(JSOTSup, 296; Sheffield: Sheffield Academic Press).

Marinkovic, P.
1994 "What Does Zechariah 1-8 Tell Us About the Second Temple?," in T. C. Eskenazi and K. H.

Richards(eds), *Second Temple Studies, 2: Temple and Community in the Persian Period*(JSOTSup, 175; Sheffield: Sheffield Academic Press): 88-103.

Meyers, C. L., and E. M. Meyers
1987   *Haggai, Zechariah 1-8: A New Translation with Introduction and Commentary*(AB, 25B; Garden City: Doubleday).

Mitchell, c.
2004   "Characterizing God in 2 Chronicles 32.19,"(paper presented at the Annual Meeting of the Canadian Society of Biblical Studies, Winnipeg, Man).

Niditch, S.
1983   *The Symbolic Vision in Biblical Tradition*(Chico, CA: Scholars Press).

Orr, A.
1956   "The Seventy Years of Babylon," *VT* 6: 304-6.

Oeterseb, D. L.
1974   "Zerubbabel and Jerusalem Temple Reconstruction," *CBQ* 36: 366-72.
1984   *Haggai and Zechariah 1-8: A Commentary*(OTL; Philadelphia: Westminster Press).

Ryken, L., J. c. Wilhoit and T. Longman III.
1998   *Dictionary of Biblical Imagery*(Downers Gove, IL: InterVarsity Press).

Süring, M. L.
1980   *The Horn-Motif in the Hebrew Bible and Related Ancient Near Eastern Literature and Iconography*(Andrews University Seminary Doctoral Dissertation Series, 4; Berrien Springs, MI: Andrews University Press).

Tollington, J. E.
1993   *Tradition and Innovation in Haggai and Zechariah 1-8*(JSOTSup, 150; Sheffield: JSOT Press).

Tov, E., R. A. Kraft and P. J. Parsons
1990   *The Greek Minor Prophets Scroll from Naḥal Ḥever(8ḤevXIIgr)*(DJD, 8; Oxford: Clarendon Press).

Welten, P.
1973   *Geschichte und Geschichtsdarstellung in den Chronikbüchern*(WMANT; Tübingen: Neukirchener Verlag).

Williamson, H. G. M.
1977   *Israel in the Books of Chronicles*(New York: Cambridge University Press).

Winkle, R. E.
1987a   "Jeremiah's Seventy Years for Babylon: A Re-assessment(Part I: The Scriptural Date)," *AUSS* 25: 201-14.
1987b   "Jeremiah's Seventy Years for Babylon: A Re-assessment(Part II: The Historical Date)," *AUSS* 25: 289-99.